「制度型开放理论与实践研究」丛书

主 编 赵蓓文

副主编 胡晓鹏

U0468513

制度型开放与中国吸收外资的发展

赵蓓文 等 著

上海社会科学院出版社

SHANGHAI ACADEMY OF SOCIAL SCIENCES PRESS

目 录

第一章
新冠肺炎疫情影响下的全球投资政策

当前,全球经济面临百年未有之大变局。美国实施的贸易保护政策,抑制了全球贸易投资的发展,推动了中美之间贸易投资领域的摩擦加剧。以美国为首的欧美等发达经济体企图改变现有的国际经济秩序,以维持其在国际贸易投资领域的优势地位。新兴市场经济体和部分发展中经济体经济发展迅速,对国际经济的影响力不断增强。蔓延全球的新冠疫情对全球经济造成了巨大的冲击,增加了全球经济的不确定性。美国实行的"单边主义""贸易保护主义"等政策,使得现行全球经济治理体系的效能减弱,全球经济治理新格局逐步形成。面临复杂的国际投资环境,各国经济政策的不确定性增加,叠加新冠疫情的影响,国际跨境投资出现下降趋势,全球外商直接投资总规模从 2019 年的 1.5 万亿美元,下降到 2020 年的 1 万亿美元,总规模下降 1/3 以上。[①]在全球经济增长出现下滑,全球经济治理新格局加速重构的大背景下,中国通过制度型开放为外资创造更加市场化、法制化的营商环境,更好地利用外资促进我国经济的发展,并通过中国经济的增长助推世界经济的复苏。

第一节　全球投资政策变化的新趋势

外商直接投资是促进经济发展的重要动力之一。国与国之间的投资关系不仅受到双边关系的影响,更会受到全球政治经济格局变化的影响。

一、全球投资贸易规则重构的迫切性增加

全球政治经济治理新格局下,重构国际经贸规则是促进经济发展的必然要求。既有的由欧美发达经济体主导的全球投资规则,代表的是发达国家的利益,随着发展中国家和新兴经济体经济的发展及在国际上话

---

① UNCTAD(2021), "World Investment Report 2021: Investment in Sustainable Recovery", UNCTAD, June.

语权的提升,它们对现行的国际投资规则的公平性、合理性的要求越来越高。

二、区域贸易协定的签署越来越受到关注

新冠肺炎疫情的暴发,使得全球投资贸易的发展受到巨大冲击,经济全球化的进程受阻。在此背景下,各国纷纷转向区域贸易体系,区域经贸合作加速发展。如,2020 年 11 月由东盟十国及中国、日本、韩国、澳大利亚、新西兰 15 个国家参与签署的《区域全面经济伙伴关系协定》(RCEP),为全球经贸投资合作提供了一个新的区域合作平台,促进了全球投资贸易的发展。

三、全球投资政策迅速作出应对新冠肺炎疫情的调整

2020 年,受全球经济增长放缓、新冠肺炎疫情暴发等多重因素的叠加影响,全球外商直接投资相比 2019 年大幅下降。面对新冠肺炎疫情的肆虐,世界各国也迅速作出反应,经济政策和投资贸易政策做出相应调整。根据联合国贸发会议 2021 年 6 月 21 日发布的《世界投资报告 2021》统计的数据,2020 年由全球 67 个经济体推出的影响外商投资的新政策措施共达 152 项,与 2019 年的 107 项相比增加了约 42%,政策数量相比 2018 年的 112 项增加了约 36%、政策数量相比 2017 年的 144 项增加了 33%。①

第二节　中国吸收外资方式的变革

新冠肺炎疫情对全球外商直接投资(FDI)的流动造成了严重的影响。2020 年全球 FDI 流入金额 9 988.9 亿美元,相比 2019 年的 15 302.3 亿美元,同比下跌 34.7%,相比 2018 年的 14 367.3 亿美元,下跌 30.5%。②2020 年,中国吸收外资一度面临困境,随后及时为外资提供政策支持,这对中国吸引外资产生了积极的影响,"稳外资"取得显著成果。在全球直接投资流

---

① UNCTAD(2021),"World Investment Report 2021: Investment in Sustainable Recovery", UNCTAD, June, p.109.

② UNCTAD(2021),"World Investment Report 2021: Investment in Sustainable Recovery", UNCTAD, June, p.248.

量大幅下降的大背景下,中国吸收外商直接投资流量逆势上扬,规模居全球第二位。2020 年中国 FDI 流入金额 1 493.4 亿美元,相比 2019 年的 1 412.3 亿美元,同比上涨 5.7%,相比 2018 年的 1 383.1 亿美元,上涨 8.0%。[①]

一、全球新冠肺炎疫情对中国吸收外资的影响

(一)全球疫情对中国吸收外资的短期影响

受蔓延全球的新冠疫情的影响,全球经济增长面临下行的压力,经济增长受阻叠加全球需求大幅下降,导致跨国公司减少新项目投资。疫情期间,美欧等发达国家通过减税等措施鼓励本国资金回流,越来越多的发展中国家不断调整引资政策,提升外资吸引力。全球经济不确定性增加,对外商投资造成深刻影响。

2020 年受全球疫情因素影响,部分国内企业一度面临停工停产的困境,一方面导致产业链和供应链上游供给端中断,下游的零部件最终产品生产活动中断,造成上下游产品的供应不足。另一方面,跨国公司有降低成本的需求,而停工停产又提高了中间品的成本,引起价格上升。这些因素共同造成相关行业的外商投资活动受到一定影响。

近年来,中国的人口红利消失,土地成本和人工成本增加,很多制造业从中国转移到东南亚地区。全球疫情暴发以来,中国防疫效果显著,短期内引起了制造业回流的趋势,但是回流的制造业中很大部分是低端制造业,而中国日益重视环境问题,对于高污染、高耗能的产业进行严格管理。面对低端制造业的回流,中国要加强引资结构的调整,争取吸引更多绿色投资、高端制造业投资的进入,进而促进国民经济的可持续发展。

(二)全球疫情对中国吸收外资的长期影响

长期来看,新冠疫情提升了全球对价值链安全问题的重视,加速了全球产业链的分散与重组。全球疫情暴发初期,全球产业链受到严重影响,生产线多元化的重要性日益凸显,加速了全球产业链分散重组的趋势。

全球产业链的分散重组,有可能引起中国部分产业和外资的转移,面对全球产业链重组的趋势,中国要不断提高产业链的稳定性和竞争力,以制度型开放来提升中国对外资的吸引力。

---

① UNCTAD(2021),"World Investment Report 2021:Investment in Sustainable Recovery",UNCTAD,June,p.249.

二、中国吸引外资相关政策法规的发展变化

(一) 外资政策调整更趋注重引资质量

2019 年以来,中国不断加强制度建设,通过《国务院关于进一步做好利用外资工作的意见》(国务院,2019 年 10 月 30 日)[①]《商务部关于应对疫情进一步改革开放做好稳外资工作的通知》(商务部,2020 年 4 月 1 日)[②]《国务院办公厅关于进一步做好稳外贸稳外资工作的意见》(国务院办公厅,2020 年 8 月 5 日)[③]等政策积极引导外资流向高新技术企业和服务业,引进外商投资质量得到显著提高。据商务部数据显示,2020 年中国实际使用外资金额 1 443.7 亿美元,其中服务业实际使用外资 1 121.4 亿美元,占中国实际使用外资总额的 77.7%,同比增长 13.9%,高新技术产业实际使用外资同比增长 11.4%,高技术服务业同比增长 28.5%。[④]

(二) 外商投资管理制度进一步完善

2019 年 3 月和 10 月,中国分别出台了《中华人民共和国外商投资法》和《优化营商环境条例》,为优化中国的引资环境和营商环境提供了有力的法律保障。2020 年 12 月,中国通过了《外商投资安全审查办法》,并出台了《鼓励外商投资产业目录(2020 年版)》,在规范外商投资安全性的同时鼓励引导外商投资。在外商投资准入政策方面,2020 年 6 月,《自由贸易试验区外商投资准入特别管理措施(负面清单)(2020 年版)》《外商投资准入特别管理措施(负面清单)(2020 年版)》出台,负面清单较之 2019 年版进一步缩短;同年 12 月,《海南自由贸易港外商投资准入特别管理措施(负面清单)(2020 年版)》出台,较之 6 月出台的《自由贸易试验区外商投资准入特别管理措施(负面清单)(2020 年版)》和《外商投资准入特别管理措施(负面清单)(2020 年版)》,《海南自由贸易港外商投资准入特别管理措施(负面清单)(2020 年版)》的负面清单更短,标志着中国贸易自由化和投资便利化的程度进一步提高,外商投资准入进一步扩大。2021 年以来,我国持续加大

---

① 国务院:《国务院关于进一步做好利用外资工作的意见》(国发〔2019〕23 号),2019 年 10 月 30 日。
② 商务部:《商务部关于应对疫情进一步改革开放做好稳外资工作的通知》,2020 年 4 月 1 日。
③ 国务院办公厅:《国务院办公厅关于进一步做好稳外贸稳外资工作的意见》(国办发〔2020〕28 号),2020 年 8 月 5 日。
④ 商务部:《2020 年中国利用外资增长 6.2%,规模创历史新高》,http://www.mofcom.gov.cn/article/i/jyjl/l/202102/20210203038247.shtml,访问日期:2021 年 2 月 10 日。

优化营商环境力度,通过完善银行间债券市场境外机构投资者外汇风险管理措施、优化跨境人民币政策等细则不断改善国内市场的投资环境,吸引外商直接投资进入中国市场。同时,不断扩大金融业的对外开放,加大银行和保险业的对外开放力度。

2021 年以来,我国吸收外资整体呈积极态势。商务部统计数据显示,2021 年我国使用外资金额达 1 734.8 亿美元,同比增长 20.2%。[①]为加大引资力度,国内出台了一系列的外资政策,2021 年 6 月 30 日,在商务部印发的《"十四五"商务发展规划》中,不仅明确了吸收外资的预期性指标,更提出吸引外资的一揽子重点举措。同时商务部开展了稳政策的相关工作,举办20 多场重大展会。中国外资政策根据"双循环"新发展格局的要求进一步做出调整。

表 1-1　2019—2021 年中国外商投资相关重要政策

发布时间	机　构	名　　称
2019 年 3 月	第十三届全国人大第二次会议通过	《中华人民共和国外商投资法》
2019 年 6 月	国务院金融稳定发展委员会办公室	《关于进一步扩大金融业对外开放的有关举措》
2019 年 6 月	国家发改委、商务部	《鼓励外商投资产业目录(2019 年版)》
2019 年 6 月	国家发改委、商务部	《外商投资准入特别管理措施(负面清单)(2019 年版)》
2019 年 6 月	国家发改委、商务部	《自由贸易试验区外商投资特别管理措施(负面清单)(2019 年版)》
2019 年 10 月	国务院	《国务院关于修改〈中华人民共和国外资保险公司管理条例〉和〈中华人民共和国外资银行管理条例〉的决定》
2019 年 10 月	国家外汇管理局	《国家外汇管理局关于进一步促进跨境贸易投资便利化的通知》
2019 年 12 月	国务院	《中华人民共和国外商投资法实施条例》
2020 年 1 月	国家外汇管理局	《国家外汇管理局关于完善银行间债券市场境外机构投资者外汇风险管理有关问题的通知》
2020 年 1 月	国务院	《国务院关于在自由贸易试验区暂时调整实施有关行政法规规定的通知》
2020 年 4 月	商务部	《关于应对疫情进一步改革开放做好稳外资工作的通知》
2020 年 6 月	发展改革委、商务部	《自由贸易试验区外商投资准入特别管理措施(负面清单)(2020 年版)》
2020 年 6 月	发展改革委、商务部	《外商投资准入特别管理措施(负面清单)(2020 年版)》

[①]　商务部:《吸收外商直接投资月报》,http://data.mofcom.gov.cn/lywz/inmr.shtml,访问日期:2021 年 10 月 28 日。

续表

发布时间	机构	名称
2020 年 7 月	商务部	《关于加强协作联动　推动加大金融支持稳外贸稳外资促消费力度的工作通知》
2020 年 7 月	国务院办公厅	《国务院办公厅关于进一步优化营商环境更好服务市场主体的实施意见》
2020 年 8 月	国务院办公厅	《国务院办公厅关于进一步做好稳外资工作的意见》
2020 年 9 月	证监会	《合格境外机构投资者和人民币合格境外机构投资者境内证券期货投资管理办法》
2020 年 9 月	商务部	《关于请完善外商投资企业投诉相关工作制度的函》
2020 年 12 月	发展改革委、商务部	《外商投资安全审查办法》
2020 年 12 月	商务部外国投资管理司	《鼓励外商投资产业目录(2020 年版)》
2020 年 12 月	商务部自贸区港建设协调司	《海南自由贸易港外商投资准入特别管理措施(负面清单)(2020 年版)》
2021 年 1 月	国家外汇管理局	《国家外汇管理局综合司关于印发〈资本项目外汇业务指引(2020 年版)〉》
2021 年 2 月	人民银行、发展改革委、商务部、国资委、银保监会、外汇局	《关于进一步优化跨境人民币政策　支持稳外贸稳外资的通知》
2021 年 9 月	国务院	《关于推进自由贸易试验区贸易投资便利化改革创新若干措施的通知》

• 数据来源:各相关政府部门网站公开信息。

三、中国吸引外资方式的新变化

(一)数字经济下外商投资的新趋势

近年来,随着互联网技术的发展和数据技术的进步,数字经济蓬勃发展,产业数字化水平不断提高,传统产业的生产效率得到大幅提升,经济结构不断优化。在全球经济体中,发达国家的数字经济处于领先地位,发展中国家数字经济发展迅速,具有较大的发展潜力。2016 年 9 月,在 G20 杭州峰会上,多国领导人共同签署了《G20 数字经济发展与合作倡议》。2017 年 3 月,中国把"数字经济"写入政府工作报告,提出要促进数字经济加快成长,2017 年 10 月,中共十九大报告提出建设"数字中国"。2019 年的政府工作报告进一步提出要壮大我国"数字经济"。2020 年 4 月,中共中央、国务院在《关于构建更加完善的要素市场化配置体制机制的意见》中提出,数据要素是新型生产要素,在当前战略转型中发挥着重要作用。

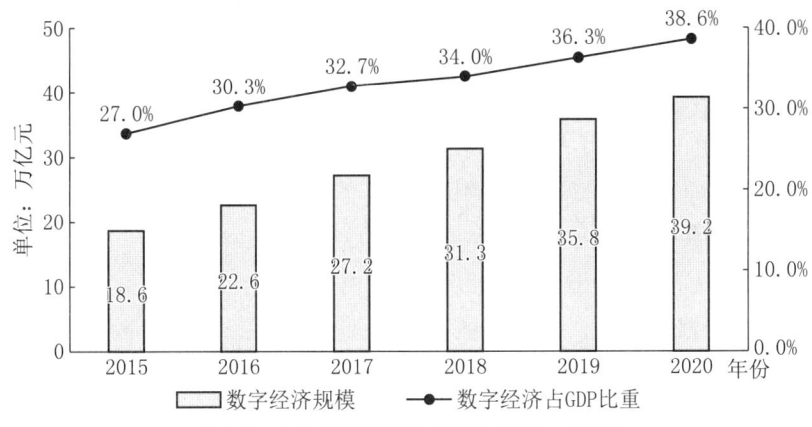

图 1-1　中国数字经济发展情况(2015—2020)

• 数据来源:《中国数字经济发展白皮书 2021》。

目前,中国的数字经济发展迅速,数字经济规模不断扩大,数字经济占GDP 的比重不断提高。2019 年,我国数字经济规模为 35.8 万亿元(位列全球第二),占 GDP 的比重达 36.3％。[①]2020 年以后,数字经济快速发展,加速了中国经济结构的转型升级,推动中国传统产业向智能化、数字化的方向变革。2020 年,中国数字经济规模达 39.2 万亿元,占 GDP 的比重为 38.6％,[②]数字经济对中国经济的稳定增长发挥了重要作用。中国成为 2020 年全球唯一实现经济正增长的主要经济体。

未来,数字经济将在带动全球经济复苏、促进中国经济数字化转型、加快传统产业结构转型升级方面发挥重要作用。中国在“十四五”规划中进一步强调大力发展数字经济,加大新基建的投资力度。中国将加速推进新型基础设施建设的进程,重点投资于 5G 基站、大数据、云计算、人工智能、物流网、新能源等数字经济领域的建设,中国新基建的开展将吸引更多外资进入中国市场,带动中国的经济发展。在数字经济快速发展的背景下,外商投资的影响因素也发生了变化,数字化和新兴技术成为影响外商投资的重要因素。伴随数字经济的发展,全球价值链服务业呈现规模化趋势,外商投资服务业的比重也会随之上升,数字服务业成为中国经济新的增长点,为中国经济高质量发展提供新动能。

---

① 中国互联网协会:《中国互联网发展报告 2020》,2020 年 7 月 23 日。
② 中国互联网协会:《中国互联网发展报告 2021》,2020 年 7 月 13 日。

（二）引导外商投资于可持续发展

目前，可持续发展在全球范围内已经引起高度重视，全球投资规则也逐步以可持续发展为导向。1995 年 9 月，中共十四届五中全会提出可持续发展战略。中共十八大以来，我国更加重视生态文明的建设，坚持可持续发展模式。2021 年，"十四五"规划和中央政府工作报告都提出了提高资源利用效率，实施可持续发展战略，构建现代化绿色经济体系。

目前，中国已陆续出台了一系列政策引导外资流向我国高端服务业和绿色产业，严格限制外资流入高耗能、高污染、低技能的产业，外商投资结构不断优化。通过不断提升中国自身的科技创新能力，提升产业的绿色发展效率，中国在各项政策的协同推进中进一步实施可持续发展战略。

第三节　中国吸收外资的发展趋势

对外开放是中国的基本国策。改革开放以来，随着对外开放领域的不断拓展，中国不断优化的营商环境为吸引外资创造了条件，中国的引资质量和水平不断提升，利用外资取得了重大成就，促进了中国国民经济的增长，也为中国从要素流动型开放转向制度型开放积累了丰富的经验。近年来，国内外政治经济环境发生了巨大的变化，中国吸收外资既面临新的机遇，也面临新的挑战。

一、中国吸收外资面临的主要机遇

（一）自贸试验区先行先试产生引资示范效应

2013 年，中国（上海）自由贸易试验区成立，为全国形成了可复制、可推广的经验。截至 2020 年 11 月，中国自由贸易试验区基本形成了"1＋3＋7＋1＋6＋3"的新格局，中国分批次共设立了 21 个自贸试验区（港），标志着中国对外开放水平的进一步提高。2021 年 7 月 9 日，中央全面深化改革委员会第二十次会议，提出"以更大力度谋划和推进自由贸易试验区高质量发展"。加快建设自贸试验区可以统筹国内国际两种资源，推动"双循环"新发展格局的形成和完善，开创更高水平对外开放的新格局，推动中国与相关国家和地区合作共赢、共同发展。

（二）巨大的内需市场为引进外资提升助力

2020 年受蔓延全球的新冠肺炎疫情的影响，国际直接投资受到重创,全球经济增长下滑,中国国内生产总值为 101.6 万亿元,比上一年增长 2.3%,[①]是全球唯一实现经济正增长的主要经济体。在全球国际投资受到严重冲击的形势下,中国经济稳定增长的主要因素是强大的国内市场。中国有超大的国内市场,是全世界唯一拥有联合国产业分类中全部工业门类的国家。"双循环"新发展格局的建设,要求中国积极开拓国际市场,打通国内国际两个市场,利用中国超大规模的国内市场吸引外商投资,促进中国经济的高质量发展,进而拉动世界经济的复苏和稳定增长。

（三）"一带一路"建设为中国扩大引资规模创造条件

"一带一路"倡议提出以来,得到越来越多国家和地区的积极响应。"一带一路"沿线国家众多,不少国家和地区在产业结构和资源禀赋等方面与中国的比较优势不同,在贸易、投资上可以进行优势互补。"一带一路"倡议的实施可以在沿线国家之间形成规模巨大的市场,实现共商、共建、共享。"一带一路"建设为中国引进外资提供了进一步发展的空间,创造了更好的引资条件。

二、中国吸收外资面临的主要挑战

（一）全球政治经济形势的变化

当前,全球政治经济环境复杂多变:逆全球化浪潮兴起,中美贸易摩擦加剧,贸易保护主义抬头,全球价值链重构,部分国家和地区开始加强对外商投资的安全审查。特别是,2020 年以来,全球外商投资的环境发生显著变化。以美国为代表的西方发达国家,一方面加强对外商投资的安全审查,另一方面鼓励海外资金回流。此外,美国还通过改革国内税收政策,促进海外资金回流,扩大对外商投资的吸引力。英国、法国等欧洲一些发达国家则在加强跨国并购监管制度的同时,进一步加大本国引资力度。

（二）周边国家加强引资力度形成"分流"和"挤流"

部分发展中国家和新兴经济体愈加重视本国经济的发展,扩大对外开放,优化营商环境,积极吸引外商投资。近几年,东南亚地区的一些新兴经济体吸引外商投资增速较快,并且不断扩大服务市场的开放,完善营商环境,在吸引外商投资方面形成新的竞争优势;越来越多的新兴经济体愈加重视经济的发展,加强完善营商环境,在吸引外商投资方面以劳动密集型和资

---

① 国家统计局:《中华人民共和国 2020 年国民经济和社会发展统计公报》,2021 年。

源密集型为主,而中国人口红利日趋消失,劳动力成本不断增加,加上资源环境的约束,部分外资企业直接撤离中国,转向投资于周边国家。中国面临的引资竞争日趋激烈。

三、进一步完善中国外资政策的对策建议

"双循环"新发展格局下,中国将继续扩大对外开放的力度,缩减外商投资的"负面清单",扩大外商投资的准入范围,改善外商投资的"硬"环境和"软"环境,从根本上反制贸易保护主义。

（一）进一步完善外商投资的营商环境

在"双循环"新发展格局下,中国要充分利用好国内的超大市场,加强供给侧改革,通过联动"两个市场""两种资源",更好地促进国内国际双循环的共同发展,为外商投资创造更好的发展机遇。同时,加强"一带一路"建设,深化和沿线国家的投资合作关系,为外商投资提供更大的发展空间。

（二）积极参与全球经济治理体系的改革

当前,国际投资规则体系正在加速演化,新的更高标准、更严格的投资规则正在形成。我国应积极参与全球经济治理体系改革,加快推进多边和双边投资协定谈判。在 G20 制定的《二十国集团投资指导原则》基础上,提出更具开放性和包容性的投资方案。同时,进一步深化国内体制机制改革,培养国际合作竞争新优势,通过不断推进制度型开放,加快实现"双循环"新发展格局。

（三）推动利用外资多元化均衡发展

首先,积极推动我国外资来源地的多元化,提高对欧美等发达经济体的引资力度,积极开拓对新兴工业化国家的引资市场,以优化中国的外资来源地结构。其次,引导外资利用方式多元化,鼓励绿色投资、BOT 等各种方式的投资及利润再投资。再次,促进吸收外资的地区均衡发展。长期以来,中国利用外资的区域差异较大,区域发展严重不平衡。中国应出台相应的优惠措施,引导外资的流向,扶持中西部地区的外资发展,通过完善交通等基础设施建设,改善中西部地区的营商环境,提高中西部地区吸引外资的能力。最后,中国目前正处于经济转型期,引资政策应与产业结构升级相结合,通过放宽外资在第三产业的限制,将更多外资引入高附加值的第三产业;鼓励外资投向先进制造业和高科技行业,以解决我国实际利用外资行业结构不合理的问题,通过引导外商投资流向促进我国产业结构转型升级。

（四）加快完善外商投资安全审查制度

随着经济全球化的发展,越来越多的国家开始重视对外商投资的安全审查。中国应对接国际化高标准的外商投资安全审查制度,通过健全和完善中国的外商投资安全审查制度,处理好外商投资便利化和风险防范的关系,在增强引资力度的同时,保障中国吸收外资的稳定、健康发展。

第二章
全球经济形势分析及其
对中国吸收外资的影响

全球经济发展是影响中国吸收外资的重要因素。在新冠肺炎疫情的影响下,2020 年以来的世界经济经历了较大波动,虽然 2021 年全球经济已经走出负增长,复苏力度强劲,但是也出现了经济体间分化加剧、不确定性较高等风险。与此同时,中国经济在新冠肺炎疫情的冲击中表现出了较强的韧性,多家国际机构都对中国未来增长给出了较乐观的预测,2022 年中国将持续推动国际经贸合作、扩大投资准入,持续吸引外资高质量增长。

第一节　全球经济形势分析

随着疫苗接种等抗疫措施在全球持续推广,2021 年世界经济已经有较快复苏趋势,然而,新冠肺炎疫情对经济的影响是多方面的,2021 年全球多个重要经济体还出现了供给短缺、能源价格上涨、通货膨胀走高等问题。国际机构普遍认为 2022 年全球经济将延续较快增长趋势,但是需要更好应对刺激政策退出与疫情变化相关的新挑战。

一、全球经济持续复苏,但疫情不确定性仍高

受新冠肺炎疫情全球流行的影响,2020 年全球经济经历了第二次世界大战以来最严重的衰退,总体负增长幅度超过 3%。受益于疫苗接种、疫情缓解、主要经济体持续宽松政策、发达经济体居民需求恢复等因素,2021 年全球经济快速反弹,根据世界银行 2021 年 6 月的报告预测,在基准情形下,2021 年全年世界经济增速预计将达到 5.6%,[①]这将是近 80 年来五轮全球

---

① 国际货币基金组织、经合组织及联合国在其最新经济展望报告中也预计 2021 年全球经济增长在 5.4%—5.9%,与世界银行预测类似。

经济衰退中复苏最快的一次。①货币基金组织、经合组织、联合国对 2021 年的世界经济增长预测值都位于 5.6%—5.9% 区间,详细可见表 2-1。到 2021 年底,世界经济已经越过负增长的冲击,重回 2019 年疫情前的总量(2020—2021 年平均增长率约为 1%),②但是仍然低于疫情前的增长预期。同时,疫情对生产的限制与居民需求的快速恢复也在全球范围内造成了严重的供需错配问题,导致商品供给短缺、能源价格上涨、物流运输价格飙升、通货膨胀持续走高等普遍问题。

从国际研究机构的最新预测来看,报告普遍对 2022 年经济增长较为乐观,认为下一年中全球经济高增长趋势将会持续,尽管增速相比 2021 年放缓。其中,世界银行预计 2022 年全球增长率为 4.3%、2021 年降至 3.1%,其他机构发布结果较为接近(如联合国对两年的预测值分别 4.5%、3.2%)。与过去十年的长期全球平均增长率相比,③国际机构对 2022—2023 年全球预期增速仍然处于较高水平,也就是说,世界经济仍然处于持续复苏反弹、逐步回归疫情前轨迹的阶段。经合组织在 2021 年 12 月发布的《世界经济形势与展望》中提出,随着疫苗接种不断加强,全球有望在 2022 年底取消跨国活动限制;此外,他们预计通货膨胀的顶点将出现在 2021 年底,2022—2023 年中会逐步出现需求正常化、生产供应恢复以及劳动力复工,共同促使供应链瓶颈得到缓解。

表 2-1　主要国际机构对 2021—2023 年全球经济增长预测

机　　构	发布时间	世界经济增长率(汇率加权)			
		2020 年	2021 年	2022 年	2023 年
世界银行	2021 年 6 月	−3.5%	5.6%	4.3%	3.1%
国际货币基金组织(IMF)	2021 年 10 月	−3.1%	5.9%	4.9%	—
经合组织(OECD)	2021 年 12 月	—	—	—	—
联合国	2021 年 6 月	−3.6%	5.4%	4.1%	—

① 此处,世界银行进行比较的五次全球衰退和第二年复苏速度分别为:1945—1946 年(2.2%)、1975 年(5.2%)、1982 年(2.8%)、1991 年(1.9%)、2009 年(4.5%)和 2020 年(5.7%),参见世界银行 2021 年 6 月的《全球经济展望》报告。
② 根据各机构预测报告的基准结果,世界银行、IMF、OCED、联合国预测的 2020—2021 年全球平均增长率分别为 0.95%、1.30%、1.00%、0.80%,注意这里存在汇率加总和 PPP 加总差异。
③ 从世界银行数据来看,2010—2019 年以汇率换算加总的全球 GDP 增长率约为 2.97%,低于 3%。

续表

机　　构	发布时间	世界经济增长率(购买力平价加权)			
		2020 年	2021 年	2022 年	2023 年
世界银行	2021 年 6 月	−3.2%	5.7%	4.5%	3.5%
国际货币基金组织(IMF)	2021 年 10 月	—	—	—	—
经合组织(OECD)	2021 年 12 月	−3.4%	5.6%	4.5%	3.2%
联合国	2021 年 6 月	−3.5%	5.5%	4.4%	—

• 数据来源:国际货币基金组织数据来源于《世界经济展望》("World Economic Outlook")[①],世界银行预测来源于《全球经济展望》("Global Economic Prospects"),经合组织预测来源于《经合组织经济展望》("OECD Economic Outlook")[②],联合国预测数据来源于《世界经济形势与展望》("World Economic Situation and Prospects")[③]。

二、全球复苏不均衡,经济体间分化加剧

　　2021 年全球经济复苏并不均衡,并且与以往的经济衰退后表现不同,此次主要表现为发达经济体增长更快,而部分发展中国家与新兴市场国家则表现平平。[④]根据世界银行于 2021 年年中发布的《全球经济展望》预测,约有 90% 的发达经济体能够在 2022 年恢复到疫情前的人均 GDP 水平,而只有约 1/3 的发展中国家能够实现这一点。此外,世界银行报告还指出,2021 年发达经济体的增速约两倍于其在 2009 年危机后的增速;而 2021 年部分发展中国家与新兴经济体增速预计将比其在 2009 年危机后增速低 20% 左右。

　　本轮发达经济体与部分发展中经济体之间的复苏不均衡主要是受新冠疫苗接种差异影响。主要经济体在研发生产、财政支持、医疗动员等方面都有优势,因此新冠疫苗在本国接种的速度快、范围广、比重高(根据 OECD 测算,截至 2021 年 11 月,高收入国家中有 66.4% 的人口已经完成了新冠疫苗的完全接种),这能够极大缓解疫情对经济的冲击,包括提升企业与居民信心、促进防疫管控放松、重振国内经济活动以及促进对外开放等。与此同

---

① 报告全文可参见 IMF 官方网站 https://www.imf.org/en/Publications/WEO/Issues/2021/10/12/world-economic-outlook-october-2021。访问日期:2022 年 3 月 9 日。

② 报告全文可参见 OECD 官方网站 https://www.oecd-ilibrary.org/economics/oecd-economic-outlook/volume-2021/issue-2_66c5ac2c-en。计算全球经济增长率时采用 PPP 换算的现价 GDP 作为权重。访问日期:2022 年 3 月 9 日。

③ 报告全文可参见联合国官方网站 https://www.un.org/development/desa/dpad/publication/world-economic-situation-and-prospects-as-of-mid-2021。访问日期:2022 年 3 月 9 日。

④ 根据世界银行预测,2021 年全年发达经济体增速高达 5.4%,为近五十年来最高值,2022 年也保持在较高的 4%,2023 年才逐步回落至疫情前常规区间(2.2%),复苏力度非常强劲;与此同时,2021 年发展中国家与新兴经济体增长率预计能够达到 6%,2022 年就基本回落至疫情前常规区间(4.7%),2023 年进一步放缓至 4.4%。

时,部分经济体(特别是最不发达经济体)疫苗可得性较低,居民尚未得到大规模接种,新冠疫情反复波动,影响了经济增长。据 OCED 统计,中等偏下收入国家(不包括非洲)中已经完成新冠疫苗接种的人口比例仅为 26.9%,非洲国家比重则低至 7.0%,需要国际组织与发达经济体的援助。

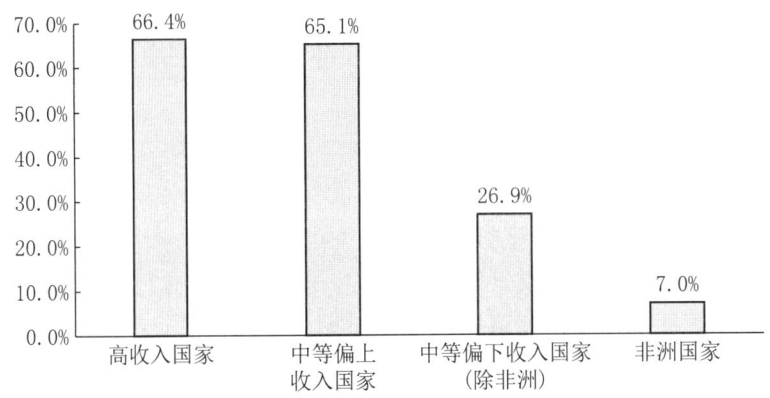

图 2-1　各类经济体中完成疫苗接种人口比重
• 数据来源:经合组织于 2021 年 12 月发布的《经合组织经济展望》("OECD Economic Outlook")。

此外,不同产业结构也导致各经济体从新冠疫情冲击中恢复速度不同。一方面是新冠疫情的反复波动严重限制了人员聚集以及跨国流动,对服务业冲击较大;另一方面,供需错配导致的商品价格高涨利好部分商品出口国经济。OECD 在报告中提到,密集接触性行业遭受了严重的冲击。联合国报告[1]也强调,制造业为主经济体在危机和复苏期间都表现得较好,[2]但是对旅游业和大宗商品依赖度较高的经济体很难出现快速反弹。

三、中国经济强劲

在 2020 年全球经济体普遍陷入衰退时,中国率先控制住国内疫情、实现复工复产,全年经济保持了 2.3% 的正增长。2021 年中国依然坚持实施"动态清零"的严格防疫政策,并且全力推进全民疫苗接种,为企业生产和居民生活创造了安全可靠的大环境。受益于海外经济复苏带来的旺盛外需以

---

[1]　参见联合国经济和社会事务部(Department of Economic and Social Affairs)网站于 2021 年 5 月发布的《2021 年中期世界经济形势与展望》中文通报稿。

[2]　根据联合国报告,以中国和部分东亚经济体为代表的制造业国家 2020 年衰退程度较低,2021 年经济复苏也更快更稳健。

及国内消费稳定向好,2021 年中国工业恢复较快,[①]制造业投资增长强劲,[②]货物出口规模预计能够再创历史新高。[③]国际机构普遍预计中国经济 2021 年增长率能够超过 8.0%,其中联合国、IMF 与 OECD 的报告观点较为接近,认为中国 2021 年增速将位于 8.0%—8.2%区间,而世界银行在 2021 年年中发布的预测报告观点最为乐观,认为中国在 2021 年能够实现约 8.5%的 GDP 增长,与美国并列成为 2021 年对世界经济增长贡献最大的经济体(贡献率超过 1/4)。

到 2022—2023 年,中国的增长率预计将逐步放缓至 5%—6%区间,略低于疫情前 2019 年增速(6.0%),随着疫情影响逐步弱化,中国经济将逐步回归到长期发展路径。从影响因素来看,2022 年中国将会加快基础设施建设投资,部分弥补房地产投资的下行压力,随着海外供应链逐步恢复,中国 2022 年外贸增长预计将会有所放缓。短期来看,2021 年国内并未过早推出强刺激政策,同时全年通货膨胀控制较好,[④]地方政府专项债发行速度加快,2022 年中国的财政政策与货币政策都有充足的调控空间,可以应对海内外经济发展新变化。中长期来看,中国宏观政策主要着力于调整经济结构、实现高质量可持续发展,重点工作包括双碳政策落地、房地产税试点、反垄断政策推进、生育政策优化等。

表 2-2   主要国际机构对 2021—2023 年中国经济增长预测

机　构	发布时间	中国经济增长率预测			
		2020 年	2021 年	2022 年	2023 年
世界银行	2021 年 6 月	2.3%	8.5%	5.4%	5.3%
国际货币基金组织	2021 年 10 月	2.3%	8.0%	5.6%	——
经合组织	2021 年 12 月	2.3%	8.1%	5.1%	5.1%
联合国	2021 年 6 月	2.3%	8.2%	5.8%	——

• 数据来源:国际货币基金组织数据来源于《世界经济展望》("World Economic Outlook"),世界银行预测来源于《全球经济展望》("Global Economic Prospects"),经合组织预测来源于《经合组织经济展望》("OECD Economic Outlook"),联合国预测数据来源于《世界经济形势与展望》("World Economic Situation and Prospects")。

---

① 2021 年 1—11 月中国规模以上工业累计增加值(名义值)累计同比增长 10.1%,2020—2021 年平均增长率为 6.1%,略高于 2019 年同期增速(5.9%)。此外,2020 年和 2021 年前三季度中国工业对 GDP 累计贡献率都略高于 37%,远超 2018 年和 2019 年同期贡献(30.4% 和 26.3%)。

② 2021 年 1—11 月中国制造业投资(名义值)累计同比增长 13.7%,2020—2021 年平均增长率为 4.7%,远高于疫情前 2019 年增速(2.5%)。

③ 据海关总署和国家统计局发布数据,2020 年中国货物贸易出口额为 2.59 万亿美元,占当年全球货物出口总额比重 14.7%,两项数据均达到历史新高。截至 2021 年 11 月,中国累计出口总额已经达到 3.03 万亿美元(同比增长 31.1%),从规模来看已经超越了 2020 年全年水平。

④ 2021 年 1—11 月中国月度 CPI 同比增长率平均值为 0.86%,低于全年 3%的政府调控目标。

四、美欧经济表现突出，日本复苏速度较慢

相比上半年观点，[1]国际机构在四季度报告中普遍调低了对美国 2021 年经济增长的预测，但是总体还是较为乐观，IMF 与 OECD 都预测 2021 年美国经济增长率将位于 5.6%—6.0% 区间，已经恢复至疫情前 GDP 水平，主要受益于疫苗广泛接种、财政与货币政策刺激以及经济重新开放。此外，国际机构对于 2022 年美国经济增长的看法存在明显差异，联合国与 OECD 认为 2022 年美国增速将落在 3.2%—3.7%，IMF 与世界银行则认为将位于 4.2%—5.2% 更乐观区间，但是相比于美国在过去 2013—2019 年间 2.4% 左右的平均增长率，可以预见美国在 2022 年的增长动力仍然较为充足。未来美国经济主要风险在于新冠肺炎疫情重新抬头、通胀高企[2]导致的刺激政策退出（如明年美联储加息）以及政府债务压力，当前美国疫苗完全接种率为 60% 左右，低于大部分 OCED 国家。[3]2022 年美国经济增长新动力在于大规模基建计划落地、家庭储蓄率处于高位，受供应链瓶颈影响，美国消费需求尚未完全释放，将拉动经济持续复苏。

受新冠肺炎疫情冲击，欧元区经济体在 2020 年出现了严重的衰退。到 2021 年，随着疫苗接种较快推进、私人消费快速回升，拉动欧元区经济迅速反弹，国际机构普遍预计其 2021 年全年增长率将超过 5%，但是仍然未恢复至疫情前产出水平（将在 2022 年达到）。OECD 预测欧元区在 2021 年、2022 年的平均增速分别为 5.2%、4.3%，2023 年才逐步放缓至 2.5%，均远超 2013—2019 年的平均增速（1.9%）。然而，欧洲经济也面临着地区间疫苗接种率不均衡（部分东欧国家较低）、行业复苏不均衡（服务业复苏滞后）、紧急抗疫购债计划（PEPP）等刺激政策逐步退出、能源价格上涨与通货膨胀率走高等挑战。

相比欧美发达经济体，2021 年日本经济复苏较为缓慢，尤其是 7 月随着奥运会举办以及病毒感染人数增加，政府被迫宣布东京地区第四次进入紧急状态，经济复苏放缓。因此国际机构在下半年调低了日本 2021 增长率

---

① 例如世界银行在 6 月发布的年中报告中预测美国 2021 年增长率能达到 6.8%；联合国在 2021 年的中期报告中也预测美国全年增长率将达到 6.2%（为 1966 年以来最高值）。

② 2021 年 11 月美国 CPI 同比上涨 6.8%，创下 39 年来最大涨幅。

③ 参见 OECD 于 2021 年 12 月发布的《经合组织经济展望》报告。

预测,预计全年增速将在2%左右,①不及2020年负增长幅度(−4.6%),因此要到2022年GDP才能恢复到疫情前水平。OECD与IMF对日本2022年增速都较为乐观,预计将达到3.2%—3.4%。②

2021年印度出现了第二波疫情高峰(主要由德尔塔新变种导致),经济增长承压,但是由于2020年负增长幅度较大(−7.3%)带来的低基数效应,国际机构普遍预测2021年印度仍然能够保持较高的增长率,如OECD于2021年12月最新报告中认为印度本年度增长率可以达到9.4%。印度正在逐步推进劳动法、国有港口管理、国有银行不良资产清理等领域的改革与试点,未来可以持续提升经济运行效率与发展潜力,然而疫苗接种不足、医疗体系压力、政府债务高企等问题将制约经济稳定增长。

表2-3　OECD对2021—2023年部分主要经济体的增长预测

国家 (地区)	部分主要经济体经济增长率预测				
	2013—2019年平均	2020年	2021年	2022年	2023年
世界:	3.3%	−3.4%	5.6%	4.5%	3.2%
美国	2.4%	−3.4%	5.6%	3.7%	2.4%
欧元区	1.9%	−6.5%	5.2%	4.3%	2.5%
日本	0.8%	−4.6%	1.8%	3.4%	1.1%
中国	6.8%	2.3%	8.1%	5.1%	5.1%
印度	6.8%	−7.3%	9.4%	8.1%	5.5%

• 数据来源:OECD于2021年12月发布的《经合组织经济展望》("OECD Economic Outlook"),其中世界增长率根据购买力平价换算的各国GDP加权测算。

第二节　新冠肺炎疫情暴发后
全球外商直接投资变化趋势

世界经济变化将直接影响全球外商直接投资的流量。2020年全球外商直接投资有较大幅度的负增长,而2021年全球外商直接投资反弹非常强劲,但是地区间以及行业间吸收外商直接投资的复苏力度存在较大差异。

一、2020年全球外商直接投资衰退幅度超过同期世界经济与贸易

受新冠肺炎疫情影响,2020年全球经济出现严重衰退,这也导致当年

① 世界银行与联合国在年中报告分别预测2021年日本经济增长率为2.9%、3.3%,四季度IMF和OECD最新预测值为2.4%、1.8%。
② 世界银行和联合国对日本2022年增长率预测值位于2.2%至2.6%区间。

全球外商直接投资(FDI)出现大幅下滑:一方面是对经济下行的预期促使跨国公司减少对外投资,另一方面部分已在进展中的投资项目也受到疫情防控政策的影响、进度放缓。相比来看,全球外商直接投资在 2020 年的衰退幅度远超同期的全球经济与全球贸易。[①]根据联合国贸易和发展会议(UNCTAD)统计,[②]全球 FDI 流量从 2019 年的 15 302 亿美元降至 9 988.1 亿美元,降幅高达 34.7%,系 2005 年以来的最低水平,相比 2009 年全球金融危机后的 FDI 低谷(11 814 亿美元)还降低了近 15%。

　　从经济体分类来看,2020 年流入发达经济体的 FDI 受影响更大,从 2019 年的 7 490 亿美元降低至 3 122 亿美元,同比增长率为−58.3%,主要是受欧洲地区影响(FDI 跌幅高达 80%)。相对而言,2020 年发展中经济体的 FDI 流量只出现了小幅下滑(−8.4%),从上年的 7 234 亿美元降低至 6 626 亿美元,其中亚洲地区发展中国家表现突出,甚至保持了小幅正增长(约为 3.8%)。

表 2-4　全球外商直接投资流量分地区统计(2015—2020 年)

地　区	外商直接投资流量(亿美元)					
	2015 年	2016 年	2017 年	2018 年	2019 年	2020 年
全球	20 323	20 652	16 473	14 367	15 302	9 989
发达经济体	12 678	13 445	8 943	7 076	7 490	3 122
其中:欧洲	7 129	7 664	5 026	3 443	3 626	725
其中:北美洲	5 115	4 955	3 181	2 616	3 092	1 801
发展中经济体	7 304	6 539	7 025	6 925	7 234	6 626
其中:亚洲	5 143	4 708	5 052	4 965	5 155	5 353
地　区	外商直接投资流量增长率					
	2015 年	2016 年	2017 年	2018 年	2019 年	2020 年
全球	44.9%	1.6%	−20.2%	−12.8%	6.5%	−34.7%
发达经济体	90.0%	6.1%	−33.5%	−20.9%	5.8%	−58.3%
其中:欧洲	117.7%	7.5%	−34.4%	−31.5%	5.3%	−80.0%
其中:北美洲	96.2%	−3.1%	−35.8%	−17.7%	18.2%	−41.7%
发展中经济体	7.7%	−10.5%	7.4%	−1.4%	4.5%	−8.4%
其中:亚洲	11.8%	−8.5%	7.3%	−1.7%	3.8%	3.8%

• 数据来源:联合国贸易和发展会议于 2021 年 6 月发布的《世界投资报告》("World Investment Report")。

①　根据世界银行和世界贸易组织统计,2020 年全球经济增长率为−3.5%,世界货物与服务贸易增长率为−9.6%,详细可以参见《世界投资报告 2021》("World Trade Report 2021")。
②　参见 UNCTAD 于 2021 年 6 月发布的《世界投资报告 2021》("World Investment Report 2021")。

从细分行业来看,2020 年全球外商直接投资涉及的绝大多数行业都与总量趋势一致,出现了较大幅度负增长。然而,疫情也同时促进了对医药与线上服务需求。因此,在 UNCTAD 对 2020 年三类 FDI(绿地投资、跨境并购与国际融资)的已披露交易统计中可以看到,数量或价值表现为正增长的行业主要有制药、①信息和通信、②电信、③电子和电气设备④等。

二、2021 年全球外商直接投资流量迅速回升,但不均衡加剧

进入 2021 年以来,随着疫苗接种逐步进展、各国刺激政策加码、消费需求走强等因素支持,投资者信心回升,全球外商直接投资反弹非常强劲,并且以发达经济体为主要增长动力。根据 UNCTAD 于 2021 年 10 月发布的最新《全球投资趋势监测》("Investment Trends Monitor")报告估算,2021 年

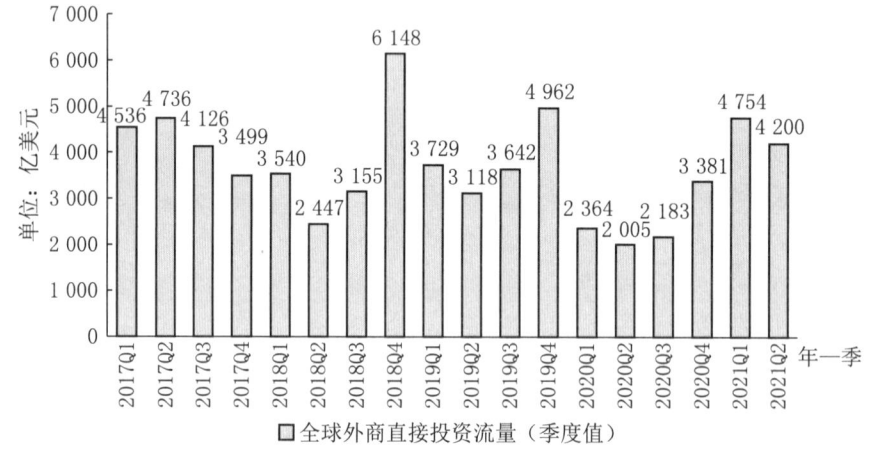

图 2-2　全球外商直接投资流量季度变化趋势

• 数据来源:经合组织于 2021 年 10 月发布的《FDI 数字报告》("FDI in Figures")。其中 2021 年前两季度为初步统计值,采用流入量衡量(FDI inward flows)。

---

① 据 UNCTAD 统计,2020 年全球跨境并购中制药行业交易数量增长了 13%,从上年的 186 起增加至 211 起。2020 年制药业并购总价值在服务业中排行第三,但是相比上年有所下滑。详细信息参见《世界投资报告 2021》(UNCTAD, 2021)。

② 据 UNCTAD 统计,在 2020 年已披露的绿地投资与全球跨境并购当中,信息与通信行业相关项目的总价值都呈增长,其中,绿地投资加总价值从上年的 660 亿美元提升至 810 亿美元(同比增长 22%),跨境并购价值从上年的 250 亿美元提升至 800 亿美元(增长率为 225%)。

③ 据 UNCTAD 统计,在 2020 年已披露的国际项目融资交易中,电信行业数量位居第六,从上年的 26 起提升至 42 起,数量增长率为 62%,但是总价值有所下滑。

④ 据 UNCTAD 统计,2020 年全球跨境并购中电子和电气设备行业交易价值在服务业中排行第四,相比上年增长了 94%,从 210 亿美元提升至 400 亿美元。

上半年全球外商直接投资流量规模可达 8 520 亿美元,相比去年增长了78％,约为 2020 年全年规模(9 989 亿美元)的 85％。根据 OCED 发布的季度投资数据,2021 年第一季度全球外商直接投资流量约为 4 730 亿美元,是过去四年来最高值。[①]

如果下半年能够延续这一趋势,2021 年全球外商直接投资预计将实现较大幅度正增长,到年底基本恢复至疫情前水平(1.5 万亿美元),这相比UNCTAD 在《世界投资报告 2021》中的预测至少提前一年实现目标。[②]

其中,与全球经济复苏所呈现不均衡趋势类似,2021 年以来不同收入水平的经济体间吸收国际投资的复苏速度也出现严重分化,高收入经济体对全球投资复苏贡献比重最大,低收入经济体则延续了上年的 FDI 负增长趋势。UNCTAD 统计数据显示,2021 年上半年高收入经济体、中等收入经济体吸收外商直接投资流量规模分别为 5 840 亿美元、2 570 亿美元,相比上年增长 117％、30％;同期低收入经济体获得的投资规模较小且出现下滑(增长率为−9％),仍然未能摆脱新冠疫情的负向冲击。

从投资类型来看,2021 年上半年已经披露的绿地投资数量和金额(季度平均值)都呈现负增长,[③]而国际项目融资类表现最为突出,数量和金额双双大幅上涨,两项增幅均高于跨境并购。从行业分布来看,2021 年全球投资规模较大的是生物医药、电信、软件、基建等行业,其中生物医药以及电信软件主要受疫情防控和数字化需求推动,以跨国并购和绿地投资为主,逻辑与 2020 年基本一致;而基建投资则主要受益于各国宽松的财政货币政策以及大规模基建规划,以国际项目融资类为主。

第三节　全球投资趋势变化下中国吸收外资的韧性

2021 年中国吸收外资规模总体保持较快增长,从国际比较来看,2021

[①] 根据 OECD 在 2021 年 10 月发布的《FDI 数字报告》("FDI in Figures")中初步估算,2021 年上半年全球 FDI 流量约为 8 700 亿美元(采用流入量与流出量均值计算),相比 2020 年同期增长 89％,即使相比疫情前的 2019 年上半年也实现了 43％的增长。OECD 统计数据的总体趋势与 UNCTAD 报告较一致,都显示 2021 年上半年全球投资数据反弹强劲,但是估算出的规模更大。

[②] 根据 2021 年 6 月《世界投资报告》研判,UNCTAD 预计全球 FDI 流量在 2021 年将实现 10％—15％的反弹(达到 1.1 万亿—1.2 万亿美元),到 2022 年将进一步实现 15％—20％增长(达到 1.4 万亿美元),因此需要等到 2022 年才能恢复 2019 年疫情前水平。在 10 月的《全球投资趋势监测》中,UNCTAD 提到调高了年度 FDI 增长预测,但是作者未查到具体预测数值。

[③] 从细分行业来看,2021 年上半年绿地投资中下滑最为严重的主要是化学、电力和天然气供应、交运仓储等,都表现为全球总量和总额双降。而国际项目融资中增长最快的主要是能源、医药、石油和天然气、采矿等。

年上半年中国吸引外资规模位居全球第一,2021 年中国全年吸引外商直接投资流量或将创历史新高。

一、2020 年中国吸收外资流量小幅增长

在全球投资呈大幅负增长的背景下,2020 年中国吸收外资规模保持了逆势上涨,系全球最具吸引力的投资目的地之一。据国家统计局和商务部数据,[①]2020 年中国实际利用外资额为 1 443.7 亿美元,相比上年规模(1 381.3 亿美元)上涨了约 4.5%,表现突出。与此同时,2020 年新设外商投资企业(项目)数量则有小幅下滑,全年达到 38 570 个,相比上年(40 888个)下降 5.7%。

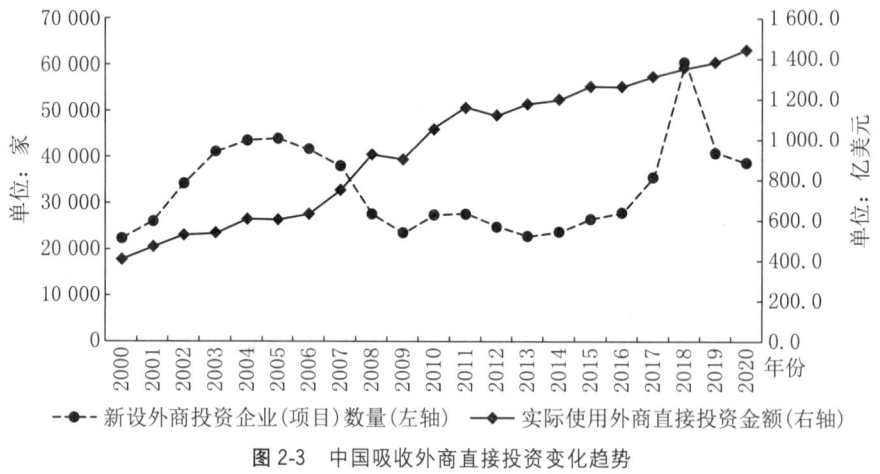

图 2-3   中国吸收外商直接投资变化趋势

• 数据来源:wind 数据库,原始数据来源于国家统计局和商务部。

2020 年中国对外资仍保持强劲吸引力。一方面是中国经济增长的韧性,另一方面则是中国在推进投资自由化、便利化等方面的持续进展。[②]在2020 年全球经济下行超过 3 个百分点之际,中国是全球唯一保持正增长的主要经济体(增速为 2.3%),对外资吸引力增强。在上半年基本控制了国内新冠肺炎疫情后,中国依托完备的工业产业体系,迅速复工复产,更在全球

---

① 参见国家统计局网站年度数据中"对外经济贸易"一栏(访问时间为 2021 年 12 月 31 日)。值得注意的是,国家统计局网站数据与商务部《中国外资统计公报 2021》中 FDI 规模数据略有差异,可能经过复核或修正,本文采用统计局结果。

② 参见 UNCTAD 发布的《世界投资报告 2021》。

供应链出现瓶颈与制约时,能够供应医药抗疫用品等急需物资驰援他国,
2020 年以来中国在经济生产领域和应对疫情冲击上均表现出较强的韧性。
此外,中国在 2020 年设立的海南自贸港、①新颁布《外商投资法》及实施条
例等众多举措都促使投资向自由化便利化目标持续迈进。

　　从国际比较来看,中国吸收外资已经连续 4 年位居全球第二(2020 年
仅次于美国的 1 563 亿美元),连续 29 年位居发展中国家首位。②2020 年中
国吸收的外商直接投资流量占全球比重达到 15%,创历史新高,相比 2019
年的全球占比额(9.2%)有较快增长,从更长时期来看,2000 年时中国 FDI
占全球比重仅为 3.0%,近二十年来提升幅度巨大。进入 21 世纪以来,中国
在吸引外资方面持续发力,保持了长期稳定增长,未来中国还将持续扩大对
外开放的力度,改善投资环境,吸引外资促进经济社会发展。

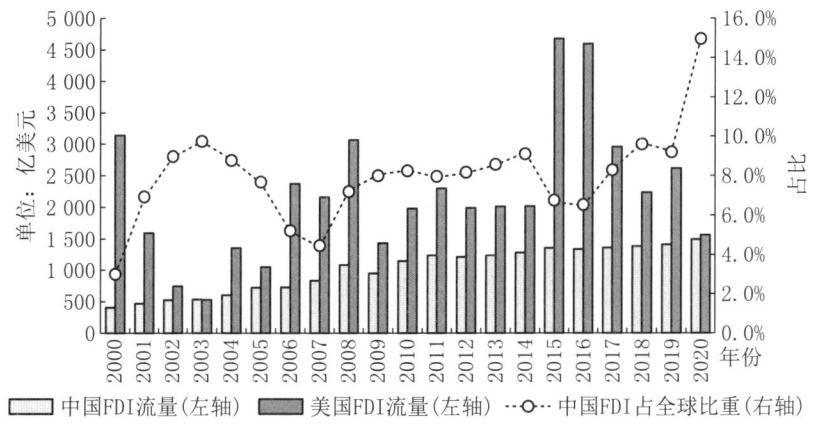

图 2-4　中国吸收外商直接投资占全球比重历年情况

• 数据来源:wind 数据库,原始数据来源于 UNCTAD 历年《世界投资报告》。

二、2021 年中国对外资吸引力位居全球前列

　　受益于海外新冠肺炎疫情缓解、全球经济复苏、中国对外开放政策持续
发力等因素,2021 年中国吸收外资规模快速反弹,投资结构不断升级。根
据商务部统计,2021 年 1—11 月全国实际使用外资金额为 1 572 亿美元

---

① 2020 年首次发布的海南自由贸易港外资准入限制措施定为 27 项,低于全国的 33 项和自贸试验区的 30
　 项,可以参见商务部发布的《"十四五"利用外资发展报告》。
② 参见商务部《中国外资统计公报 2021》。

(10 422 亿元人民币），同比增长 21.4%；[1]2020—2021 年两年 1—11 月中国吸收外资平均增长率为 12.4%，远高于疫情前 2019 年增速（2.6%）。

受上年投资前低后高的基数影响，[2]2021 年中国月度吸收 FDI 主要表现为一季度较快增长，而后增速逐步放缓，但是始终保持在高于 20% 的累计同比增长率。从投资结构来看，高科技产业实际利用外资金额同比增长 19.3%，其中高技术服务业 FDI 增长 20.8%、高技术制造业 FDI 增长 14.3%，[3]外商直接投资持续朝高技术产业聚集，助力产业升级转型。

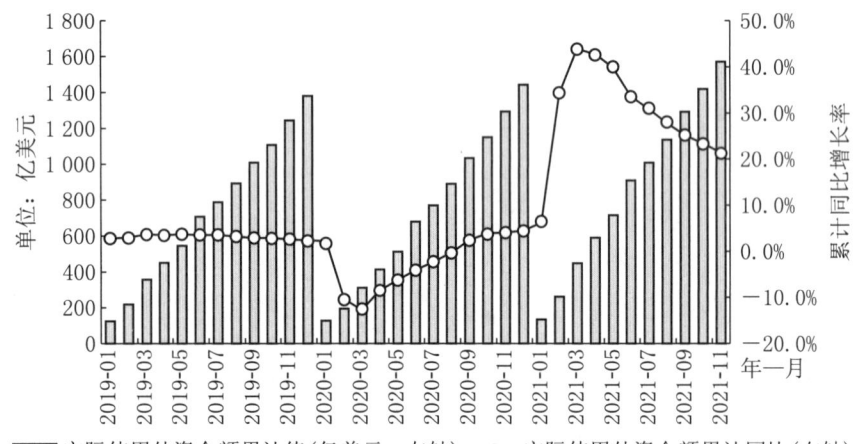

图 2-5　中国吸收外商直接投资占全球比重历年情况

• 数据来源：wind 数据库，原始数据来源于 UNCTAD 历年《世界投资报告》。

从国际比较来看，2021 年上半年中国吸引外资规模位居全球第一。根据 OCED 在 2021 年 10 月发布的初步统计数据，[4]2021 年上半年，中国是全球吸收 FDI 流量最多的国家（约为 1 770 亿美元），超过美国的 1 490 亿美元和英国的 460 亿美元。2021 年中国全年吸引外商直接投资流量可能创历

---

① 参见中国商务部网站商务数据中心"利用外资"栏目中的"吸收外商直接投资月报"指标。
② 从月度分布来看，2020 年中国吸收 FDI 主要为全年前低后高趋势，尤其是第一季度有较大幅度负增长（−43.8%），到 9 月才转为正增长。
③ 参见中国商务部网站于 2021 年 12 月 26 日发布的经贸新闻《2021 年 1—11 月全国吸收外资 10 422 亿元人民币，同比增长 15.9%》，http://us.mofcom.gov.cn/article/jmxw/202112/20211203229701.shtml，访问日期：2022 年 3 月 9 日。
④ 参见 OCED 网站在《FDI 统计：数据、分析与预测》（"Foreign Direct Investment Statistics: Data, Analysis and Forecasts"）的报告（2021 年 10 月 29 日发布），https://www.oecd.org/investment/statistics.htm，访问日期：2022 年 3 月 9 日。

史新高。

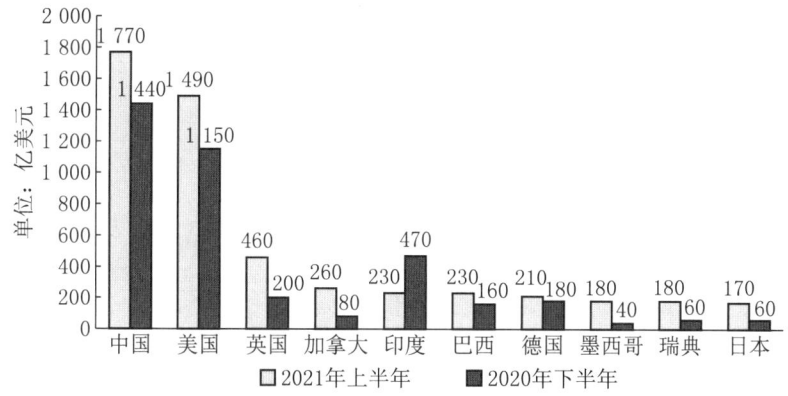

图 2-6　2021 年上半年全球吸收外商直接投资前十位的经济体

• 数据来源:经合组织于 2021 年 10 月发布的《FDI 数字报告》("FDI in Figures"),原始数据来源为"OECD International Direct Investment Statistics Database",2021 年上半年为初步统计值。

第四节　中国吸收外资的增长点与风险点

新冠肺炎疫情出现以来,国际与国内经济形势变化较快,对中国吸收外资也有较大冲击,本小节主要讨论中国吸收外资的增长动力来源与可能风险点。

一、中国吸引外资的增长动力来源

(一)中国保障经济社会稳定运行

2020 年以来,新冠肺炎疫情在全球出现大流行,对全球的经济社会正常运行造成了巨大冲击,也成为各国政府必须面对的"考验"。为此,我国也做好了长期应对准备,防疫政策随疫情变化动态调整,尽量减少对人员流动、商业运行的影响。

从疫情防控的成效来看,2020 年中国率先在全球范围内实现复工复产,2021 年国内疫情形势保持平稳,只有零星病例出现,基本处于可控状态,为国内居民与企业正常的生活生产提供了稳定大环境。中国持续投入推广新冠疫苗接种与特效药研发,开启加强针注射,[1]积极应对全球疫情未

———————————

① 根据国家卫健委统计,截至 2021 年 12 月 31 日,全国累计报告接种新冠病毒疫苗 283 533.2 万剂次。

来变化的高度不确定性。中国稳定的经济社会环境将成为吸引外资进入的重要因素。

（二）中国经济长期向好，外商投资收益稳定

外商投资与中国经济发展是互相促进、双方共赢的关系。从国际机构普遍预测来看，中国经济长期向好的发展趋势不变，预计在 2022—2023 年将保持 5%—6% 增速，高于全球平均水平。因此，在华投资的外商企业能够取得较高收益、分享中国经济发展的成果。与此同时，外商直接投资也可以在中国创造更多就业岗位、拉动经济增长与产业升级，形成正循环与双促进。根据国家外汇管理局统计，2020 年外国投资者在华投资收益为 3 315 亿美元，[①]收益率约为 5.5%，超过了全年中国经济增长率（约 2.2%），从 2005—2020 年更长时期来看，中国对外负债收益率的年度算术平均值超过 6%，在华的外商投资企业利润状态稳定向好，中国对外资的吸引力也将持续提升。

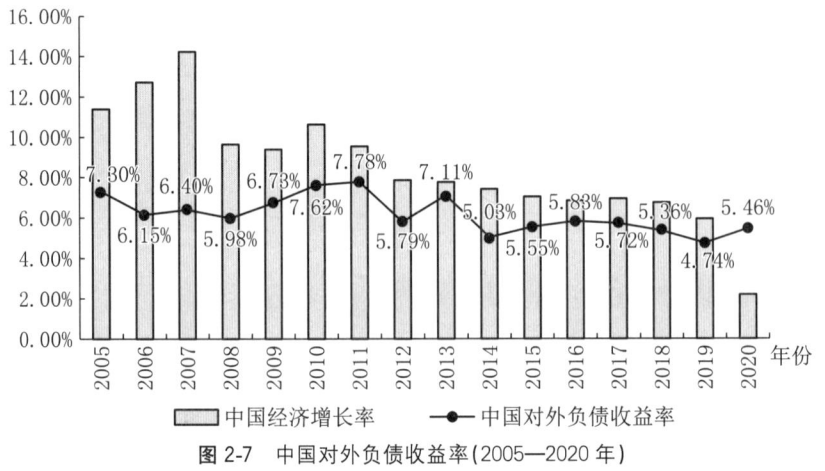

图 2-7　中国对外负债收益率（2005—2020 年）

- 数据来源：wind 数据库，原始数据来源为国家统计局与外汇管理局。负债收益率＝年度投资收益支出/[（上年末＋本年末对外负债存量）/2]。

（三）国际经贸合作持续加强，RCEP 生效将吸引更多外资来华

近年来，中国持续深化国际经贸合作，完善全球治理框架格局，强调投资引进来与走出去并行，共同提升区域一体化程度，通过扩大对外开放

①　引用自商务部《中国外商投资指引 2021》和国家外汇管理局《2020 年中国国际收支报告》。

与交流,为中国吸引外资创造更好的条件。其中,《区域全面经济伙伴关系协定》(RCEP)将于2022年1月起生效,涉及东盟六国以及中国、日本、韩国、澳大利亚、新西兰等国家,协议将促使达成更高水平的贸易投资开放和制度性合作环境。根据商务部国际贸易经济合作研究院团队发布的研究报告统计,[①]截至2020年,中国全年实际利用RECP成员外资约为153.1亿美元,占中国实际利用外资比重约为10.6%,主要来源自东盟、[②]日本和韩国;而2022年RCEP生效后将会带动区域经济、贸易和投资整体显著增长,[③]对中国来说,RCEP有利于吸引日、韩在汽车以及高端制造领域扩大对华投资。

"一带一路"建设也对持续吸引外资、提升中国对外经贸往来作出重要贡献,据国家商务部发布数据,2021年1—11月间来源于"一带一路"沿线国家的实际投资同比增长24.7%,超过中国同期吸收外资整体增速,占比不断提升。此外,中国还将积极推动中欧投资协定(BIT)、全面与进步跨太平洋伙伴关系协定(CPTPP)、数字经济伙伴关系协定(DEPA)等进展。

(四)持续扩大投资准入,绿色环保承诺加强

近年来中国对外资的吸引力持续增强,全国和地方层面的吸引投资、扩大开放相关举措不断推进落实,促进跨国公司进入中国市场。2021年11月商务部正式印发《"十四五"利用外资发展规划》,为未来中国吸收外资提供新指引,规划提出了进一步扩大外商投资准入范围、改善利用外资结构、健全外商投资管理体制、优化外商投资环境等多种发展目标,提升外商来华投资信心。2021年12月国家发改委和商务部联合发布了2021年外资准入负面清单,这是我国连续第五年修订全国和自贸区外商投资特别管理措施,分别由2017年版的93条、122条减少至2021年版的31条、27条,[④]制造业、服务业的外资准入范围不断扩大,负面清单精准度持续上

---

① 参见商务部国际贸易经济合作研究院团队于2021年11月发布的《区域全面经济伙伴关系协定》(RCEP)对区域经济影响评估报告》。
② 其中90%左右投资都来源于新加坡。
③ 据研究报告采用的全球动态一般均衡模型测算结果,到2035年RCEP将带动区域整体的GDP、出口、进口增量相比基准情形增长0.86%、18.30%和9.63%,区域投资累计增长1.47%。
④ 引用自国家发改委网站于2021年12月27日发布的政策解读文章《扩大高水平对外开放　推动经济高质量发展——国家发展改革委有关负责人就2021年版外商投资准入负面清单答记者问》,https://www.ndrc.gov.cn/xxgk/jd/jd/202112/t20211227_1310152.html?code＝&state＝123,访问日期:2022年3月9日。

升。未来中国将持续缩减外商投资负面清单、放款市场准入门槛。日益成熟的外商投资管理体系将稳定吸引各类外企来中国投资发展,逐步优化产业结构。

二、中国吸引外资的风险点

(一)全球范围内新冠肺炎疫情相关不确定性仍高

自 2020 年新冠肺炎疫情在全球大流行以来,病毒已经出现了多轮变异,如 2020 年下半年报告的德尔塔变异毒株、2021 年底报告的奥密克戎变异株等,部分变异后毒株的传播能力相比原始病毒大幅提高,这也使得新冠疫情在全球范围内反复暴发,各国限制性的防疫举措很难彻底解除(如阻止人员集聚与跨境流动),这使得部分经济体陷入"防控加强—疫情好转—重新开放—疫情抬头"的循环,艰难平衡疫情控制与经济发展,其经济增长路径也很难完全恢复到疫情前的预测轨道,造成国家与居民长期福利损失。

当前新冠疫苗的接种存在严重的地区间不均衡,在部分经济欠发达、政府管理水平落后的国家接种率仍然非常低,无法形成对病毒的有效保护屏障,病毒感染与死亡病例居高不下,这也拖累了全球疫情防控整体进展。目前世卫组织、全球疫苗免疫联盟等国际机构已经在联合推进"新冠肺炎疫苗实施计划(COVAX)"。[①]2022 年是否有更高感染率、致死性的新变异毒株出现,此类毒株是否会突破已接种疫苗的保护,新冠特效药的研发进展是否顺利等不确定性仍然较高,影响全球经济持续稳定向好发展,也影响了全球跨国企业的投资信心。

(二)逆全球化趋势加速,各国强调增强供应链韧性

2020 年,新冠肺炎疫情导致全球范围内运输中断、出现了严重的供应链瓶颈,并衍生出供给不足、运费高涨以及通胀加剧等经济问题。这可能促使各国政府以及企业重新思考供应链安全问题,部分经济体以及重点产业预计将有较大规模投资回流,或者由原本的国际化生产网络转化为更区域

---

① 中国已在 2020 年 10 月正式加入该计划,向发展中国家供应疫苗,提升全球疫苗接种水平,中国的国药和科兴两款疫苗也于 2021 年 7 月进入计划疫苗库,为全球抗疫做出积极贡献。资料来源可以参见中国政府网转引新华社网站相关新闻报道《为推动实现疫苗全球公平可及作出中国贡献——专家解读中国加入"新冠肺炎疫苗实施计划"》(https://www.gov.cn/xinwen/2020-10/09/content_5550005.htm,访问日期:2022 年 3 月 9 日)、《中国国药和科兴新冠疫苗进入"新冠肺炎疫苗实施计划"疫苗库》(https://www.gov.cn/xinwen/2021-07/13/content_5624512htm,访问日期:2022 年 3 月 9 日)。

化或多样化的新格局,①增强供应链韧性,减少对单一供应商的依赖。据刘湘丽②研究梳理,2021 年世界主要国家或地区相继调整了供应链相关政策,如 2021 年 5 月欧盟提出要在原材料、半导体和电池等 6 个战略方向减少对外依赖;2021 年 6 月美国公布了对四类物资供应链③的风险评估报告,并提出要解决供应链脆弱性问题,加大国内生产、与盟友合作解决供应链短缺等;2021 年 6 月日本也出台《经济财政运营与改革基本方针 2021》,要对半导体等战略物资集中投资,重建国内生产体系等。④中国是全球供应链重要环节,未来主要经济体的投资回流倾向与供应链多元化布局都将对中国吸收外资造成长期影响。

(三)发达经济体刺激政策退出将影响国际资金流动

为应对新冠肺炎疫情带来的经济下行压力,大多数经济体都从 2020 年起就推出了强力刺激政策。比如美联储在 2020 年 3 月宣布紧急降息,在半个月内将基准利率从 1.5%—1.75%降至 0%—0.25%,还在月底推出了 2 万亿美元的财政刺激计划;⑤欧盟也在 2020 年 3 月启动规模为 7 500 亿欧元的紧急抗疫购债计划(PEPP)等。⑥刺激性的货币与财政政策短期内能够缓解经济衰退、拉动需求复苏,但是也将加剧通货膨胀、财政赤字等问题。2021 年全球新冠肺炎疫情仍未得到全面遏制,发展中经济体复苏乏力导致难以维持高额财政支出,供应链困境与商品供给不足加剧了发达经济体当中的通货膨胀,⑦因此各国刺激政策的实施空间已经非常有限,2022 年中将逐步退出,比如美联储预计将在 2022 年度进入加息通道。世界银行与 IMF 等国际机构都在预测报告中担忧,刺激政策过快退出可能是 2022 年经济增长放缓的风险点,并对全球投资贸易活动造成冲击。此外,发达经济体加息将缩小其与发展中经济体的利差,导致跨境资本从发展中国家流出,可能对 2022 年中国吸引外资造成一定冲击。

---

① 参见 UNCTAD 发布的《世界投资报告 2021》。
② 刘湘丽:《增强供应链韧性:日本政策的出台与走向》,《现代日本经济》2021 年 6 月,第 1—14 页。
③ 包括半导体、药品、关键矿物质、大容量电池。
④ 根据苏杭和刘佳雯(2021),日本政府推行的"供应链改革"计划包括供应链的回迁以及供应链迁移。供应链回迁希望促使对单一国家依存度过高且附加价值高的供应链,争取实现回归日本本土,供应链迁移则希望附加价值不高的供应链向东盟分散,以实现生产据点多元化。
⑤ 吴建杭:《关于疫情背景下应急经济政策退出的几点思考》,《清华金融评论》2021 年 2 月,第 55—57 页。
⑥ 王灏晨:《2020 年欧洲经济分析及 2021 年展望》,《中国经贸导刊(中)》2021 年 3 月,第 34—36 页。
⑦ 根据 wind 数据库中转引的美国劳工部数据,2021 年美国消费者物价指数同比增幅为 4.7%,为 40 年以来最高水平,仅次于 1982 年的 CPI 增幅(6.2%)。

（四）中美贸易摩擦未有缓解

近年来，虽然中美政府之间进行了多轮磋商与会谈，并达成了如《中美第一阶段贸易协议》等文本，但是中美贸易摩擦仍未出现明显缓和迹象，美国仍然延续了竞争为主的对华策略，大力推行贸易保护主义，并以国家安全等理由限制中美企业间的正常商业投资行为。从新冠肺炎疫情以来的经济形势来看，中美经贸关系走向不确定性仍然较强，一方面降低对华关税有助于缓解美国通货膨胀与供应链困境，另一方面美国政府面临着 2022 年中期选举，极有可能通过强硬政策以吸引选票。未来，中美贸易摩擦的长期延续也将在多方面影响中国对外资的吸引力，如投资来源地受限、生产与出口受约束等。

此外，近年来全球投资贸易等经济领域表现出日趋政治化的倾向，典型代表是美国连同欧盟、澳大利亚、日本等部分发达国家加快推进实施的"印太战略"，①意图通过加强与印太地区国家的经济、政治、军事联系，达到恶化中国外部环境、对中国施加压力的目标。面对复杂的国际形势，中国坚持构建以国内大循环为主体、国内国际双循环相互促进的新发展格局，持续扩大对外开放，以合作共赢为主基调，积极应对国内外挑战，未来国际政治演变趋势以及对中国经济的影响仍然有待观察。

---

① 参见胡令远和殷长晖(2021)、汪金国和张立辉(2022)、阎德学和李帅武(2021)等。

第三章
中国吸收外商直接投资——来源篇

在面临新冠肺炎疫情持续冲击的影响下,2020年中国吸收外商直接投资总体情况向好,2020年全球FDI流入前十位国家(地区)中,中国排名第二,同比上升5.7%。从地区分布来看,在华投资主要来源地区是亚洲、欧洲及拉丁美洲。从国别来看,外资主要来源地相对稳定。2019年,对华投资前15位的国家和地区,投资总量同比增长4.49%,占比96.74%。

第一节 中国吸收外商直接投资的来源分布

2020年,全球外国直接投资流量呈大幅下降趋势,跌至2005年以来最低水平。得益于国内生产强劲的复苏势头以及有效的疫情防控措施,2020年中国吸引外商直接投资逆势增长,规模再创历史新高。

一、2020年世界主要国家吸收外资情况

2020年全球外国直接投资流量下降35%,从2019年的1.5万亿美元,下降到1万亿美元。[①]为了应对新冠疫情,世界各国采取的政策,很大程度上放慢了现有的投资项目,而对经济将面临衰退的前景预测,也使得跨国公司逐步放慢全球布局和扩展业务的速度,从而得以对新项目重新进行评估。因此,2020年全球外国直接投资流量跌至2005年以来的最低水平,较2009年全球金融危机后的水平还低了20个百分点。

联合国贸发会议(UNCTAD)统计数据显示(见图3-1),2016年至2020年,中国吸收外商直接投资总额呈持续上升的趋势,FDI流入总量从2016年的1 337.11亿美元,上升到2020年的1 493.42亿美元,增长11.7%。

---

① UNCTAD(2021),"World Investment Report 2021", United Nations: New York, p.20.

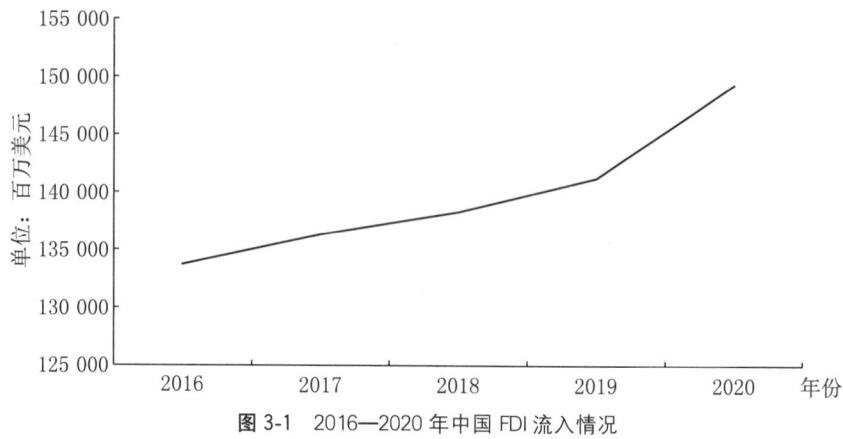

图 3-1 2016—2020 年中国 FDI 流入情况

• 数据来源：UNCTAD, "World Investment Report 2021", United Nations: New York, p.20。

2020 年全球 FDI 流入前十位国家（地区）中，中国排名第二，仅次于美国，名次与 2019 年持平。但是总量从 2019 年的 1 412.3 亿美元，扩大到 2020 年的 1 493.4 亿美元，同比上升 5.7%。中国吸引外商直接投资的逆势增长，一方面得益于 2020 年中国国内生产总值恢复正增长（增长率为 2.3%），展现出较为强劲的经济复苏及增长势头；另一方面得益于中国政府及时有效地采取了疫情防控措施，并且有针对性地采取了一系列投资便利化努力和投资自由化措施，有效地稳定了投资。

表 3-1 2019—2020 年全球 FDI 流入前 10 位国家（地区）

序号	2020 年	金额（亿美元）	全球流量占比（%）	同比（%）	2019 年排名
1	美 国	1 563.2	15.6	−4.0	1
2	中国内地	1 493.4	15.0	5.7	2
3	中国香港地区	1 192.3	11.9	61.8	5
4	新加坡	905.6	9.1	−20.7	3
5	印 度	640.6	6.4	26.7	8
6	卢森堡	621.5	6.2	320.1	25
7	德 国	356.5	3.6	−34.1	7
8	爱尔兰	334.2	3.3	−58.8	4
9	墨西哥	290.8	2.9	−14.7	14
10	瑞 典	261.1	2.6	158.2	32
	世 界	9 988.9	100.0	−34.7	—

• 数据来源：UNCTAD, "World Investment Report 2021", United Nations: New York, p.20。

根据中国商务部的统计,[①]2020 年中国实际使用外资 9 999.8 亿元人民币,同比增长 6.2%(折合 1 443.7 亿美元,同比增长 4.5%),[②]规模再创历史新高。2021 年 1—8 月,中国实际使用外资金额 7 580.5 亿元人民币,同比增长 22.3%(折合 1 137.8 亿美元,同比增长 27.8%)。在新冠肺炎疫情给全球经济带来严重冲击,以及全球跨国直接投资大幅下降的背景下,中国实际使用外资逆势增长,实现了引资总量、增长幅度、全球占比"三提升"。

二、各大洲对中国直接投资情况

根据中国统计年鉴的统计,按大洲分类(见表 3-2),在华投资主要来源地是亚洲、欧洲及拉丁美洲。2019 年,亚洲国家/地区对华直接投资金额为 1 168.88 亿美元,占总金额的 84.62%。从 2000 年起,亚洲国家/地区对华直接投资金额呈快速上升趋势,2019 年吸收来自亚洲国家/地区的直接投资金额是 2000 年的 4.6 倍,同比增长 9.23%。

除了亚洲地区外,其他各洲对华直接投资总金额在 2019 年都出现了明显的下降,尽管来自欧洲和拉丁美洲的外国直接投资总金额在各大洲对华直接投资总金额的排名中位列第 2 位和第 3 位,但是,同比降幅分别为 27.87% 和 16.17%。非洲、北美洲和大洋洲的对华直接投资,从 2000 年起逐步扩大,随后总量变化每年略有起伏,总体而言,逐步维持在较为稳定的规模。

表 3-2　2000—2019 年中国吸收外商直接投资总量(按洲分类) (单位:万美元)

地区	2000	2005	2010	2015	2018	2019
亚洲	2 548 209	3 571 889	7 759 215	10 415 946	10 701 310	11 688 841
非洲	28 771	107 086	127 992	58 507	61 042	47 198
欧洲	476 539	564 310	592 183	689 705	1 119 350	807 360
拉丁美洲	461 658	1 129 333	1 352 563	913 768	902 646	756 690
北美洲	478 579	372 996	401 372	304 272	514 789	340 785
大洋洲及太平洋岛屿	69 403	199 898	232 777	244 357	190 904	172 579
其他	8 322	86 947	107 133	0	6 548	9
总计	4 071 481	6 032 459	10 573 235	12 626 555	13 496 589	13 813 462

• 数据来源:历年《中国统计年鉴》。

---

① 《2021 年 1—8 月全国吸收外资 7 580.5 亿元人民币,同比增长 22.3%》,http://fdi. mofcom. gov. cn/come-datatongji-con. html?id=15237,访问日期:2021 年 9 月 20 日。

② 不含银行、证券、保险领域,下同。

表 3-2 对比了 2000 年和 2019 年中国吸收外商直接投资的地区分布情况,可以发现,亚洲一直是中国吸收外商直接投资的主要来源地,且贡献度不断提升,从 2000 年的 62.59％提升到 2019 年的 84.62％。来自其他各洲的外商直接投资,在中国吸收外商直接投资总金额中的占比,逐步减少。北美洲的降幅最大,从 2000 年的 11.75％降低到 2019 年的 2.47％。欧洲和拉丁美洲的降幅接近,均从 12％左右,下降到 6％左右。来自非洲和大洋洲地区的对华直接投资的占比,变化不大,相对比较稳定。从总量上来看,来自这两个地区的外商直接投资金额相对其他地区而言,也处于较低的水平。

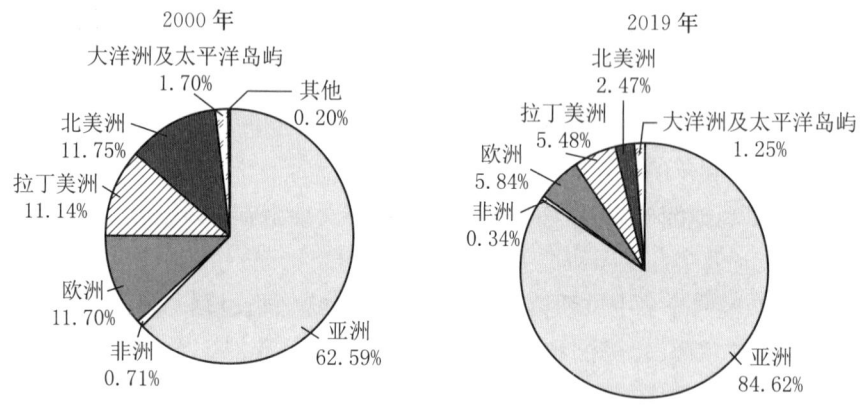

图 3-2 2000 年和 2019 年中国吸收外商直接投资地区分布(按洲分类)

• 数据来源:历年《中国统计年鉴》。

根据中国商务部的统计,①亚洲地区(中国香港地区、印度尼西亚、日本、中国澳门地区、马来西亚、菲律宾、新加坡、韩国、泰国、中国台湾地区)在中国内地(大陆)新设企业数占比 71.8％,实际投入外资金额占比 82.6％;欧洲主要国家(比利时、丹麦、英国、德国、法国、爱尔兰、意大利、卢森堡、荷兰、希腊、葡萄牙、西班牙、奥地利、芬兰、瑞典)在华新设企业数占比 6.4％,实际投入外资金额占比 5.1％;北美(美国、加拿大)在华新设企业数占比 5.7％,实际投入外资金额占比 2.1％;部分自由港地区(毛里求斯、巴巴多斯、开曼群岛、英属维尔京群岛、百慕大、萨摩亚)在华新设企业数占比 1.6％,实际投入外资金额占比 6.4％。

---

① 商务部:《中国外资统计公报 2020》,第 7 页。

第二节　中国吸收外商直接投资主要来源地情况

2019 年以来,中国吸收外商直接投资的主要来源地保持稳定,排名前五位的国家和地区主要集中在亚洲。

一、2019 年中国吸收外商直接投资主要来源地总体情况

总体来看,中国吸收外商直接投资的主要来源地相对稳定。2019 年,对华投资前 15 位的国家和地区,投资总量同比增长 4.49％,占比 96.74％。

2019 年,外商对中国内地直接投资流量排名前 5 位的分别是中国香港地区(港、澳、台地区对大陆投资参照外商投资,全书同)以及新加坡、韩国、英属维尔京群岛和日本。其中,来自中国香港地区的外商直接投资金额占中国内地吸收外商直接投资总金额的 69.71％。此外,爱尔兰对华直接投资的增幅最高,为 298.41％;新加坡、荷兰对华直接投资的增幅分别列第 2 和第 3 位,为 45.69％和 41.08％。值得注意的是,日本、美国、英国、德国和法国等主要发达国家对中国的直接投资出现了下滑的趋势,其中,英国和德国的降幅分别达到 65.46％和 54.87％。

2019 年,在中国内地(大陆)新设企业数排名前 5 位的分别是中国香港地区、中国台湾地区(港、澳、台地区对大陆投资参照外商投资,全书同),以及韩国、美国和新加坡。其中,来自中国香港地区的新设企业共 17 873 家,占2019 年新设企业总数的 43.7％;来自中国台湾地区的新设企业共 5 252家,占总数的 12.8％。

表 3-3　2019 年主要投资来源地前 15 位国家(地区)情况

	国家(地区)	金额(万美元)	占比(%)	同比(%)	新设企业数(家)	比重(%)
1	中国香港地区	9 629 894	69.71	7.10	17 873	43.7
2	新加坡	759 064	5.50	45.69	1 242	3.0
3	韩国	553 817	4.01	18.67	2 108	5.2
4	英属维尔京群岛	496 386	3.59	5.36	304	0.7
5	日本	372 093	2.69	−2.02	1 000	2.4
6	美国	268 638	1.94	−0.11	1 733	4.2
7	开曼群岛	255 681	1.85	−37.15	129	0.3
8	荷兰	179 544	1.30	41.08	182	0.4
9	中国澳门地区	173 544	1.26	35.60	1 083	2.6
10	德国	165 805	1.20	−54.87	562	1.4

续表

	国家(地区)	金额(万美元)	占比(%)	同比(%)	新设企业数(家)	比重(%)
11	中国台湾地区	158 740	1.15	14.09	5 252	12.8
12	萨摩亚	119 182	0.86	−23.32	197	0.5
13	英国	85 705	0.62	−65.46	640	1.6
14	法国	79 337	0.57	−21.53	349	0.9
15	爱尔兰	65 678	0.48	298.41	45	0.1

• 数据来源:国家统计局,《中国统计年鉴2021》;商务部,《中国外资统计公报2020》。

二、重点来源地对华投资情况

(一)中国香港对内地投资情况

2019年,中国香港地区对内地直接投资金额约为962.99亿美元,同比增长7.1%,占中国内地实际吸收境外直接投资总金额的69.71%。2020年,中国香港地区对内地直接投资金额为1 058亿美元,同比增长9.87%,呈现出强劲的增长潜能。从2000年到2020年中国香港地区对内地直接投资的情况来看,投资总额持续上升,2020年直接投资总量已超过1 000亿美元。同时,投资金额占比也逐渐攀升,近年来已经稳居中国内地吸收外商直接投资来源地第一位,占比长期保持在70%左右。

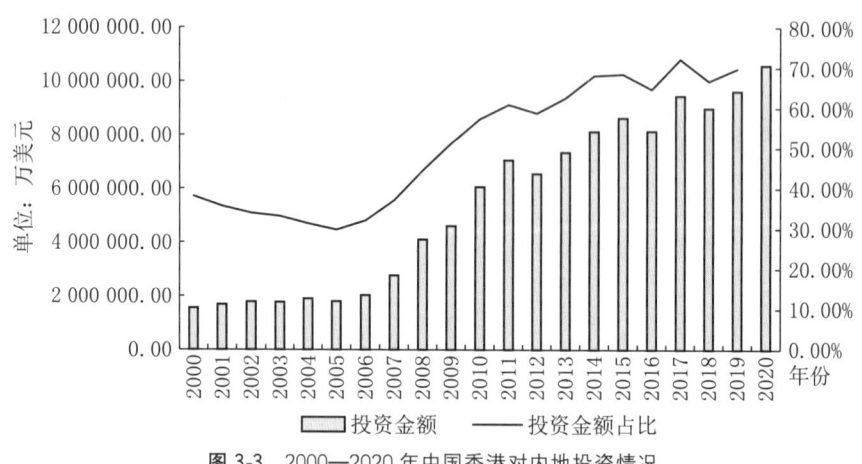

图3-3 2000—2020年中国香港对内地投资情况

• 数据来源:wind数据库。

2019年,中国香港地区在内地投资金额排名前5位的行业分别是房地产,租赁和商务服务,制造业,信息传输、软件和信息技术服务,以及科学研究和技术服务;其中,新设企业数为10 442家,占2019年中国香港在内地新设企业总数的 58.4%，实际投资金额为 725.6 亿美元，占中国香港对内地投资总额的 75.3%。

（二）新加坡对华投资情况

2019 年，新加坡对华直接投资金额为 75.91 亿美元，同比增长 45.69%，占中国实际吸收外商直接投资总金额的 5.5%。2020 年，新加坡对华直接投资金额为 77 亿美元，同比增长 1.44%。从 2000 年到 2020 年新加坡对华直接投资的情况来看，从 2004 年开始出现明显的增长，2013 年以后投资金额逐步回落，2017 年投资总额仅为 47.63 亿美元，此后新加坡对华投资再次回暖，目前呈现出持续上升的趋势。

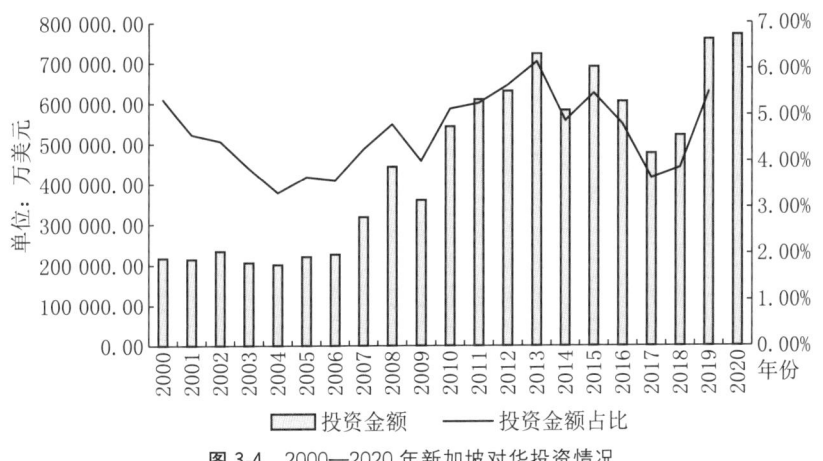

图 3-4　2000—2020 年新加坡对华投资情况

• 数据来源：wind 数据库。

2019 年，新加坡在华投资金额排名前 5 位的行业分别是制造业，租赁和商务服务，房地产，交通运输、仓储和邮政，信息传输、软件和信息技术服务。其中，新设企业数为 614 家，占 2019 年新加坡在华新设企业总数的 49.4%；实际投资金额为 62.27 亿美元，占新加坡对华投资总额的 82.0%。

（三）韩国对华投资情况

2019 年，韩国对华直接投资金额为 55.38 亿美元，同比增长 18.67%，占中国实际吸收外商直接投资总金额的 4.01%。2020 年韩国对华直接投资金额为 36 亿美元，同比下降 34.99%。2000 年以来，韩国对华直接投资金额一度呈现出高速扩张和高速回落的情况，2004 年投资总额达到韩国对华直接投资历年来的最高水平（62.78 亿美元，占比 10.3%）。2011 年后，韩国对华直接投资逐步回暖,在中国吸收外商直接投资总额中的占比逐步变化,增长趋势较为平稳。2020 年受新冠疫情等原因的影响,韩国对华直接投资大幅缩水,较 2019 年减少近 20 亿美元。

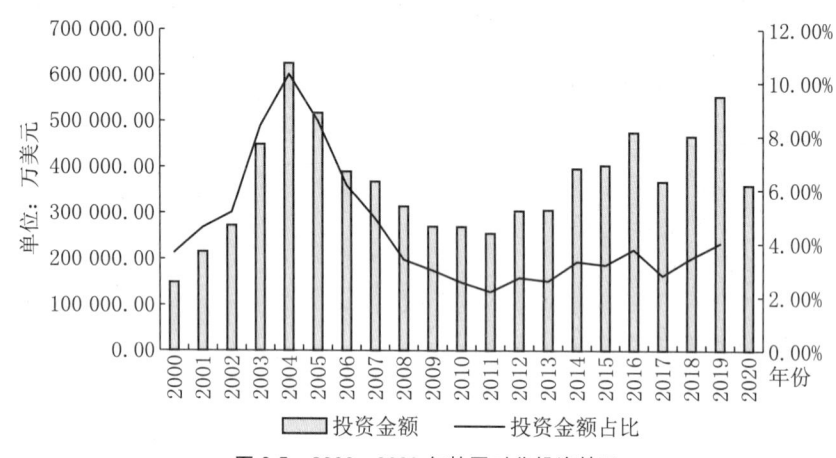

图 3-5 2000—2020 年韩国对华投资情况

• 数据来源:wind 数据库。

2019 年,韩国在华投资金额排名前 5 位的行业分别是制造业、租赁和商务服务、科学研究和技术服务、金融服务、批发和零售。其中,新设企业数为 1 661 家,占 2019 年韩国在华新设企业总数的 78.8%;实际投资金额为 54.3 亿美元,占韩国对华投资总额的 98.0%。

(四)日本对华投资情况

2019 年,日本对华直接投资金额为 37.21 亿美元,同比下降 2.02%,占中国实际吸收外商直接投资总金额的 2.69%。2020 年,日本对华直接投资金额为 34 亿美元,同比下降 8.63%。从 2000 年到 2020 年日本对华直接投资的情况来看,日本对华投资总额的峰值出现在 2012 年,投资总额达到 73.52 亿美元,但是仅占当年中国吸收外商直接投资总额的 6.58%。而在 2005 年,日本对华直接投资总额占中国吸收外商直接投资总额的 10.82%。总体而言,日本对华直接投资在中国吸收外商直接投资总额中的占比在波动中下降,近年来维持在 2.7% 的水平。

2019 年,日本在华投资金额排名前 5 位的行业分别是制造业、租赁和商务服务、批发和零售、房地产、科学研究和技术服务。其中,新设企业数为 803 家,占 2019 年日本在华新设企业总数的 80.3%;实际投资金额为 33.55

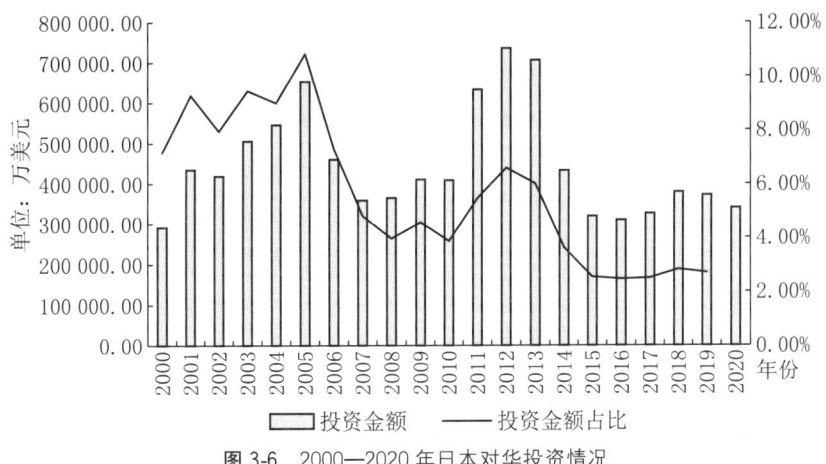

图 3-6 2000—2020 年日本对华投资情况

• 数据来源:wind 数据库。

亿美元,占日本对华投资总额的 90.2%。

（五）美国对华投资情况

2019 年,美国对华直接投资金额为 26.86 亿美元,同比下降 0.11%,占中国实际吸收外商直接投资总金额的 1.94%。2020 年,美国对华直接投资金额为 23 亿美元,同比下降 14.27%。从 2000 年以来,美国对华直接投资总额从 2002 年的 54.24 亿美元,逐步减少到目前的 20 多亿美元,规模缩小一半。同时,美国对华直接投资金额占当年中国吸收外商直接投资金额的比重也持续下降,从 10% 左右下降到 2% 左右。

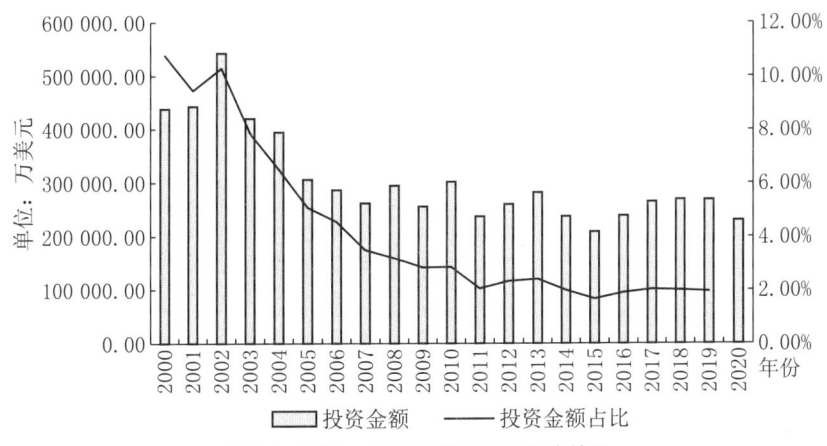

图 3-7 2000—2020 年美国对华投资情况

• 数据来源:wind 数据库。

2019 年,美国在华投资金额排名前 5 位的行业分别是制造业,采矿业,金融服务,信息传输、软件和信息技术服务,租赁和商务服务。其中,新设企业数为 840 家,占 2019 年美国在华新设企业总数的 48.5%;实际投资金额为 22.72 亿美元,占美国对华投资总额的 84.6%。

（六）欧盟对华投资情况

2019 年,欧盟对华直接投资金额为 73.1 亿美元,同比下降 29.9%,占中国实际吸收外商直接投资总金额的 5.2%。2019 年,欧盟在华投资金额排名前 5 位的行业分别是制造业,租赁和商务服务,批发和零售,科学研究和技术服务,以及金融服务。其中,新设企业数为 2 255 家,占 2019 年欧盟在华新设企业总数的 80.4%;实际投资总额为 66.78 亿美元,占欧盟对华投资总额的 91.4%。

欧盟成员国中,2019 年,荷兰成为对华直接投资规模第一位的国家,投资总额为 17.95 亿美元,同比增长 41.08%。在华新设企业数为 182 家,占 2019 年外商在华新设企业总数的 1.4%。2000 年以来,荷兰对华直接投资总额保持在较为平稳的水平,2014 年至 2016 年的投资总额出现明显下降,2017 年强势反弹,投资总额达到历史最高水平(21.74 亿美元)。投资规模占比较初期而言略有下降,尽管与低谷时期相比略有回升,且荷兰已经成为欧盟成员国中最大的对华投资国,但是投资规模占比依旧不到 1.5%。

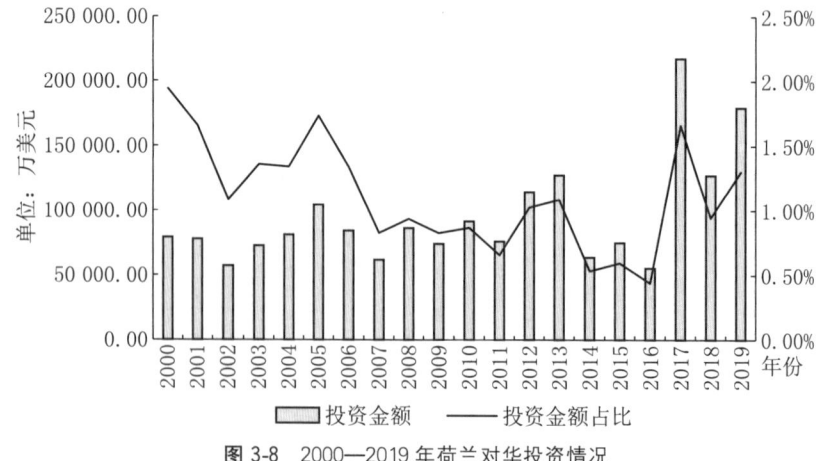

图 3-8　2000—2019 年荷兰对华投资情况

• 数据来源:wind 数据库。

德国作为欧盟对华投资第二大国,2019 年投资总额为 16.58 亿美元,同比下降 54.87％。在华新设企业数为 562 家,占 2019 年外商在华新设企业总数的 6.9％。2020 年,德国对华直接投资金额为 14 亿美元,同比下降 15.56％。从 2000 年到 2020 年德国对华直接投资情况来看,德国对华投资的规模占比总体不高,除了 2018 年超过 3％外,其他多数年份均低于 2.5％。2018 年,德国对华直接投资的金额达到 36.74 亿美元,为近 20 年以来最高水平。此后投资规模大幅下降,2019 年跌幅超过 50％,2020 年继续保持下降趋势。

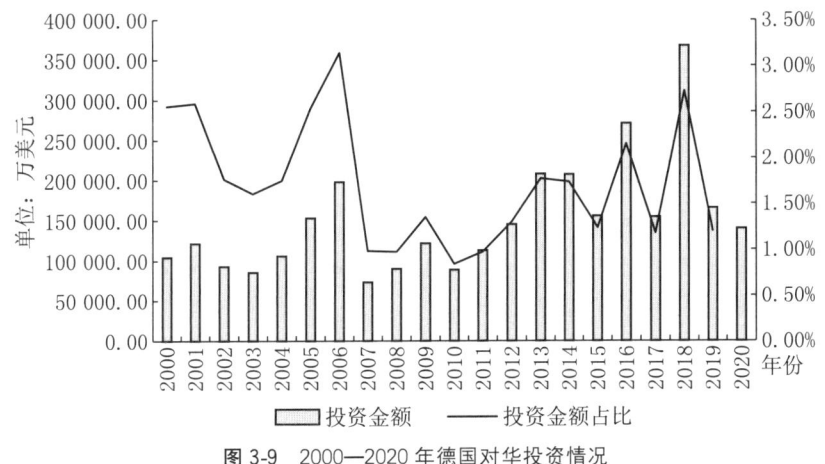

图 3-9　2000—2020 年德国对华投资情况

• 数据来源:wind 数据库。

2019 年,法国对华直接投资总额为 7.93 亿美元,同比下降 21.53％,在欧盟成员国中位列第三。在华新设企业数为 349 家,占比 0.9％。2020 年,法国对华直接投资金额为 5 亿美元,同比下降 36.95％。从 2000 年到 2020 年法国对华直接投资情况来看,尽管 2019 年法国是欧盟第三大对华直接投资国,但是总体规模占比较小。2007 年前法国对华直接投资的规模占比,与 2007 年后相比,总体较高,2006 年为 3.14％。与德国显示出来的趋势类似,2019 年法国对华直接投资金额大幅下降,2019 年跌幅达到 21％左右,2020 年跌幅放缓,但依旧呈现出明显的下降趋势。

2019 年,爱尔兰对华直接投资总额为 65.7 亿美元,同比增长 298.41％。在华新设企业数为 45 家,占比 0.1％。尽管爱尔兰在 2019 年是全球排名第 15 位的对华直接投资来源国,同时也是欧盟成员国中第四大对华直接投资国,但是,从 2000 年到 2019 年爱尔兰对华直接投资的情况来看,其对华投

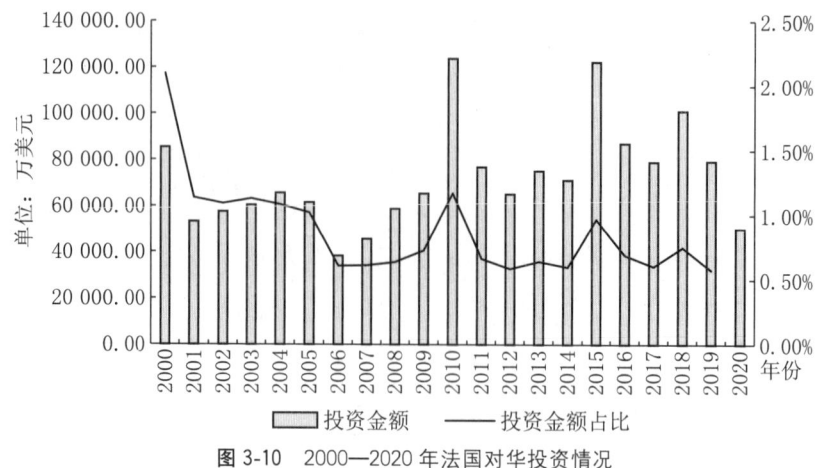

图 3-10　2000—2020 年法国对华投资情况

• 数据来源：wind 数据库。

资的规模占比非常小。从 2000 年开始,投资规模占比稳步提升,到 2008 年后,规模占比开始出现大幅波动,2019 年爱尔兰对华直接投资总额占当年中国吸收外商直接投资总额的 0.48%,为近 20 年来的最高水平。此外,从 2016 年开始,爱尔兰对中国的直接投资从 3.3 亿美元,持续扩大,2019 年的投资金额是 2016 年的近 20 倍。

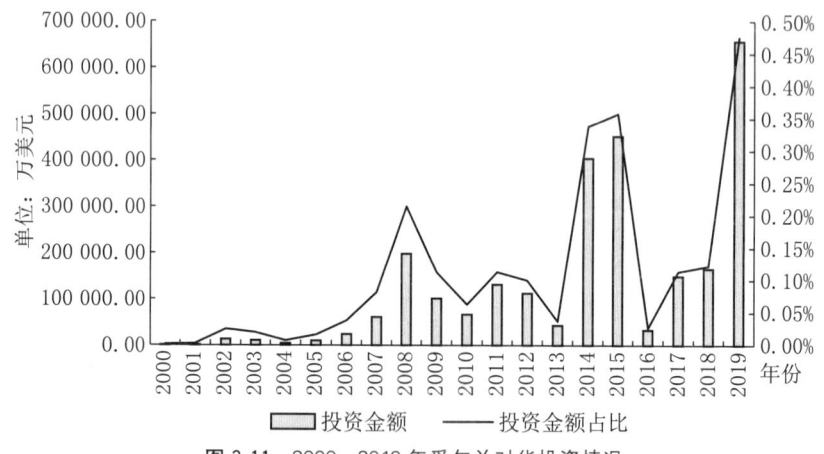

图 3-11　2000—2019 年爱尔兰对华投资情况

• 数据来源：wind 数据库。

（七）英国对华投资情况

英国脱欧后,2019 年,对华直接投资总额为 8.57 亿美元,同比下降

65.46％,占 2019 年中国吸收外商直接投资总额的 0.62％。2019 年,英国在华新设企业数为 640 家,占当年外商在华新设企业总数的 1.6％。2020 年,英国对华直接投资总额为 10 亿美元,同比增长 16.69％。

从 2000 年到 2020 年英国对华直接投资的情况来看,除了 2018 年投资规模达到近 25 亿美元之外,其他时间基本都保持在 10 亿美元左右。英国对华直接投资的规模占比总体来看呈现出前期逐步下降,2013 年仅占当年中国吸收外商直接投资总额的 0.33％;后期螺旋式上升,但规模占比总体不超过 2％。

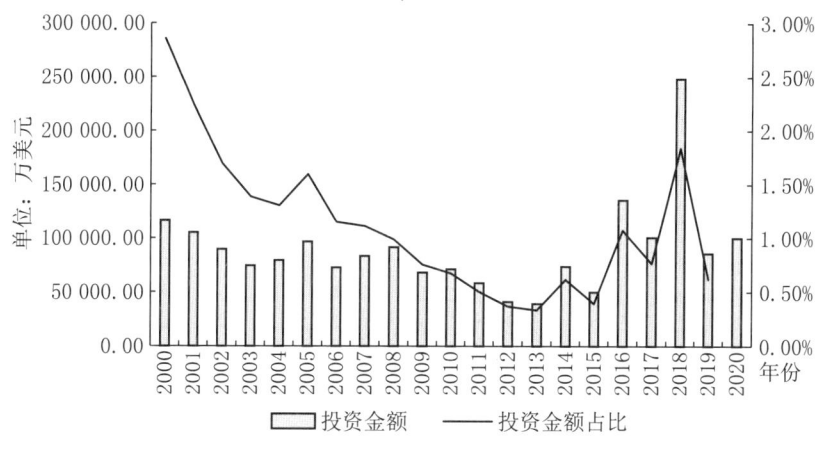

图 3-12　2000—2020 年英国对华投资情况

• 数据来源:wind 数据库。

(八)中国台湾地区对大陆投资情况

2019 年,中国台湾地区对大陆直接投资总额为 15.87 亿美元,同比增长 14.09％,占 2019 年中国吸收境外直接投资总额的 1.15％。2020 年,中国台湾地区对大陆直接投资金额为 10 亿美元,同比下降 36.99％。2000 年以来,中国台湾地区对大陆直接投资在中国吸收境外直接投资总额中的占比基本呈现出下降的态势,从 2002 年最高时的 7.53％,下降到 2019 年的 1.15％。近 10 年来,中国台湾地区对大陆直接投资的总额略有起伏,但是总体来看变化不大。

2019 年,中国台湾地区在大陆投资金额排名前 5 位的行业分别是制造业、批发和零售、科学研究和技术服务、租赁和商务服务,以及金融服务。其

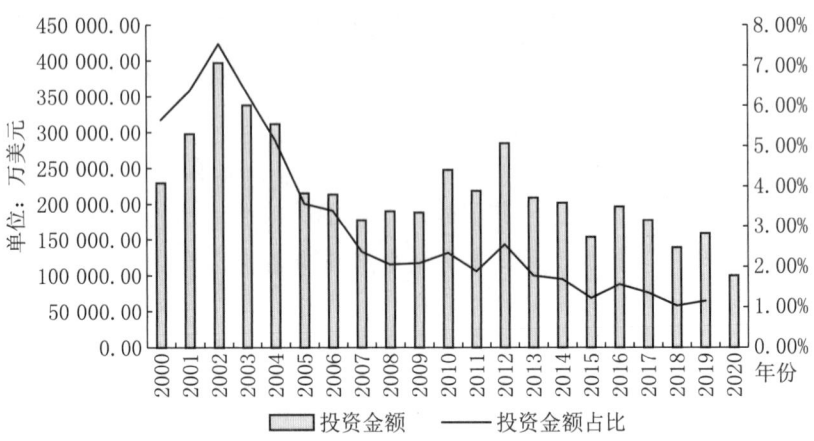

图 3-13 2000—2020 年中国台湾对大陆投资情况

• 数据来源:wind 数据库。

中,新设企业数为 3 956 家,占 2019 年中国台湾地区在大陆新设企业总数的 75.32%;实际投资金额为 14.92 亿美元,占当年中国台湾地区对大陆投资总额的 93.98%。

（九）中国澳门对内地投资情况

2019 年,中国澳门地区对内地直接投资总额为 17.35 亿美元,同比上升 35.6%,占当年中国吸收外商直接投资总额的 1.26%。2019 年,中国澳门地区在内地新设企业数为 1 083 家,占当年外国在华新设企业总数的 2.6%。

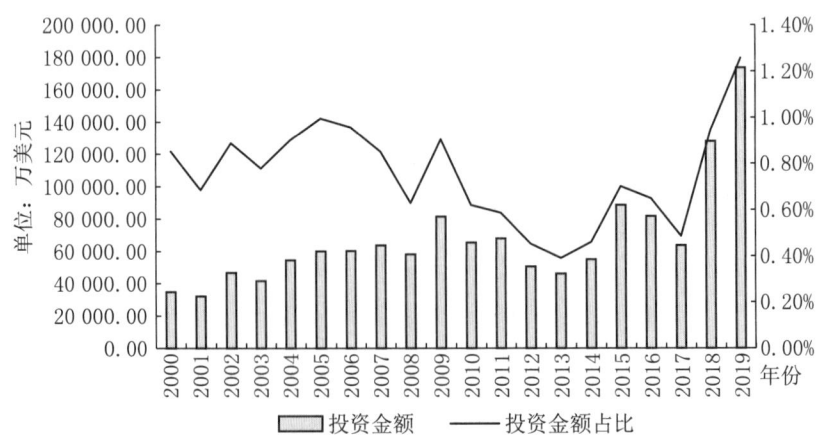

图 3-14 2000—2019 年中国澳门对内地投资情况

• 数据来源:wind 数据库。

从 2000 年到 2019 年中国澳门地区对内地直接投资的情况来看，2018—2019 年中国澳门地区对内地的投资总额明显扩大，从 2017 年的 6.37 亿美元，上升到 2019 年的 17.35 亿，投资规模扩大了近 3 倍。同样地，中国澳门地区对内地直接投资金额在当年中国吸收外商直接投资总额中的占比，也逐步提升，呈现出良好的投资发展势头。

第三节　重点区域对华投资情况

2020 年底，涵盖亚太地区 15 个重要国家的《区域全面经济伙伴关系协定》（RCEP）正式签署。随后，习近平总书记在 2020 年 11 月 20 日召开的 APEC 第 27 次领导人非正式会议上表示，中国将积极考虑加入《全面与进步跨太平洋伙伴关系协定》（CPTPP）。RCEP 区域和 CPTPP 区域对华投资情况，成为重点关注对象。

一、RCEP 协定参加方对华投资情况

2020 年 11 月 15 日，RCEP 协定正式签署。协定成员共 15 方，包括东盟十国、中国、日本、韩国、澳大利亚和新西兰。RCEP 协定是当前全球覆盖人口最多、经贸规模最大的自由贸易协定，2019 年，RCEP 的 15 个成员国总人口达 22.7 亿，国内生产总值合计 26.2 万亿美元，总出口额达 5.2 万亿美元，均占全球总量约 30%。

（一）RCEP 区域内投资活动情况

RCEP 区域内投资活动也相对活跃。图 3-15 统计了 2001 年至 2019 年中国吸收来自 RCEP 成员方外商直接投资的流量情况。总体而言，由于外商直接投资受全球经济发展以及投资母国自身经济发展的影响较大，因此中国从 RCEP 成员方获得外商直接投资流入总量呈波动上升趋势，吸收外商直接投资金额从 2001 年的 98.68 亿美元，上升到 2004 年的 155.18 亿美元，随后受全球金融危机影响，2009 年降至 119.63 亿美元。此后，随着全球经济复苏，逐步回升，上升到 2013 年最高点 188.57 亿美元，随后由于日本对华外商直接投资金额的大幅缩减，总流量再次逐年下跌，2017 年后逐步回暖，2019 年又回到 176.08 亿美元。

图 3-16 呈现了 2019 年中国吸收 RCEP 成员方外商直接投资流量的国别占比情况，新加坡位列第一，占中国吸收 RCEP 成员方外国直接投资总流量

的 43%;其次是韩国,占 32%;第三位和第四位分别是日本(21%)和澳大利亚(3%)。以上四个成员方对中国总的外商直接投资额,占到了总量的 99%。

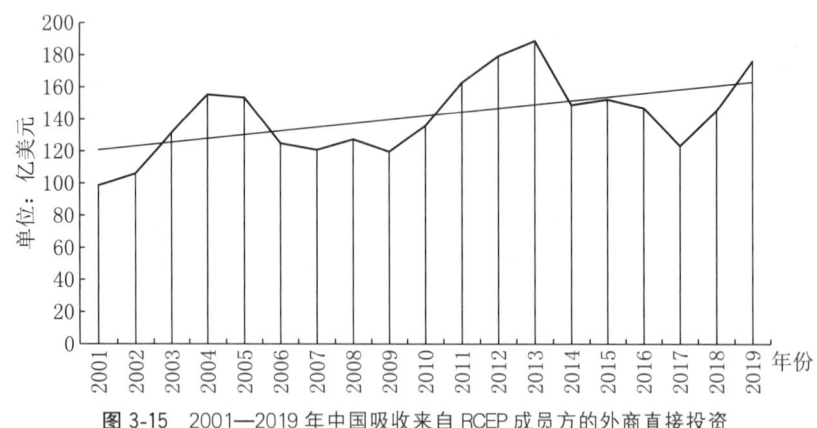

图 3-15 2001—2019 年中国吸收来自 RCEP 成员方的外商直接投资

• 数据来源:wind 数据库。

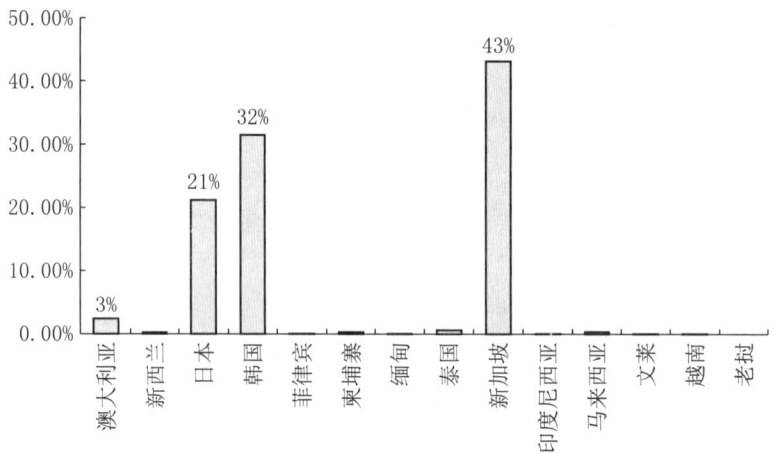

图 3-16 2019 年中国吸收 RCEP 成员方 FDI 流量占比

• 数据来源:wind 数据库。

通过观察 2001 年到 2019 年,中国吸收来自 RCEP 其他成员方外商直接投资金额占中国吸收外商直接投资总额的比重(见图 3-17),可以发现,在近 20 年的时间里,中国吸收来自 RCEP 其他成员方的外商直接投资金额占中国吸收外商直接投资总额的比重整体呈下降趋势,从 2004 年最高时的 25% 左右,下降到 2019 年的 12% 左右。主要原因是 RCEP 区域内以日本为代表的投资大国受其国内经济发展影响,缩小了其对外直接投资规模。

尽管如此,中国仍是日本等国重要的投资目的地国。

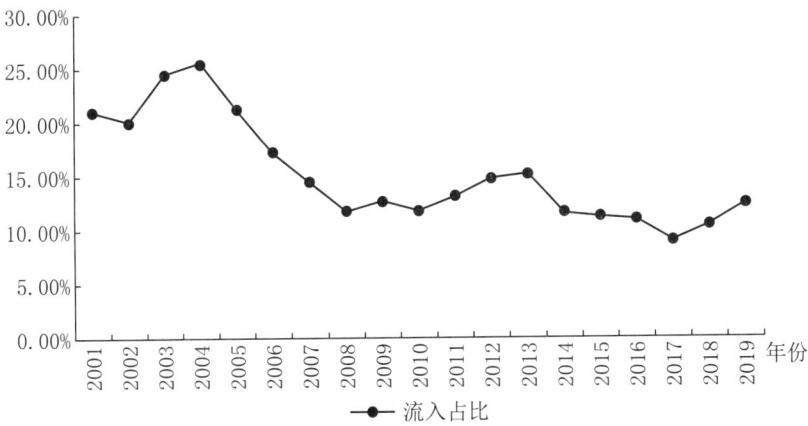

图 3-17　中国与 RCEP 其他方 FDI 流量在中国总 FDI 流量中的占比

• 数据来源:wind 数据库。

(二)澳大利亚对华投资情况

2019 年,澳大利亚对华直接投资总额为 4.29 亿美元,同比上升 48.45%,占当年中国吸收外商直接投资总额的 0.31%。2020 年,澳大利亚对华直接投资总额为 3 亿美元,同比下降 30.1%。从 2000 年到 2020 年澳大利亚对华投资情况来看,2007 年后,澳大利亚对华投资的整体规模较为稳定,但在中国总的吸收外商直接投资金额中的占比呈下降趋势,2019 年略有回升。

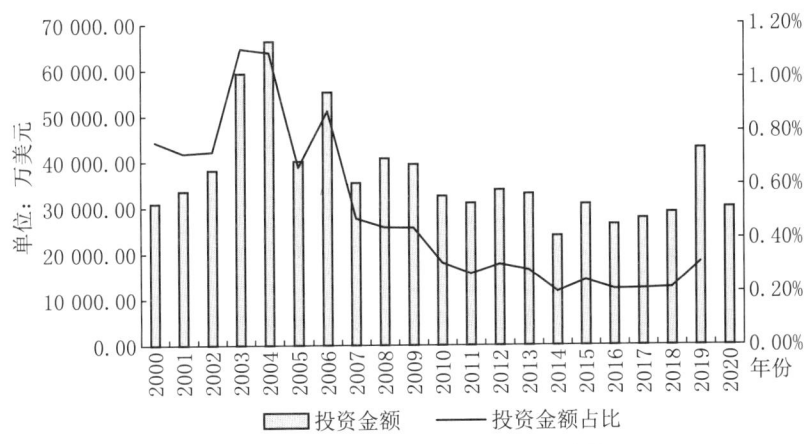

图 3-18　2000—2020 年澳大利亚对华投资情况

• 数据来源:wind 数据库。

（三）新西兰对华投资情况

2019 年,新西兰对华直接投资总额为 0.44 亿美元,同比上升 33.3％,占当年中国吸收外商直接投资总额的 0.03％。2000 年以来,新西兰对华直接投资金额呈现出逐步上升,2005 年达到 1.3 亿美元后,又逐步下降,2010 年和 2012 年出现两个投资高点,随后投资规模再次下降,2016 年后出现小幅回升。总体而言,新西兰对华直接的规模占比较小,近几年均不足 0.1％。

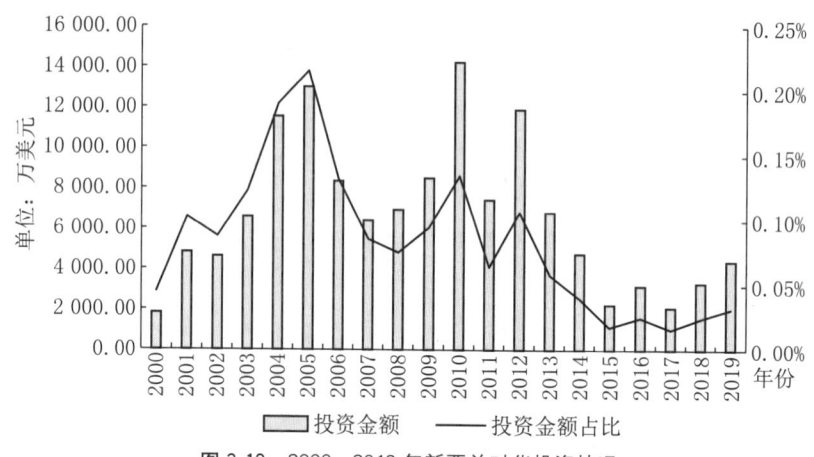

图 3-19 2000—2019 年新西兰对华投资情况

• 数据来源:wind 数据库。

（四）东盟对华投资情况

2019 年,东盟对华直接投资金额为 78.8 亿美元,同比增长 37.7％,占

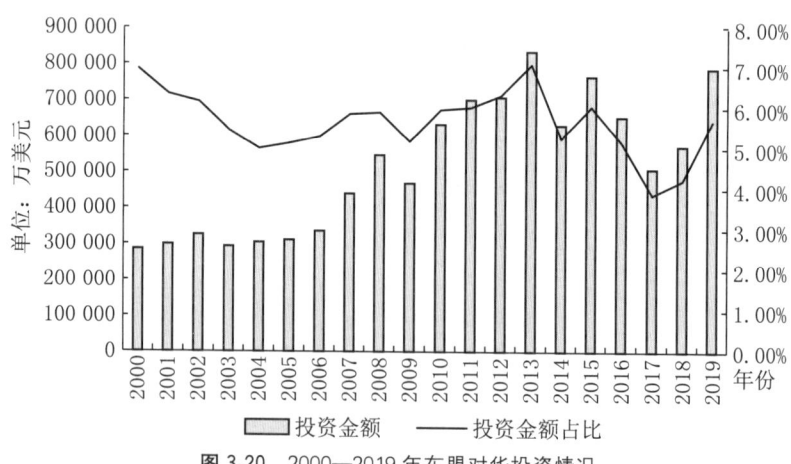

图 3-20 2000—2019 年东盟对华投资情况

• 数据来源:wind 数据库。

中国实际吸收外国直接投资总金额的 5.6%。从 2000 年到 2019 年东盟对华直接投资的情况来看,东盟十国对华投资的总体规模维持在 6%—7% 的水平,近年来的主要贡献来自新加坡和泰国对华的大量直接投资。从 2017 年起,东盟对华直接投资金额逐渐扩大,呈现出连续两年的上升趋势。

2019 年,东盟在华投资金额排名前 5 位的行业分别是:制造业,租赁和商务服务,房地产,交通运输、仓储和邮政服务,批发和零售;其中,新设企业数为 1 462 家,占 2019 年东盟在华新设企业总数的 68.1%,实际投资金额为 63.41 亿美元,占东盟对华投资总额的 81.8%。

二、CPTPP 协定参加方对华投资情况

CPTPP 共有 11 个成员国,包括日本、澳大利亚、文莱、加拿大、智利、马来西亚、墨西哥、新西兰、秘鲁、新加坡和越南。CPTPP 协定的前身是 TPP (《跨太平洋伙伴关系协定》),而 TPP 作为以美国为核心并主导谈判的高标准 21 世纪贸易协定之一,在历经 5 年谈判后,谈判的 12 个成员国于 2016 年 2 月 4 日在新西兰奥克兰正式签约。但在大多数成员尚处于国内核准程序时,2017 年 1 月,美国总统特朗普宣布退出 TPP 协定,TPP 的构建遇到了巨大的挑战。此后,在日本的推动下,11 个原 TPP 成员重启谈判,并于 2018 年 1 月 23 日在日本东京举行的会议上完成谈判。2018 年 3 月 8 日,CPTPP 的 11 个成员国部长和高级官员在智利圣地亚哥签署了该协定。

2020 年 11 月 20 日,习近平总书记在 APEC 第 27 次领导人非正式会议上表示,中国将积极考虑加入 CPTPP,同年 12 月,中央经济工作会议确定,2021 年的重要任务之一是全面推进改革开放,积极考虑加入 CPTPP。2021 年,9 月 16 日,中国商务部部长王文涛向 CPTPP 协定保存方新西兰贸易与出口增长部部长奥康纳提交了中国正式申请加入 CPTPP 的书面信函。下一步将按照协定的程序要求,与成员方进行磋商。这一举措体现了中方持续深化改革、扩大开放的意愿和决心。毫无疑问,关注 CPTPP 协定成员方对华投资情况,对推进协定的达成也能起到重要作用。

(一) CPTPP 协定成员方总体外国直接投资情况

根据表 3-4 的统计,2020 年,CPTPP 成员方吸收外商直接投资总量以及对外直接投资总量均表现出下滑的趋势。但是,从规模占比的情况来看,CPTPP 协定成员方 FDI 流入逐步提升,从 2016 年的 12.13%,提高到 2020 年的 20.75%;同时,对外直接投资的规模占比也呈现出相同的趋势,从

2016 年的 17.62%,提高到 2020 年的 30.9%。可以发现,尽管全球投资因为新冠疫情等影响,2020 年出现明显减少。但是,CPTPP 协定成员方的投资活动依旧表现得较有活力,且参与度很高。一方面,CPTPP 协定的达成,对区域内投资活动起到了重要的促进作用。另一方面,CPTPP 成员方也是重要的对外投资来源地国,近 1/3 的对外直接投资源自 CPTPP 成员方,对外投资潜力较大。特别是日本、新加坡、加拿大都是重要的对外投资来源国。

表 3-4　2016—2020 年 CPTPP 成员方外商直接投资流量　(单位:百万美元)

范围	FDI 流入					FDI 流出				
	2016	2017	2018	2019	2020	2016	2017	2018	2019	2020
世界	2 065 238	1 647 312	1 436 732	1 530 228	998 891	1 616 138	1 604 697	870 715	1 220 432	739 872
澳大利亚	48 401	45 225	68 477	39 224	20 146	2 304	6 356	7 800	9 266	9 172
日本	19 359	9 356	9 256	14 552	10 254	155 937	164 588	143 094	226 648	115 703
新西兰	2 844	2 429	2 397	4 278	4 216	196	227	426	−172	880
文莱	−150	460	382	275	577	—	—	—	—	—
马来西亚	11 336	9 399	7 618	7 813	3 483	8 011	5 638	5 114	6 231	2 827
新加坡	70 221	84 671	75 969	114 162	90 562	38 157	64 883	22 035	50 578	32 375
越南	12 600	14 100	15 500	16 120	15 800	1 000	480	598	465	380
加拿大	36 056	22 757	38 240	47 837	23 823	69 507	76 188	57 417	78 898	48 655
墨西哥	31 069	34 200	33 730	34 097	29 079	193	3 988	8 365	10 985	6 528
智利	12 072	6 203	7 742	12 525	8 386	8 236	3 599	1 292	9 278	11 583
秘鲁	6 739	6 860	6 967	8 055	982	1 156	500	136	941	503
合计	250 547	235 660	266 278	298 938	207 308	284 697	326 447	246 277	393 118	228 606
占比	12.13%	14.31%	18.53%	19.54%	20.75%	17.62%	20.34%	28.28%	32.21%	30.90%

• 数据来源:UNCTAD《世界投资报告 2021》。

(二)CPTPP 协定成员方对华投资总体情况

2019 年,CPTPP 协定成员方对华直接投资金额为 147.98 亿美元,同比增长 16.49%,占 2019 年中国吸收外商直接投资总额的 10.71%。从 2000 年到 2019 年 CPTPP 成员方对华直接投资情况来看,2013 年对华投资总量达到 20 年来的峰值,为 184.91 亿美元。从 2000 年起,对华投资金额波动上升,2013 年后出现明显下降,随后 2017 年后又逐步回升。从投资规模占比来看,与 2000 年相比,2019 年中国吸收来自 CPTPP 国家的外商直接投资金额在中国吸收外商直接投资总金额的占比缩小一半。但是从 2017 年开始占比是逐渐增长状态。由此可见,近年,中国逐步成为 CPTPP 成员方的重要投资目的地。

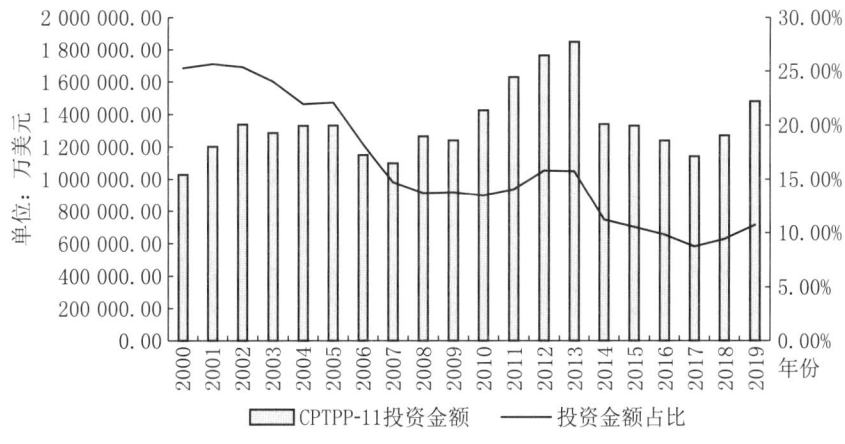

图 3-21　2000—2019 年 CPTPP 成员方对华投资情况

• 数据来源:wind 数据库。

第四章
中国吸收外商直接投资——地区篇

近年来,中国实际使用外资增速平稳上升,连续四年成为全球第二大外商直接投资国。2020 年,新冠疫情对全球经济造成严重冲击,但得益于疫情控制和经济复苏进度世界领先,中国吸收外资额同比增长 6.2%,实际使用外资总额达到 1 443.7 亿美元,首次成为全球最大外资流入国。中国美国商会发布的《2021 中国商务环境调查报告》显示,61%的受访企业仍视中国为首选投资目的地,2/3 的企业表示将增加在华投资,反映了外资企业对中国市场日益增长的信心。由于中国各地区经济状况、资源禀赋差异以及区域性 FDI 政策的直接影响,中国各地区吸收的外商直接投资也可能呈现异质性特征。因此,本章将主要讨论中国东部地区、中部地区和西部地区情况,①以考察三个地区吸收外商直接投资的发展历程与特点。本章主要包括四个小节的内容:第一节为中国东部、中部、西部地区吸收 FDI 的概况;第二节分析中国东部地区吸收 FDI 的发展历程与特点;第三节分析中国中部地区吸收 FDI 的发展历程与特点;第四节分析中国西部地区吸收 FDI 的发展历程与特点。

第一节　中国东部、中部、西部地区吸收 FDI 的概况

改革开放以来,中国针对不同地区采取不同的政策措施以吸引外资。在这些政策以及各地区市场化程度、区位因素、基础设施等各种因素的影响下,中国各地区 FDI 的投入量呈现出明显的地区分布不均的特征。

---

① 本章所指东部地区包括辽宁、北京、天津、上海、河北、山东、江苏、浙江、福建、广东、广西、海南 12 个省、市、自治区;中部地区包括黑龙江、吉林、山西、内蒙古、安徽、河南、湖北、湖南、江西 9 个省、自治区;西部地区包括重庆、四川、云南、贵州、西藏、陕西、甘肃、青海、宁夏、新疆 10 个省、自治区、直辖市。

一、三大地区外商直接投资的基本情况

图 4-1 描绘了中国东部、中部以及西部地区 2000—2020 年①外商直接投资的基本情况,通过观察可以发现,东部地区吸收外商投资金额呈倒"U"形变化,在 2001 年中国加入 WTO 之后,吸引外资金额不断增加,由 2000 年的 397.58 亿美元上升至 2014 年的 1 759.39 亿美元(顶峰位置),随后开始下降,呈波动式变化趋势,2019 年下降至 1 348.38 亿美元。进入 2020 年,新冠肺炎疫情席卷全球,没有任何一个经济体可以独善其身。这一年,全球各经济体注入的外资总额骤降 42%。其中,发达经济体吸引外资的降幅尤为剧烈,减少了 69%;发展中国家全年吸引外资仅减少了 12%。在所有发展中国家中,中国的表现最为亮眼,全年吸引外资不仅没有下降,反而同比增长了 6.2%,实际使用外资总额达到 1 443.7 亿美元,成为全球吸引外资最多的经济体。2020 年,中国是全球唯一实现经济正增长的主要经济体。具体而言,对于东部地区,相比于 2019 年,其在 2020 年吸收的外资总额略有上升,达到了 1 471.58 亿美元,占该年中国引资总额的比例为 56.25%。较东部地区来说,中部地区虽然每年的引资幅度与之有所差距,但其吸引外商投资的金额亦呈逐年上升的趋势,由 2000 年的 49.25 亿美元上升至 2020 年的 918.70 亿美元。对于西部地区而言,虽然其每年的引资金额整体上呈上升趋势,但该地区是三大地区中吸引外资金额和数量最少的地区,2011 年是其在 2000—2020 年 20 年间引资份额最高的一年,但其比例也仅达到了 9.77%,相较于东部地区(69.24%)和中部地区(21%)来讲微乎其微。

值得注意的是,通过观察表 4-1 中国东部地区、中部地区和西部地区 2000—2020 年吸引外商直接投资的比例可以发现,虽然中国东部地区吸收外商投资金额呈逐年增加的趋势,但其引资份额却呈逐年下降的趋势,由 2000 年的 86.05% 下降至 2020 年的 56.25%;而中部地区和西部地区吸收外商投资的份额则越来越高,其中,中部地区吸收外资份额由 2000 年

①　主要数据来源于 wind 数据库。其中,吉林、上海、福建、广东、广西、贵州等地区 2020 年数据缺失,本章按照各地区《2020 年国民经济和社会发展统计公报》中提到的引资增长率进行计算得到。西藏缺失 2017—2020 年数据,且各年《国民经济和社会发展统计公报》及其他网站均缺少关于西藏引资的信息,因此我们按照 2009—2016 年引资增长率的平均值对其进行计算,进而得到西藏 2000—2020 年完整数据,最终获得西部地区引资情况。

的 10.66％增加至 2020 年的 35.11％,西部地区吸收外资份额由 2000 年的 3.29％上升至 2020 年的 8.64％。

通过以上数据描述,可以得到两个方面的结论:其一,中国东、中、西三大地区的外商直接投资引进幅度整体呈逐年上升的趋势,尤其是在 2020 年全球经济萧条的背景下,我国吸引外资不仅没有消减反而有所上升,这说明我国对外商投资企业仍具有较大的吸引力;其二,在中国三大经济地区中,东部地区引资份额有所下降,而中部地区和西部地区引资份额呈逐年上升趋势,表明外商企业在三大地区分布不均匀的状况有所改善。

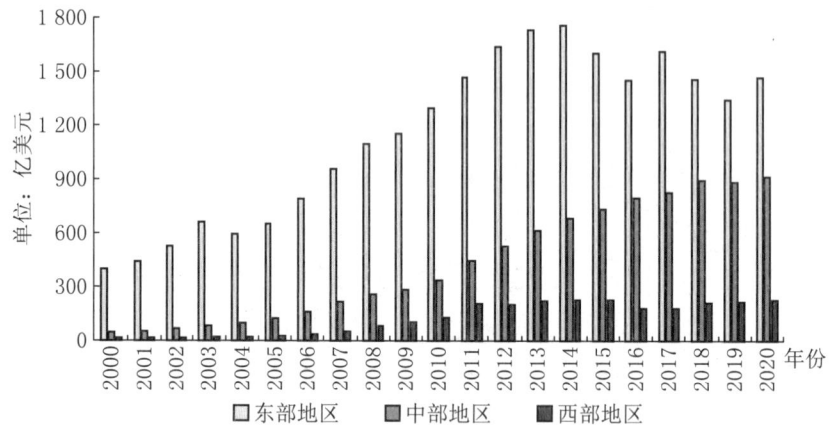

图 4-1 中国东、中、西部地区 2000—2020 年吸引外商直接投资的基本情况

• 数据来源:wind 数据库。

表 4-1 中国东、中、西部地区 2000—2020 年吸引外商直接投资的比例 （％）

年份	东部地区	中部地区	西部地区
2000	86.05	10.66	3.29
2001	86.40	10.43	3.17
2002	86.08	10.98	2.94
2003	86.77	10.60	2.63
2004	83.04	13.67	3.29
2005	80.93	15.48	3.59
2006	79.87	16.21	3.92
2007	78.06	17.87	4.07
2008	76.07	17.99	5.94
2009	74.92	18.39	6.69
2010	73.41	19.14	7.45
2011	69.24	20.99	9.77

续表

年份	东部地区	中部地区	西部地区
2012	69.28	22.28	8.44
2013	67.48	23.92	8.60
2014	65.95	25.55	8.50
2015	62.49	28.70	8.81
2016	59.78	32.70	7.52
2017	61.40	31.62	6.98
2018	56.76	34.95	8.29
2019	55.07	36.11	8.82
2020	56.25	35.11	8.64

- 数据来源：主要数据来源于 wind 数据库。
- 注：部分数据有四舍五入，故加总可能不等于 100％。全书同。

二、影响外商直接投资在中国地区差异的主要原因

首先，基础设施和地理位置会影响外商直接投资的成本，因此对外商直接投资区域选择具有重要影响。在加入 WTO 初期，由于优越的地理位置、良好的港口基础设施等条件，东部沿海地区的经济基础一直处于国内领先地位，为我国吸引外资打下了良好的物质基础。其次，受政策和制度因素的影响，东部沿海地区率先开放，1979 年便在沿海地区的深圳、珠海、汕头和厦门设立了经济特区，外商直接投资企业可享受优惠政策。随着外资政策和制度的完善，东部地区在外资利用上的优势进一步得到巩固。然后，市场因素是影响外资企业进入我国的另一重要因素。其中，市场因素包含市场规模、市场潜力等。一般来说，市场规模和市场潜力越大，该地区越受外商直接投资的青睐。据相关数据统计，我国人口分布不均衡，大多数人口集中在东南部地区，西半部地区人口稀疏分散，这使得东部的市场因素得以强化；同时，东部地区的消费水平高于全国水平，也意味着东部地区市场潜力的扩张水平高于中西部地区。最后，是社会人文因素，社会人文因素包括语言、风俗、教育水平和人口素质等方面。从近代以来东部地区相对于中西部地区更容易接触到西方思想和文化，思想相对更加开放。在受教育人口方面，东部由于经济基础较好，更利于受教育人口集中。因此，受社会人文方面因素的影响，跨国企业也更倾向于向东部地区投资。

综上所述,中国吸引外资主要集中于东部地区,而中西部地区由于政策、地理位置、市场、社会人文等因素,在吸收外资方面相对于东部地区处于较低水平。

但随着东部地区对中西部地区的产业转移和国家对中西部地区的扶持政策,中西部地区的基础设施水平和经济得到了较快的发展,为吸引外商企业进入提供了重要条件。并且随着东部地区的劳动力成本提高和其他资源要素的逐渐减少,外资企业进入东部地区所付出的成本越来越高,中西部相对于东部地区在流通成本、对外交流方面的劣势将逐渐缩小,这在一定程度增加了中西部地区对外资企业进入的吸引力,从而使得东部地区引资份额呈逐年下降趋势,而中西部地区引资份额越来越高。

第二节　中国东部各地区吸收 FDI 的发展历程与特点

自我国把改革开放作为基本国策以来,大量的 FDI 涌入中国,并且其总量大多数年份都在增加。但是流入我国的 FDI 主要集中于东部沿海地区,中西部地区的引资规模相对有限。后来国家出台了一些政策,对西部经济的发展有显著的促进作用,促使外商投资也有向西部转移的趋势,不过东西部之间的距离短时间之内难以扭转。所以,截至目前,我国的 FDI 仍然主要集中于东部地区。本节主要包括两个方面的内容:其一,中国东部 12 个地区吸收 FDI 的发展历程;其二,中国东部 12 个地区吸收 FDI 的特点。

一、中国东部各地区吸收 FDI 的发展历程

表 4-2 呈现了中国东部 12 个地区 1998—2020 年吸收外商直接投资的金额。通过观察可以发现,在 1998—2020 年,江苏省吸收外商投资的金额最多,高达 4 797.25 亿美元,然后依次是广东省(4 288.78 亿美元)、上海市(2 585.72 亿美元)、山东省(2 446.28 亿美元)和浙江省(2 350.87 亿美元)。在所有东部地区中,广西和海南在 1998—2020 年吸收外商投资的总额最少,分别为 178.59 亿美元和 293.72 亿美元,与前几名相差甚远。且就各地区 1999—2020 年年均增长率的数值来看,浙江省吸引 FDI 的年平均增长率最高,达到 13.39%,其次是海南省(12.77%)、北京市(11.57%)和山东省(11.19%)。福建省和广东省年平均增长率最低,分别为 3.53% 和 3.89%。

表 4-2　中国东部各地区 1998—2020 年吸收 FDI 的金额及年均增长率

(亿美元)

年份	辽宁	北京	天津	上海	河北	山东	江苏	浙江	福建	广东	广西	海南
1998	22.05	20.64	25.18	35.38	16.39	22.23	66.52	13.18	42.12	120.20	8.86	7.17
1999	20.64	22.30	25.32	30.48	14.43	24.69	63.99	15.33	40.24	122.03	6.37	4.84
2000	25.52	24.58	25.60	31.60	10.24	29.71	64.24	16.13	38.04	122.37	5.25	4.31
2001	31.13	17.70	32.20	43.92	7.57	36.21	71.22	22.12	39.18	129.72	3.84	4.67
2002	39.16	17.90	38.06	50.30	8.24	55.86	103.66	31.60	42.50	131.11	4.17	5.12
2003	55.83	21.47	16.33	58.50	11.16	70.94	158.02	54.49	49.93	155.78	4.56	5.81
2004	54.07	30.84	24.72	65.41	16.23	87.01	121.38	66.81	22.21	100.12	2.96	6.43
2005	35.90	35.26	33.29	68.50	19.13	89.71	131.83	77.23	26.08	123.64	3.79	6.84
2006	59.86	45.52	41.31	71.07	20.14	100.01	174.31	88.89	32.20	145.11	4.47	7.49
2007	90.97	50.66	52.78	75.20	24.16	110.12	218.92	103.66	40.61	171.26	6.84	11.20
2008	120.19	60.82	74.20	100.84	34.19	82.02	251.20	100.73	56.72	191.67	9.71	12.83
2009	154.44	61.21	90.20	105.38	35.98	80.10	253.23	99.40	57.37	195.35	10.35	9.38
2010	207.50	63.64	108.49	111.21	38.31	91.68	284.98	110.02	58.03	202.61	9.12	15.12
2011	242.67	70.54	130.56	126.01	46.81	111.60	321.32	116.66	62.01	217.98	10.14	15.23
2012	267.93	80.42	150.16	151.85	58.05	123.53	357.60	130.69	63.38	235.49	7.49	16.41
2013	290.40	85.24	168.29	167.80	64.47	140.53	332.59	141.59	66.79	249.52	7.00	18.11
2014	274.23	90.41	188.67	181.66	63.72	151.95	281.74	157.97	71.15	268.71	10.01	19.16
2015	51.85	129.96	211.34	184.59	61.78	163.01	242.75	169.60	76.83	268.75	17.22	24.66
2016	29.99	130.29	101.00	185.14	73.54	168.26	245.43	175.77	81.95	233.49	8.88	22.16
2017	53.35	243.29	106.08	170.08	84.90	178.57	251.35	179.02	85.77	229.07	8.23	23.06
2018	48.96	173.11	48.51	173.00	90.81	205.16	255.92	186.39	44.55	219.25	5.06	8.19
2019	33.23	142.13	47.32	190.48	98.48	146.89	261.24	135.59	46.10	220.63	11.09	15.20
2020	25.20	141.04	47.35	202.33	108.50	176.50	283.80	158.00	50.44	234.91	13.17	30.33
总计	2 235.06	1 758.96	1 786.96	2 585.72	1 007.21	2 446.28	4 797.25	2 350.87	1 194.19	4 288.78	178.59	293.72
年均增长率(%)	9.31	11.57	8.03	8.67	10.55	11.19	8.22	13.39	3.53	3.89	8.33	12.77

• 数据来源:主要数据来源于 wind 数据库。

进一步地,图 4-2 描绘了中国东部 12 个地区在 2020 年吸引外商直接投资的情况,通过观察可以发现,在 2020 年,吸引外资最多的 6 个地区分别是江苏省(283.80 亿美元)、广东省(234.91 亿美元)、上海市(202.33 亿美元)、山东省(176.50 亿美元)、浙江省(158 亿美元)和北京市(141.04 亿美元)。广西壮族自治区、辽宁省和海南省是东部 12 个地区中在 2020 年吸引外资最少的三个地区,分别为 13.17 亿美元、25.20 亿美元和 30.33 亿美元。

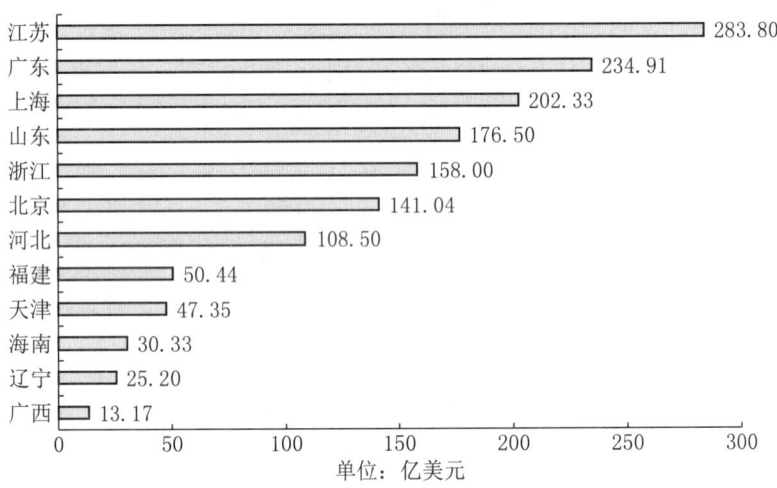

图 4-2　中国东部地区 2020 年吸引外商直接投资的基本情况

• 数据来源:主要数据来源于 wind 数据库。

二、中国东部各地区吸收 FDI 的特点

本部分主要考察 2019 年中国东部 12 个地区吸收 FDI 的特点,主要从登记注册类型、产业类别、行业类型以及外商来源地等几个方面[①]进行分析。

（一）2019 年北京市吸收 FDI 的特点

通过观察表 4-3 可以发现,在 2019 年,按照登记注册类型划分,北京市吸收的外资主要以独资经营方式进入,涉及金额为 96.84 亿美元,其次是以外商投资股份制方式(28.01 亿美元),合作经营涉及的金额最少,仅有0.007 9 亿美元。按照产业划分,北京市在 2019 年吸收的外资主要分布在第三产业,外商投资金额为 134.96 亿美元,其次是第二产业(7.16 亿美元),

---

① 有些地区缺少登记注册类型、产业类别、行业类型以及外商来源地四个方面中几个方面的数据,本章则就其所存在的几个方面的数据进行分析。

第一产业吸引的外商投资最少,仅为 0.006 3 亿美元。按照行业划分,除却其他行业外,2019 年北京市信息传输、计算机服务和软件业吸引的外资金额最多,高达 53.48 亿美元,其次是租赁和商务服务业(11.00 亿美元),农、林、牧、渔业吸引外资金额最少,仅为 0.006 3 亿美元。按照来源地划分,北京市 2019 年吸引的外资主要来自中国香港地区(106.34 亿美元),以及韩国(7.06 亿美元)、开曼群岛(5.42 亿美元)和百慕大(4.02 亿美元)。

表 4-3　2019 年北京市吸收 FDI 的特点　　　　　　　　(亿美元)

按登记注册类型划分	
合资经营	17.27
合作经营	0.007 9
独资经营	96.84
外商投资股份制	28.01
按产业划分	
第一产业	0.006 3
第二产业	7.16
第三产业	134.96
按行业划分	
农、林、牧、渔业	0.006 3
制造业	3.37
建筑业	0.08
信息传输、计算机服务和软件业	53.48
批发与零售业	5.29
住宿和餐饮业	0.19
房地产业	7.00
租赁和商务服务业	11.00
其他行业	61.71

• 数据来源:主要数据来源于 wind 数据库。

(二)2019 年天津市吸收 FDI 的特点

表 4-4 汇报了 2019 年天津市吸收 FDI 的特点。具体地,按照投资方式划分,外资企业主要以独资企业的方式进入到天津市,投资的金额为 25.11 亿美元,以合资企业和合作企业对天津市的投资分别为 14.58 亿美元和 2.99 亿美元。按照行业划分,外资企业在 2019 年对天津市的投资主要集中在租赁和商务服务业,投资金额为 17.26 亿美元,其次是制造业,投资金额为 11.40 亿美元。按照来源地划分,天津市吸引的外资企业主要是来自中国香港,涉及金额为 30.26 亿美元。其次是来自韩国和新加坡,分别为 4.24

亿美元和 3.95 亿美元。

表 4-4　2019 年天津市吸收 FDI 的特点　　　　　　（亿美元）

按投资方式划分	
合资企业	14.58
合作企业	2.99
独资企业	25.11
按行业划分	
农、林、牧、渔业	0.001 4
制造业	11.40
批发和零售贸易	3.40
交通运输、仓储业和邮政业	0.66
房地产业	3.28
租赁和商务服务业	17.26
按来源地划分	
中国香港地区	30.26
日本	2.29
美国	2.72
韩国	4.24
新加坡	3.95
中国台湾地区	0.04
德国	0.36
英国	0.05

• 数据来源：主要数据来源于 wind 数据库。

（三）2019 年上海市吸收 FDI 的特点

表 4-5 汇报了 2019 年上海市吸收 FDI 的特点。首先，按照投资方式划分，2019 年外商企业主要以独资企业身份进入到上海市，对上海市的投资金额为 140.84 亿美元，以合资企业和合作企业进入上海市所涉及的金额分别为 36.02 亿美元和 0.20 亿美元。其次，按照产业划分，2019 年外资企业主要投资于上海市的第三产业，投资金额为 172.86 亿美元，投资第二产业的金额为 17.44 亿美元，且大部分投向了工业（17.12 亿美元），投资到第一产业的金额最少，仅为 0.18 亿美元。最后，按照来源地划分，2019 年上海市吸引的外商投资大部分来自中国香港地区（118.29 亿美元）。然后是新加坡（16.25 亿美元）、日本（6.84 亿美元）、英国（2.51 亿美元）和韩国（2.34 亿美元）。

表 4-5　2019 年上海市吸收 FDI 的特点　　　　　　　　　　　　　（亿美元）

按投资方式划分	
合资企业	36.02
合作企业	0.20
独资企业	140.84
按产业划分	
第一产业	0.18
第二产业	17.44
工业	17.12
第三产业	172.86
按来源地划分	
中国香港地区	118.29
中国台湾地区	0.57
日本	6.84
韩国	2.34
新加坡	16.25
泰国	0.14
德国	2.15
英国	2.51
法国	1.88
意大利	0.33
美国	6.03
加拿大	0.04
澳大利亚	0.09

• 数据来源:主要数据来源于 wind 数据库。

（四）2019 年山东省吸收 FDI 的特点

如表 4-6 所示,按照投资方式划分,发现 2019 年外资企业对山东省的投资额度最大,高达 77.01 亿美元,其次是合资经营企业和外商投资股份制企业,分别为 55.18 亿美元和 14.32 亿美元。按照行业划分,外商企业在 2019 年对山东省第三产业的投资金额最多,为 98.64 亿美元,且这部分投资主要流向了房地产行业,涉及金额为 46.59 亿美元,占第三产业投资金额的一半。外商企业对第二产业的投资总额为 47.13 亿美元,且大部分流向了制造业行业(34.10 亿美元)。第一产业吸引外资金额最少,仅有 1.12 亿美元。按照来源地划分,山东省吸引外资主要来自中国香港地区,2019 年涉及金额为 110.03 亿美元,然后是欧洲联盟和东南亚联盟,来自这两个区域的投资金额分别为 8.68 亿美元和 7.74 亿美元。

表 4-6　2019 年山东省吸收 FDI 的特点　　　　　　　　（亿美元）

按投资方式划分	
合资经营企业	55.18
合作经营企业	0.14
外资企业	77.01
外商投资股份制企业	14.32
合作开发	0.20
其他	0.04
按行业划分	
第一产业	1.12
第二产业	47.13
采矿业	4.32
制造业	34.10
电力、热力、燃气及水的生产和供应业	7.31
建筑业	1.40
第三产业	98.64
交通运输、仓储和邮政业	7.53
信息传输、计算机服务和软件业	4.17
批发和零售业	9.19
住宿和餐饮业	1.83
金融业	5.03
房地产业	46.59
租赁和商务服务业	13.31
居民服务和其他服务业	0.17
科学研究和技术服务业	6.82
水利、环境和公共设施管理业	0.84
教育	0.08
文化、体育和娱乐业	2.29
卫生和社会工作	0.11
公共管理、社会保障和社会组织	0.01
按来源地划分	
韩国	3.72
中国香港地区	110.03
美国	2.22
日本	1.46

续表

按来源地划分	
中国台湾地区	1.05
英属维尔京群岛	6.00
新加坡	7.48
英国	1.38
加拿大	0.80
澳大利亚	0.78
法国	0.17
德国	4.27
毛里求斯	0.03
马来西亚	0.02
萨摩亚	1.41
意大利	0.06
荷兰	2.18
开曼群岛	0.18
泰国	0.24
中国澳门地区	0.69
瑞士	0.81
百慕大	0.28
俄罗斯	0.04
丹麦	0.08
印度尼西亚	0.007 1
奥地利	0.35
西班牙	0.014
新西兰	0.03
卢森堡	0.09
瑞典	0.003 2
比利时	0.003 8
欧洲联盟	8.68
东南亚联盟	7.74

• 数据来源：主要数据来源于 wind 数据库。

（五）2019 年江苏省吸收 FDI 的特点

如表 4-7 所示，独资经营企业在 2019 年对江苏省的投资最多，高达 182.74 亿美元，其次是合资经营企业对江苏省的投资，涉及金额为 72.36 亿美元，合作经营企业涉及的金额最少，仅有 0.95 亿美元。按照行业划分，江苏省制造业在2019年吸引的外资金额最多,高达127.44亿美元,在制造业中,计算机、通信和其他电子设备制造业使用的外资最多,为37.17亿美元。然后是电气机械和器材制造业(12.51亿美元)、汽车制造业(11.24亿美元)、专用设备制造业(10.62亿美元)和通用设备制造业(10.40亿美元)。可以发现这些行业大多为技术密集型制造业。在服务业中,房地产业在2019年使用的外资金额最多,为35.34亿美元。然后是科学研究、技术服务和地质勘查业,为27.18亿美元。

表 4-7　2019 年江苏省吸收 FDI 的特点　　　　　　　(亿美元)

按投资方式划分	
合资经营企业	72.36
合作经营企业	0.95
独资经营企业	182.74
外商投资股份制企业	4.98
按行业划分	
农、林、牧、渔业	1.49
采矿业	0.06
制造业	127.44
农副食品加工业	0.91
食品制造业	1.36
酒、饮料和精制茶制造业	0.64
纺织业	0.92
纺织服装、服饰业	0.47
皮革、毛皮、羽毛(绒)及其制品业	0.38
木材加工及木、竹、藤、棕、草制品业	0.43
家具制造业	0.62
造纸及纸制品业	1.24
印刷业和记录媒介的复制	0.42
文教体育用品制造业	0.68
石油加工、炼焦及核燃料加工业	0.37
化学原料及化学制品制造业	10.47
医药制造业	6.71
化学纤维制造业	1.85
橡胶制品业	1.79
非金属矿物制品业	4.83
黑色金属冶炼及压延加工业	1.05
有色金属冶炼及压延加工业	2.08

续表

按行业划分	
金属制品业	3.51
通用设备制造业	10.40
专用设备制造业	10.62
汽车制造业	11.24
铁路、船舶、航空航天和其他运输设备制造业	2.85
电气机械和器材制造业	12.51
计算机、通信和其他电子设备制造业	37.17
仪器仪表制造业	1.01
其他制造业	0.52
废弃资源综合利用业	0.25
金属制品、机械和设备修理业	0.12
电力、热力、燃气及水生产和供应业	6.34
建筑业	4.45
批发和零售业	15.48
交通运输、仓储和邮政业	5.66
住宿和餐饮业	0.16
信息传输、软件和信息技术服务业	10.53
金融业	2.59
房地产业	35.34
租赁和商务服务业	21.96
科学研究、技术服务和地质勘查业	27.18
水利、环境和公共设施管理业	1.27
居民服务和其他服务业	0.69
教育	0.03
卫生和社会工作	0.16
文化、体育和娱乐业	0.40
公共管理、社会保障和社会组织	0.01

• 数据来源：主要数据来源于 wind 数据库。

（六）2019 年浙江省吸收 FDI 的特点

如表 4-8 所示，按投资方式划分，独资企业在 2019 年对浙江省的投资金额最多，为 100.87 亿美元，合资企业对浙江省的投资金额为 31.34 亿美元。按照产业划分，第三产业利用外资最多，其次是第二产业，最后是第一产业，涉及金额分别为 88.60 亿美元、46.81 亿美元和 0.19 亿美元。在第二产业中，制造业吸引的外资最多，为 43.71 亿美元，占第二产业吸收外资总额的比例高达 93.4％。在第三产业中,吸引外资最多的前三个行业分别是房地产业(24.74 亿美元),信息传输、计算机服务和软件业(20.83 亿美元)以及租赁和商务服务业(12.03 亿美元)。按主要来源地划分,浙江省在2019 年吸引的境外资金主要来自中国香港地区(99.84 亿美元),其次是英属维尔京群岛(6.84 亿美元)和日本(2.95 亿美元),来自意大利的最少,为 0.10 亿美元。

表 8-8 2019 年浙江省吸收 FDI 的特点   (亿美元)

按投资方式划分	
合资企业	31.34
独资企业	100.87
按产业划分	
第一产业	0.19
第二产业	46.81
制造业	43.71
纺织业	1.10
化学原料及化学制品制造业	9.12
医药制造业	4.96
通用设备制造业	3.96
专用设备制造业	2.32
计算机、通信和其他电子设备制造业	2.70
电力、热力、燃气及水的生产和供应业	1.14
建筑业	2.06
第三产业	88.60
交通运输、仓储和邮政业	5.63
信息传输、计算机服务和软件业	20.83
批发和零售业	8.90
住宿和餐饮业	0.37
金融业	4.47
房地产业	24.74
租赁和商务服务业	12.03
科学研究、技术服务和地质勘查业	9.79
水利、环境和公共设施管理业	0.12
居民服务和其他服务业	0.15
教育	0.30
卫生和社会工作	0.61
文化、体育和娱乐业	0.46

续表

按来源地划分	
中国香港地区	99.84
中国台湾地区	0.49
日本	2.95
新加坡	4.92
韩国	1.01
英国	1.40
法国	1.58
德国	2.16
意大利	0.10
美国	2.00
加拿大	0.11
澳大利亚	0.23
英属维尔京群岛	6.84

• 数据来源:主要数据来源于 wind 数据库。

(七) 2019 年广东省吸收 FDI 的特点

通过表 4-9 可知,广东省 2019 年与亚洲国家/地区签订的关于外商直接投资的协议(合同)数目共计 12 711 个,其中,与中国香港地区签订的关于外资往来的协议(合同)最多,达到 9 400 个,其次是中国澳门地区和中国台湾地区,分别是 918 个和 798 个。与泰国签订的最少,仅有 37 个。广东省与非洲国家签订的关于外商直接投资的协议(合同)数目共计 480 个,其中与塞舌尔 31 个,与埃及 52 个。广东省与欧洲国家签订协议(合同)个数为 642 个,与俄罗斯 140 个,与英国 106 个。广东省与拉丁美洲国家签订的协议或合同个数为 167 个,其中,维尔京群岛和开曼群岛分别占 69 个和 17 个。在北美洲国家中,广东省与美国签订的关于外商投资的协议(合同)为 275 个,与加拿大签订了 1 个。在大洋洲国家中,广东省与澳大利亚签订的协议(合同)数最多,为 86 个。

表 4-9 2019 年广东省吸收 FDI 的特点 (个)

按来源地划分外商直接投资签订协议(合同)数	
亚洲	12 711
中国香港地区	9 400
中国台湾地区	798
中国澳门地区	918
新加坡	216

按来源地划分外商直接投资签订协议（合同）数	
日本	98
韩国	254
马来西亚	174
泰国	37
也门	115
伊朗	52
印度	189
印度尼西亚	29
非洲	480
塞舌尔	31
埃及	52
欧洲	642
英国	106
德国	49
法国	48
意大利	48
荷兰	17
俄罗斯	140
西班牙	32
瑞士	13
瑞典	11
丹麦	9
比利时	6
芬兰	5
奥地利	7
波兰	10
拉丁美洲	167
维尔京群岛	69
开曼群岛	17
伯利兹	1
委内瑞拉	9
巴哈马	1
北美洲	365
美国	275
加拿大	1

续表

按来源地划分外商直接投资签订协议（合同）数	
大洋洲	150
萨摩亚	43
澳大利亚	86
新西兰	15
马绍尔群岛	3

• 数据来源：主要数据来源于 wind 数据库。

（八）2019 年广西壮族自治区吸收 FDI 的特点

按照国民经济行业划分，2019 年广西壮族自治区工业吸收的外商投资金额最多，高达 8.30 亿美元，农林牧渔业吸收的外资最少，仅有 0.12 亿美元。按照来源地划分，广西壮族自治区吸收的外商投资主要来自中国香港地区，涉及金额为 6.78 亿美元，其次是英属维尔京群岛（0.89 亿美元）、中国台湾地区（0.32 亿美元）和新加坡（0.12 亿美元）。

表 4-10　2019 年广西壮族自治区吸收 FDI 的特点　　　　　　（亿美元）

按国民经济行业划分	
农林牧渔业	0.12
工业	8.30
交通运输、仓储和邮政业	0.15
批发和零售贸易、住宿和餐饮业	0.44
房地产业	0.79
其他行业	1.30
按来源地划分	
中国香港	6.78
中国澳门	0.04
新加坡	0.12
中国台湾	0.32
泰国	0.01
美国	0.01
英属维尔京群岛	0.89

• 数据来源：主要数据来源于 wind 数据库。

（九）2019 年辽宁省吸收 FDI 的特点

表 4-11 显示，辽宁省 2019 年吸引的外资主要集中在制造业，外商企业对其投资金额为 15.96 亿美元，其次是房地产业，吸引的外资金额为 9.41 亿美元。2019 年辽宁省吸引的外资主要来自中国香港地区，然后是荷兰和日

本,涉及的金额分别是 16.06 亿美元、3.32 亿美元和 2.36 亿美元。

表 4-11　2019 年辽宁省吸收 FDI 的特点　　　　　　　　（亿美元）

按行业划分	
农、林、牧、渔业	0.15
采矿业	1.49
制造业	15.96
电力、燃气及水的生产和供应业	1.17
建筑业	0.01
交通运输、仓储及邮政业	0.24
信息传输、计算机服务和软件业	0.23
批发和零售业	0.57
住宿和餐饮业	0.00
房地产业	9.41
租赁和商务服务业	1.66
科学研究、技术服务和地质勘查业	0.89
水利、环境和公共设施管理业	0.24
居民服务和其他服务业	1.10
卫生、社会保障和社会福利业	0.001 5
文化、体育和娱乐业	0.10
按来源地划分	
中国香港地区	16.06
中国澳门地区	0.03
中国台湾地区	0.88
日本	2.36
马来西亚	0.02
菲律宾	0.04
新加坡	0.70
韩国	0.78
英国	0.000 4
德国	0.84
法国	0.72
意大利	0.04
荷兰	3.32
瑞士	0.02
美国	0.29
澳大利亚	0.15
新西兰	0.001 6

• 数据来源:主要数据来源于 wind 数据库。

（十）2019 年河北省吸收 FDI 的特点

如表 4-12 所示，按照投资方式划分，2019 年河北省吸收外资企业的金额最多，为 49.37 亿美元，其次是中外合资经营企业，对河北省的投资金额为 37.47 亿美元。在三大产业中，河北省第二产业吸引的外资金额最多（78.53 亿美元），其次是第三产业（19.58 亿美元），第一产业吸引外资金额最少（0.37 亿美元）。按国民经济行业划分，制造业吸引外商直接投资金额最多，高达 69.82 亿美元，其次是电力、燃气及水的生产和供应业，为 7.80 亿美元，第三是房地产行业，吸引外资金额为 7.38 亿美元。按照来源地划分，河北省在 2019 年吸引的外资主要来自亚洲，其中以中国香港地区投资金额最多。其次是来自拉丁美洲，涉及金额为 17.01 亿美元，且英属维尔京群岛的外资占大多数。来自欧洲国家的投资金额为 7.26 亿美元，主要来自欧盟 27 国（7.16 亿美元）。来自非洲国家的外资最少，仅有 0.33 亿美元。

表 4-12　2019 年河北省吸收 FDI 的特点　　　　　　　　　　　（亿美元）

按投资方式划分	
中外合资经营企业	37.47
中外合作经营企业	2.67
外资企业	49.37
外商投资股份公司	8.47
其他外商投资企业	0.50
按产业划分	
第一产业	0.37
第二产业	78.53
第三产业	19.58
按国民经济行业划分	
农、林、牧、渔业	0.37
采矿业	0.98
制造业	69.82
电力、燃气及水的生产和供应业	7.80
建筑业	0.06
批发和零售业	0.73
交通运输、仓储和邮政业	4.22
住宿和餐饮业	0.06
信息传输、计算机服务和软件业	1.23

续表

按国民经济行业划分	
金融业	2.37
房地产业	7.38
租赁和商务服务业	1.68
科学研究、技术服务和地质勘查业	0.37
水利、环境和公共设施管理业	0.66
居民服务和其他服务业	0.02
教育	
卫生、社会保障和社会福利业	0.01
文化、体育和娱乐业	0.72
按来源地划分	
亚洲	66.07
非洲	0.33
欧洲	7.26
拉丁美洲	17.01
北美洲	3.20
大洋洲	4.60

• 数据来源:主要数据来源于 wind 数据库。

(十一)2019 年福建省吸收 FDI 的特点

2019 年福建省吸收的外商直接投资主要来自中国香港地区,高达
29.83 亿美元,然后是新加坡(2.68 亿美元)、开曼群岛(2.04 亿美元)和英属
维尔京群岛(1.21 亿美元)。来自印度尼西亚和泰国的外资金额较少,仅有
0.001亿美元和 0.002 亿美元。

表 4-13　2019 年福建省吸收 FDI 的特点　　　　　　　　(亿美元)

按照来源地划分	
中国香港地区	29.83
中国澳门地区	0.16
中国台湾地区	0.98
印度尼西亚	0.001
日本	0.07
新加坡	2.68
韩国	0.23
泰国	0.002
英国	0.12
德国	0.01

续表

按照来源地划分	
开曼群岛	2.04
英属维尔京群岛	1.21
加拿大	0.10
美国	0.26
澳大利亚	0.008 2

• 数据来源：主要数据来源于 wind 数据库。

（十二）2019 年海南省吸收 FDI 的特点

如表 4-14 所示，按投资方式划分，2019 年海南省吸收的外资多为外资（独资）企业的投资，涉及金额为 7.72 亿美元，其次是合资经营企业，为 6.00 亿美元，合作经营企业涉及的金额最少，仅有 0.001 1 亿美元。按照国民经济行业划分，2019 年海南省租赁和商务服务业吸收的外资金额最多，为 3.41 亿美元，其次是科学研究、技术服务和地质勘查业（2.89 亿美元），然后是房地产业（2.57 亿美元）和制造业（2.46 亿美元），上述数据表明海南省吸收的外资主要集中于服务业行业。

表 4-14　2019 年海南省吸收 FDI 的特点　　　　　　　　　　　（亿美元）

按投资方式划分	
合资经营企业	6.00
合作经营企业	0.001 1
外资（独资）企业	7.72
外商投资股份制	1.40
按国民经济行业划分	
农、林、牧、渔业	0.03
制造业	2.46
电力、燃气及水的生产和供应业	1.12
建筑业	1.43
交通运输、仓储和邮政业	0.12
信息传输、计算机服务和软件业	0.26
批发和零售业	0.76
住宿和餐饮业	0.01
房地产业	2.57
租赁和商务服务业	3.41
科学研究、技术服务和地质勘查业	2.89
居民服务和其他服务业	0.002 9
卫生、社会保障和社会福利业	0.002
文化、体育和娱乐业	0.04

• 数据来源：主要数据来源于 wind 数据库。

第三节　中国中部地区经济发展及吸收 FDI 的发展历程

本节主要包括三个方面的内容,首先是考察中国中部地区经济发展状况,其次是描述中国中部地区吸收 FDI 的发展历程,最后是分析两者之间的关系。具体内容如下:

一、中国中部各地区经济发展状况

表 4-15 汇报了中国中部各地区 1998—2020 年经济发展状况,通过观察数值可以发现:其一,中部各地区国内生产总值整体呈上升趋势,表明中部各地区经济发展水平越来越好。其二,在所有中部地区中,河南省 1998—2020 年国内生产总值之和最大,高达 79 697.98 亿美元,其次是湖北省和湖南省,分别为 62 382.19 亿美元和 57 980.37 亿美元。吉林省、内蒙古自治区和山西省 1998—2020 年国内生产总值之和处于所有中部地区中末尾三位,表明河南省、湖北省和湖南省在中部地区中经济发展水平较高,吉林省、内蒙古自治区和山西省在中部地区中经济发展水平相对较低。

表 4-15　中国中部各地区 1998—2020 年国内生产总值　　（亿美元）

年份	山西省	内蒙古自治区	吉林省	黑龙江省	安徽省	江西省	河南省	湖北省	湖南省
1998	194.60	152.49	190.49	298.37	327.54	207.74	520.37	376.13	365.44
1999	201.38	166.62	202.09	306.45	351.26	223.92	545.75	390.09	388.30
2000	222.95	185.92	211.56	344.93	377.52	241.97	610.38	428.27	429.01
2001	245.20	207.06	229.66	367.69	423.20	262.86	668.48	468.83	462.96
2002	280.87	234.49	246.84	391.77	462.45	296.06	729.19	508.98	501.57
2003	344.85	288.56	258.67	436.11	520.45	339.82	838.76	574.79	563.01
2004	422.39	355.50	296.64	499.55	619.70	410.56	1 016.24	670.16	669.65
2005	497.99	430.15	338.94	580.64	692.88	481.12	1 250.47	789.79	777.60
2006	591.28	522.07	404.74	668.58	815.41	589.18	1 502.53	944.81	932.24
2007	780.59	679.50	536.60	805.67	1 044.40	759.81	1 949.57	1 242.95	1 221.13
2008	1 040.01	898.82	696.13	1 027.23	1 370.42	998.43	2 553.73	1 655.48	1 628.11
2009	1 046.35	1 039.99	795.61	1 056.79	1 590.50	1 116.97	2 807.93	1 931.21	1 869.83
2010	1 315.30	1 211.30	946.97	1 227.31	1 957.28	1 386.10	3 346.63	2 397.06	2 300.66
2011	1 686.75	1 464.37	1 197.53	1 538.21	2 521.35	1 793.60	4 074.86	3 087.65	2 928.56
2012	1 850.79	1 658.63	1 374.73	1 745.08	2 905.62	2 028.94	4 588.02	3 578.76	3 359.56

年份	山西省	内蒙古自治区	吉林省	黑龙江省	安徽省	江西省	河南省	湖北省	湖南省
2013	1 935.54	1 839.50	1 522.30	1 913.24	3 323.65	2 309.02	5 107.62	4 097.72	3 801.78
2014	1 968.92	1 979.26	1 622.47	1 981.31	3 666.03	2 550.60	5 628.51	4 597.59	4 213.27
2015	1 900.39	2 079.03	1 608.44	1 876.89	3 826.22	2 694.26	5 954.03	4 871.88	4 582.01
2016	1 798.53	2 075.98	1 569.79	1 790.80	3 960.63	2 768.41	6 059.54	5 021.30	4 645.00
2017	2 145.25	2 206.54	1 617.64	1 823.66	4 395.30	2 993.39	6 638.96	5 514.83	5 010.23
2018	2 411.54	2 439.15	1 700.64	1 941.32	5 139.62	3 432.84	7 546.15	6 350.23	5 490.03
2019	2 458.74	2 495.11	1 699.91	1 963.38	5 341.09	3 575.75	7 786.88	6 585.34	5 783.01
2020	2 559.14	2 516.79	1 784.87	1 985.98	5 607.83	3 724.70	7 973.37	6 298.35	6 057.40
总计	27 899.35	27 126.82	21 053.25	26 570.97	51 240.34	35 186.04	79 697.98	62 382.19	57 980.37

• 数据来源：主要数据来源于 wind 数据库。

二、中国中部各地区吸收 FDI 的发展历程

表 4-16 汇报了中国中部各地区 1998—2020 年吸收 FDI 的情况，在所有中部地区中，河南省吸引 FDI 的总额最多，为 1 826.96 亿美元；其次是安徽省和湖南省，在 1998—2020 年吸收 FDI 的总额分别为 1 559.47 亿美元和 1 552.09 亿美元。山西省和吉林省 1998—2020 年吸收 FDI 的总额处于所有中部地区后两位，涉及的金额为 286.13 亿美元和 315.58 亿美元，与各地区经济发展状况基本一致。

表 4-16　中国中部各地区 1998—2020 年吸收 FDI 发展历程　　　（亿美元）

年份	山西省	内蒙古自治区	吉林省	黑龙江省	安徽省	江西省	河南省	湖北省	湖南省
1998	2.45	4.43	5.78	8.70	3.22	4.65	6.18	19.44	8.18
1999	3.91	4.01	4.21	11.13	3.61	3.21	4.95	9.15	6.54
2000	2.25	5.48	3.37	11.04	3.18	2.27	5.40	9.44	6.82
2001	2.34	4.73	3.38	11.51	3.37	3.96	3.59	12.10	8.10
2002	2.49	5.82	3.17	12.37	3.75	10.87	4.52	14.02	10.31
2003	2.20	6.65	3.18	12.88	3.91	16.12	5.61	15.57	14.89
2004	0.90	8.97	4.53	14.45	5.47	20.52	8.74	20.71	14.18
2005	2.75	14.00	6.61	15.22	6.88	24.23	12.30	21.85	20.72
2006	4.72	19.69	7.61	17.49	13.94	28.07	18.45	24.49	25.93
2007	13.43	23.88	8.85	21.69	29.99	31.04	30.62	27.66	32.71
2008	10.23	28.56	9.93	26.56	34.90	36.04	40.33	32.45	40.05
2009	4.93	31.80	11.40	25.09	38.84	40.24	47.99	36.58	45.98
2010	7.14	35.59	12.80	27.59	50.14	51.01	62.47	40.50	51.84

续表

年份	山西省	内蒙古自治区	吉林省	黑龙江省	安徽省	江西省	河南省	湖北省	湖南省
2011	20.73	40.41	14.81	34.57	66.29	60.59	100.82	46.55	61.50
2012	25.04	41.77	16.49	39.91	86.38	68.24	121.18	56.66	72.80
2013	28.07	48.43	18.19	46.42	106.88	75.51	134.57	68.88	87.05
2014	29.52	41.72	19.66	51.56	123.40	84.51	149.27	79.28	102.66
2015	28.70	33.66	21.27	55.45	136.19	94.73	160.86	89.48	115.64
2016	23.32	39.67	22.74	58.96	147.67	104.41	169.93	101.29	128.52
2017	16.90	31.50	23.25	58.57	158.97	114.64	172.24	109.94	144.75
2018	23.62	31.59	27.50	59.48	170.02	125.72	179.02	119.41	161.91
2019	13.59	20.61	31.92	5.43	179.37	135.79	187.27	129.07	181.01
2020	16.90	18.20	34.93	5.40	183.10	146.00	200.65	103.52	210.00
总计	286.13	541.17	315.58	631.47	1 559.47	1 282.37	1 826.96	1 188.04	1 552.09

· 数据来源：主要数据来源于 wind 数据库。

三、中国中部地区经济发展状况与吸引 FDI 之间的关系

如图 4-3 所示，描绘了中国中部地区 1998—2020 年经济发展状况与吸收 FDI 之间的关系。首先，发现中国中部地区经济发展呈上升趋势，尤其是在我国加入 WTO 以后，国内生产总值上升幅度越来越大，即使是在 2008 年全球金融危机爆发，中国中部地区国内生产总值之和也未曾下降。其二，中国中部地区吸收 FDI 之和亦呈上升趋势，在 1998—2012 年之间，两曲线基本重合，呈现出高度一致的特征。虽然 2012 年以后两曲线增长幅度有所差别，但仍然呈现出正相关的关系。这在一定程度上说明我国中部地区吸

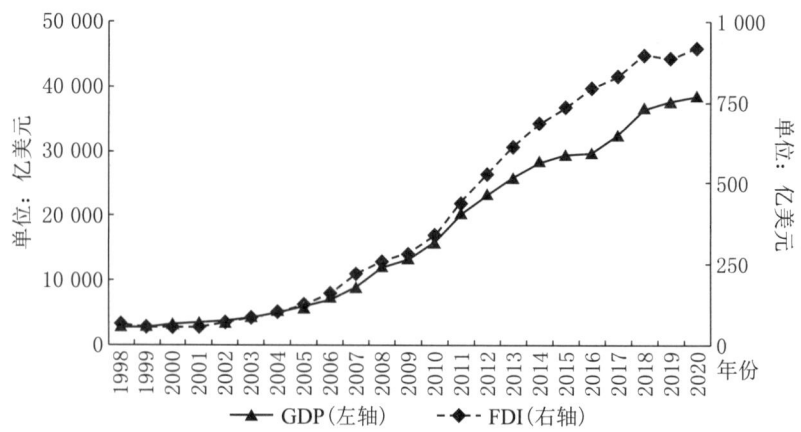

图 4-3 中国中部地区 1998—2020 年经济发展状况与吸收 FDI 之间的关系

· 数据来源：主要数据来源于 wind 数据库。

引外资与经济发展状况具有相辅相成的关系,即经济水平越高,其吸引外资的幅度越大;且随着外资进入规模的扩大,对当地经济的发展具有一定的促进作用。

第四节　中国西部地区吸收 FDI 的政策变化及发展历程

本节包括两个部分内容,其一是中国西部地区吸收 FDI 的政策变化,其二是西部地区吸收 FDI 的发展历程。

一、中国西部地区吸收 FDI 的政策变化

针对中西部地区利用外资较少的现实,政府 1999 年底开始采取区域优惠政策吸引外商到西部地区投资。2000 年 1 月,国务院西部地区开发领导小组召开西部地区开发会议,研究加快西部地区发展的基本思路和战略任务,部署实施西部大开发的重点工作。2000 年 10 月,中共十五届五中全会通过的《中共中央关于制定国民经济和社会发展第十个五年计划的建议》,把实施西部大开发、促进地区协调发展作为一项战略任务。为实施国家西部大开发战略,鼓励利用外资,引进先进技术、设备,发展中西部地区比较优势产业和技术先进的企业,促进产业结构的优化升级,带动中西部地区经济整体素质的提高,依据国家产业政策,中央政府于 2000 年 6 月发布《中西部地区外商投资优势产业目录》。属于本目录的外商投资建设项目,享受《指导外商投资方向暂行规定》中鼓励类项目的各项政策和《国务院办公厅转发外经贸部等部门关于当前进一步鼓励外商投资意见的通知》国办发〔1999〕73 号)中的有关优惠政策。近年来,国家不断出台对西部地区的扶持政策,全面开放的格局吸引外资直接向西部地区集聚,外商直接投资的外溢效应也带动了西部地区产业结构升级和经济发展。2020 年 12 月,国家发展改革委、商务部发布了《鼓励外商投资产业目录(2020 年版)》,并已于 2021 年 1 月 27 日正式施行。据了解,该目录进一步扩大鼓励外商投资范围,重点增加制造业、生产性服务业、中西部地区条目,提振外资信心,促进外贸外资基本盘稳定和产业链供应链稳定。据了解,《鼓励外商投资产业目录(2020 年版)》总条目 1 235 条,与 2019 年版相比增加 127 条,修改 88 条,进一步扩大了鼓励外商投资范围。其中,中西部地区外商投资优势产业目录 755 条,增加 62 条,修改 37 条。除积极利用外资政策外,西部地区的引资优势

和潜力不断被挖掘。西部地区产业发展的优势主要是基于地理位置、资源禀赋和当地的特色优势产业,包括农林产业、旅游产业和全球处于统一起点的大数据、智能化、新型基础设施方面等产业。在"一带一路"建设走深走实和西部地区基础设施不断完善的背景下,西部相对于东部地区在流通成本、对外交流方面的劣势正在逐渐缩小,叠加新时代西部大开发战略实施的政策红利,西部地区的产业结构优化升级将会提速。

二、中国西部地区吸收 FDI 的发展历程

表 4-17 汇报了中国西部各地区 1998—2020 年吸收 FDI 的金额及年均增长率,呈现出三个方面的特征:其一,通过观察 1998—2020 年各地区吸引 FDI 的总额可以发现,四川省引资金额最多,为 1 143.93 亿美元,其次是重庆市和陕西省,分别为 475.45 亿美元和 617.39 亿美元。西藏和甘肃引资总额最低,分别为 13.74 亿美元和 17.02 亿美元。其二,西部各地区每年吸引外资的金额呈波动式增长变化趋势,1999—2020 年年均增长率均超过了 10%。其三,在西部所有地区中,青海省引资年均增长率最高,高达 63.14%;其次是西藏自治区,年均增长率为 49.65%,引资总额最多的三个地区四川、重庆和陕西年均增长率分别为 17.53%、14.12% 和 17.02%。上述数据表明西部各地区的引资幅度越来越大,且越来越趋于收敛趋势。

表 4-17　中国西部各地区 1998—2020 年吸收 FDI 的金额及年均增长率　　（亿美元）

年份	重庆	四川	云南	贵州	西藏	陕西	甘肃	青海	宁夏	新疆
1998	4.31	5.04	1.46	1.81	0.05	3.00	0.39	0.51	0.57	0.22
1999	2.39	4.54	1.54	1.95	0.02	2.42	0.41	0.27	0.40	0.24
2000	2.44	4.37	1.28	1.95	0.00	2.88	0.62	0.53	0.91	0.19
2001	2.56	5.82	0.65	1.40	0.01	3.65	0.74	0.56	0.51	0.20
2002	2.81	6.59	1.12	0.94	0.03	4.11	0.52	1.14	0.32	0.43
2003	3.11	5.82	1.68	1.32	0.05	4.66	0.39	1.92	0.72	0.40
2004	4.05	7.01	1.42	1.39	0.27	5.27	0.35	2.25	1.25	0.46
2005	5.16	8.87	1.74	1.96	0.12	6.28	0.20	2.66	1.41	0.47
2006	6.96	12.08	3.02	1.84	0.15	9.25	0.30	2.75	1.38	1.04
2007	10.29	14.93	3.95	1.53	0.24	11.95	1.18	3.10	1.70	1.25
2008	24.52	30.88	7.77	1.74	0.23	13.70	1.28	2.20	1.21	1.90
2009	33.76	35.90	9.10	1.34	0.58	15.11	1.34	2.15	1.42	2.16
2010	30.43	60.25	13.29	2.95	0.24	18.20	1.35	2.19	0.81	2.37

续表

年份	重庆	四川	云南	贵州	西藏	陕西	甘肃	青海	宁夏	新疆
2011	58.26	94.81	17.38	5.15	0.65	23.55	0.70	1.69	2.02	3.35
2012	35.24	98.01	21.89	4.91	1.74	29.36	0.61	2.06	2.18	4.08
2013	41.44	102.84	25.15	5.77	1.01	36.78	0.71	0.94	1.48	4.81
2014	42.33	102.88	27.06	4.66	1.59	41.76	1.00	0.50	0.92	4.17
2015	37.72	99.96	29.92	3.26	0.70	46.21	1.10	0.55	1.86	4.53
2016	27.90	79.77	8.67	8.31	0.64	50.12	1.16	0.15	2.54	4.01
2017	22.60	81.01	9.63	4.50	0.85	58.94	0.44	0.18	3.11	1.96
2018	32.50	89.64	10.56	6.08	1.12	68.48	0.50	0.04	2.14	2.05
2019	23.65	92.30	7.23	6.79	1.49	77.29	0.82	0.68	2.51	3.31
2020	21.01	100.60	7.59	4.39	1.97	84.43	0.89	0.26	2.72	2.16
总计	475.45	1 143.93	213.07	75.95	13.74	617.39	17.02	29.27	34.10	45.76
年均增长率（%）	14.12	17.53	15.78	12.75	49.65	17.02	16.57	63.14	19.89	17.25

• 数据来源：主要数据来源于 wind 数据库。

第五章
中国吸收外商直接投资——行业篇

本章在简要介绍了中国各行业吸收外资的总体情况后,从各行业吸收外资的总金额、签订的 FDI 项目和各行业吸收外资金额的占比重点分析了各细分行业下的外资吸收情况和变化趋势。发现中国吸收外资趋势经历了从制造业为主到服务业为主的变化特征。本章还重点分析了中国金融业主要行业的外资吸收情况。中国金融业 FDI 主要流向银行业和保险业,流入证券业的 FDI 较少,但是随着中国金融开放的不断推进,外资持股比例限制不断放宽,流入中国证券业的 FDI 在不断增加。

第一节　中国各行业吸收外资的总体情况

本节总体分析了中国历年各行业吸收外资的总体情况,从行业层面而言外商直接投资主要集中于制造业、房地产业、租赁和商务服务业、信息传输、软件和信息技术服务业以及批发和零售业。

一、中国吸收外资总体情况

根据商务部官网数据,①2021 年 1—9 月,全国实际使用外资金额8 595.1亿元人民币,同比增长 19.6%(折合 1 292.6 亿美元,同比增长25.2%;不含银行、证券、保险领域,下同)。

2020 年全年外商直接投资(不含银行、证券、保险领域)新设立企业38 570 家,比上年下降 5.7%。实际使用外商直接投资金额 10 000 亿元,增长 6.2%,折 1 444 亿美元,增长 4.5%。全年高技术产业实际使用外资2 963 亿元,增长 11.4%,折合 428 亿美元,增长 9.5%。

---

① 数据来源:中国商务部数据中心,http://fdi.mofcom.gov.cn/come_datatongji-List.html?comeID=2。

表 5-1　2020 年外商直接投资(不含银行、证券、保险领域)及其增长速度

行　业	企业数(家)	比上年增长(%)	实际使用金额(亿元)	比上年增长(%)
总计	38 570	−5.7	10 000	6.2
其中:农林牧副渔	493	−0.4	40	4.9
制造业	3 732	−30.8	2 156	−10.8
电力、热力、燃气及水生产和供应业	260	−11.9	217	−9.4
交通运输、软件和信息技术服务业	592	0.2	347	12.1
信息传输、仓储和邮政业	3 521	−18.0	1 133	13.3
批发和零售业	10 812	−21.9	819	33.3
房地产业	1 190	13.3	1 407	−12.5
租赁和商务服务业	7 513	30.1	1 838	22.6
居民服务、修理和其他服务业	447	23.8	21	−42.4

• 数据来源:中国商务部数据中心。

二、三大产业吸收外资总体情况

从产业层面来看 2020 年流入的外商直接投资,第一、二、三产业实际使用外资占比分别为 0.3%、24.5% 和 75.2%。从行业门类看,外商投资主要集中在制造业,租赁和商务服务业,房地产业,科学研究和技术服务业,信息传输、软件和信息技术服务业,以及批发和零售业,金融业,上述 7 个行业实际使用外资占比达 90.8%。高技术产业实际使用外资 427.6 亿美元,同比增长 9.5%,占比达 28.6%,较 2019 年提高 0.9 个百分点。除银行、证券及保险领域外,2020 年,外商直接投资主要集中于制造业,房地产业,租赁和商务服务业,信息传输、软件和信息技术服务业,以及批发和零售业;以上几个行业的新设外商投资企业数量占比为 69.4%,实际使用外资金额占比 73.5%。

图 5-1 为中国 2005—2020 年实际利用 FDI 金额。就总体趋势而言,中国利用 FDI 金额呈上升趋势,2010—2020 年的年均增长率约为 3%。2008—2009 年间,因 2008 年国际金融危机影响,中国实际利用 FDI 金额有所下降;2011—2012 年间,全球资金流速放缓,外资对中国经济硬着陆存在担忧,资金短期内离开中国避险,中国实际利用 FDI 金额也有所下降。2015 年后,中国实际利用 FDI 金额呈稳定上升趋势。

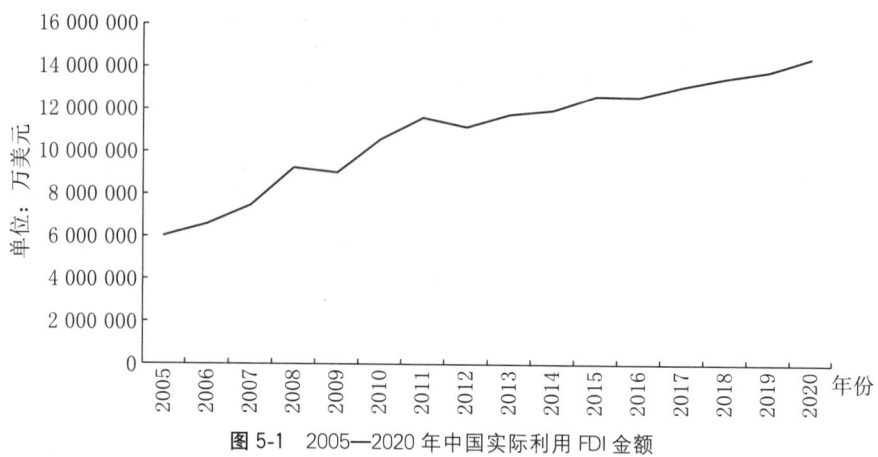

图 5-1 2005—2020 年中国实际利用 FDI 金额

• 数据来源:《中国商务年鉴》编辑委员会编,历年《中国商务年鉴》,中国对外经济贸易出版社出版。

图 5-2 是 2001—2020 年中国签订的 FDI 项目个数,从总体变化趋势而言,2001—2005 年、2009—2011 年和 2013—2018 年是上升阶段。签订 FDI 项目数量在 2018 年到达顶峰,2018—2019 年签订的 FDI 项目数虽然下降了很多,但是实际利用 FDI 金额并未明显下降。

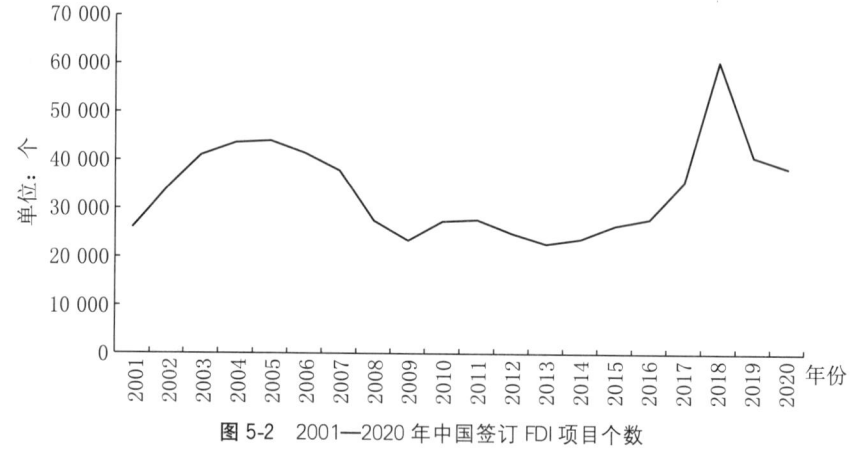

图 5-2 2001—2020 年中国签订 FDI 项目个数

• 数据来源:《中国商务年鉴》编辑委员会编,历年《中国商务年鉴》,中国对外经济贸易出版社出版。

第二节 中国各行业利用 FDI 的具体情况

本节从各行业吸收外资的总金额、签订的 FDI 项目和各行业吸收外资金额的占比重点分析了各细分行业下的外资吸收情况和变化趋势。发现中国吸收外资趋势经历了从制造业为主到服务业为主的变化。

一、制造业

图 5-3 和图 5-4 分别是制造业实际利用 FDI 金额和签订 FDI 项目数，两者总体都呈下行趋势，可见流入中国制造业的 FDI 一直呈下降趋势。制造业 FDI 持续下降的原因是中国的劳动力、土地和环境等生产要素成本上升，一些低端制造业转移到成本更加低廉的地区，这是全球产业转移的必然结果。

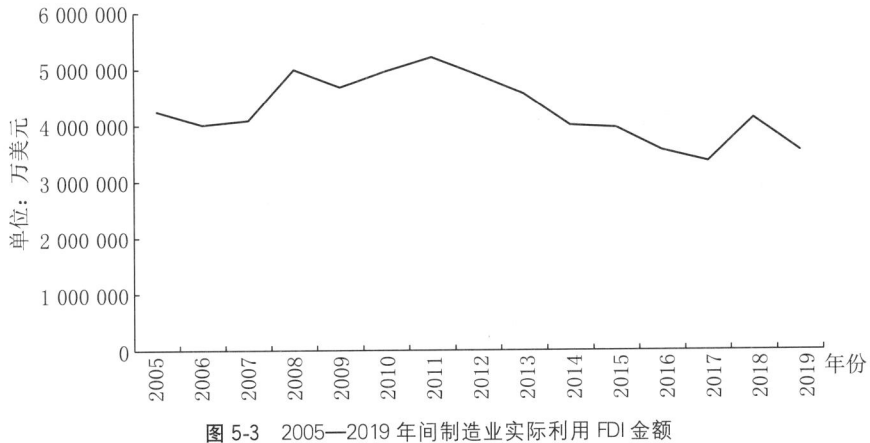

图 5-3　2005—2019 年间制造业实际利用 FDI 金额

· 数据来源：《中国商务年鉴》编辑委员会编，历年《中国商务年鉴》，中国对外经济贸易出版社出版。

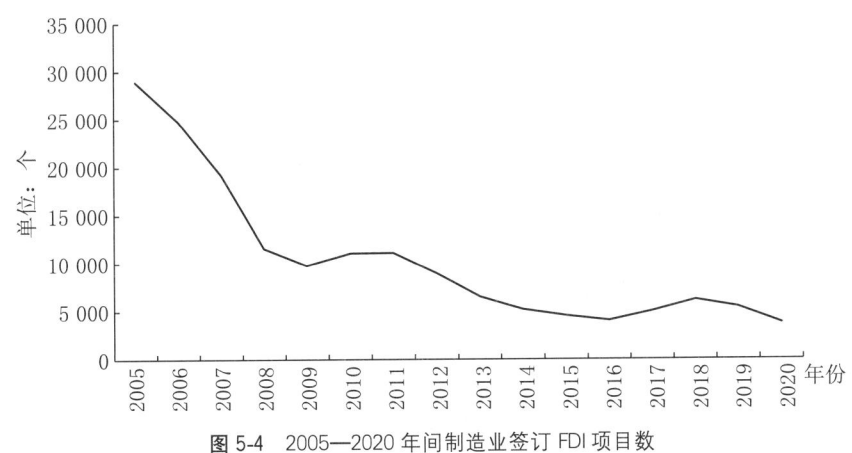

图 5-4　2005—2020 年间制造业签订 FDI 项目数

· 数据来源：《中国商务年鉴》编辑委员会编，历年《中国商务年鉴》，中国对外经济贸易出版社出版。

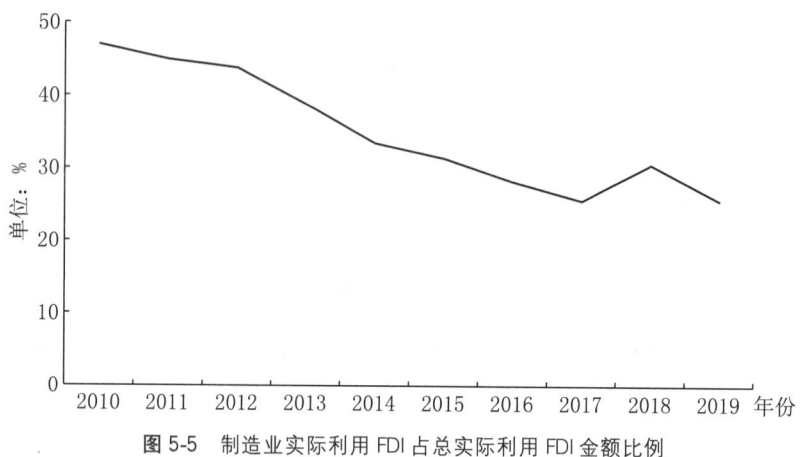

图 5-5 制造业实际利用 FDI 占总实际利用 FDI 金额比例

• 数据来源:《中国商务年鉴》编辑委员会编,历年《中国商务年鉴》,中国对外经济贸易出版社出版。

从图 5-5 制造业实际利用 FDI 占总实际利用 FDI 金额比例来看,中国制造业吸收的 FDI 金额占比也呈下降趋势,这与前文分析一致。

二、农林牧副渔业

目前,我国农业领域利用外资无论是平均规模还是整体规模均偏低。按照国际通行的标准,单笔投资实际到位金额 100 万美元为中等规模。以此标准来衡量,我国农业领域的外资规模,单笔超过 100 万美元的并不多,单笔超过 1 000 万美元的更是凤毛麟角。引资整体规模和平均规模偏小,

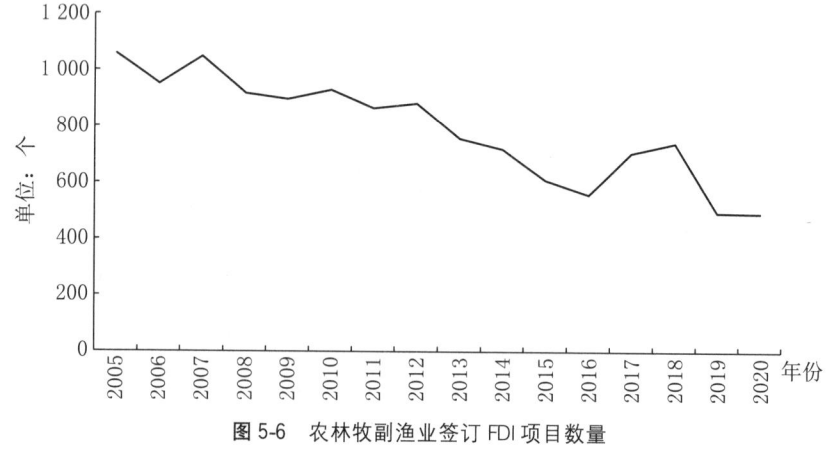

图 5-6 农林牧副渔业签订 FDI 项目数量

• 数据来源:《中国商务年鉴》编辑委员会编,历年《中国商务年鉴》,中国对外经济贸易出版社出版。

图 5-7　农林牧副渔实际利用 FDI 金额

• 数据来源:《中国商务年鉴》编辑委员会编,历年《中国商务年鉴》,中国对外经济贸易出版社出版。

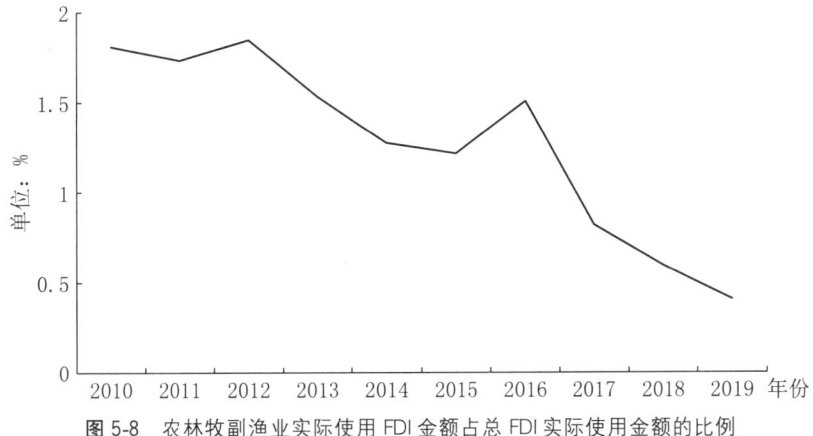

图 5-8　农林牧副渔业实际使用 FDI 金额占总 FDI 实际使用金额的比例

• 数据来源:《中国商务年鉴》编辑委员会编,历年《中国商务年鉴》,中国对外经济贸易出版社出版。

在一定程度上制约了我国农业现代化的进程,无法利用外资来推动农业生产集约化发展。从产业链的角度而言,当前我国利用外资的主要部门集中在种植业、渔业、农业初级加工业等领域,而涉及科技含量高、农产品深加工等领域的引资规模更小,一方面是因为这些项目本身对投资规模就要求较大,另一方面,这些项目通常运转周期长,风险比较大,在短期内难以实现利润及效益,使得外商资本对此兴趣不大。

三、采矿业

中国采矿业利用 FDI 的数量、签订项目数量以及占比在 2015 年前相当长一段时间都处于大幅下降趋势,但是 2015 年以后无论是总量还是比例都逐步趋稳,后不断上升。这是由于在 2015 年前,中国的《外商产业指导目录》对矿业领域的管制力度一直在波动,中国政府根据国际政治与经济的形势变化和国民经济发展情况在不断调整限制类和禁止类的矿种。从管制目的而言,政府希望通过优势矿种的外资管制来保障国内的矿产资源安全。在《外商产业指导目录(2015 修订版)》中,中国矿业管制趋于放松,只保留关键性的战略性矿种管制。因此在 2015 年以后流入中国矿业的 FDI 呈上升趋势。

图 5-9 采矿业签订 FDI 项目数

• 数据来源:《中国商务年鉴》编辑委员会编,历年《中国商务年鉴》,中国对外经济贸易出版社出版。

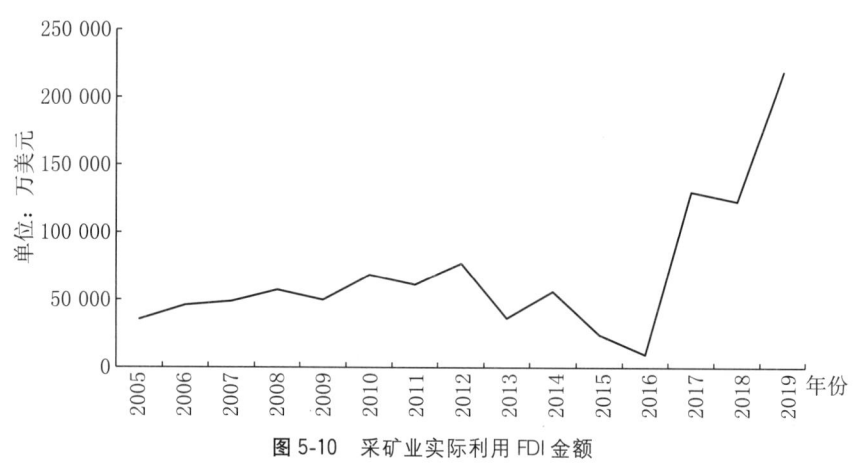

图 5-10 采矿业实际利用 FDI 金额

• 数据来源:《中国商务年鉴》编辑委员会编,历年《中国商务年鉴》,中国对外经济贸易出版社出版。

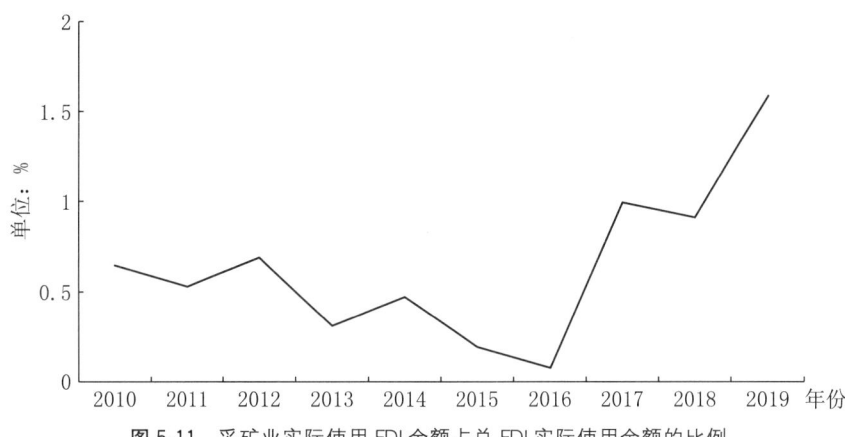

图 5-11　采矿业实际使用 FDI 金额占总 FDI 实际使用金额的比例

• 数据来源:《中国商务年鉴》编辑委员会编,历年《中国商务年鉴》,中国对外经济贸易出版社出版。

四、电力、燃气及水的生产和供应业

　　流入中国电力、燃气及水处理行业的外商直接投资比例不高,仅占流入全国 FDI 的 1.5%—3.5%。这几个行业利用外资难度较大,主要是国内电价、燃气价和水定价较低,投资环境不好,投资者利益难以兑现。

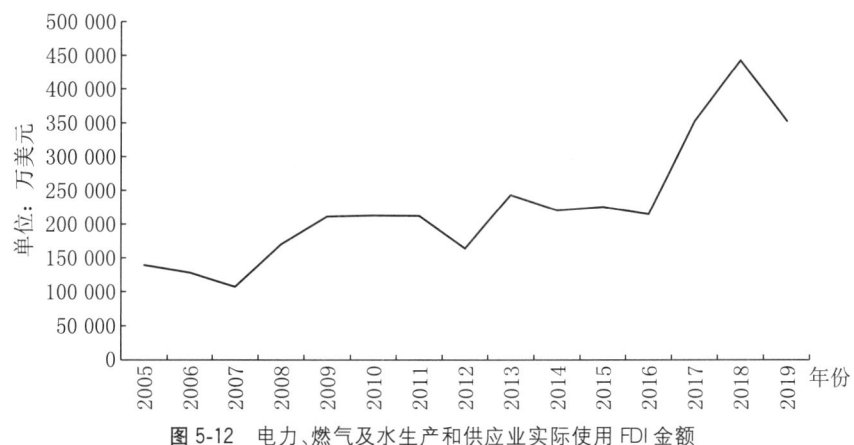

图 5-12　电力、燃气及水生产和供应业实际使用 FDI 金额

• 数据来源:《中国商务年鉴》编辑委员会编,历年《中国商务年鉴》,中国对外经济贸易出版社出版。

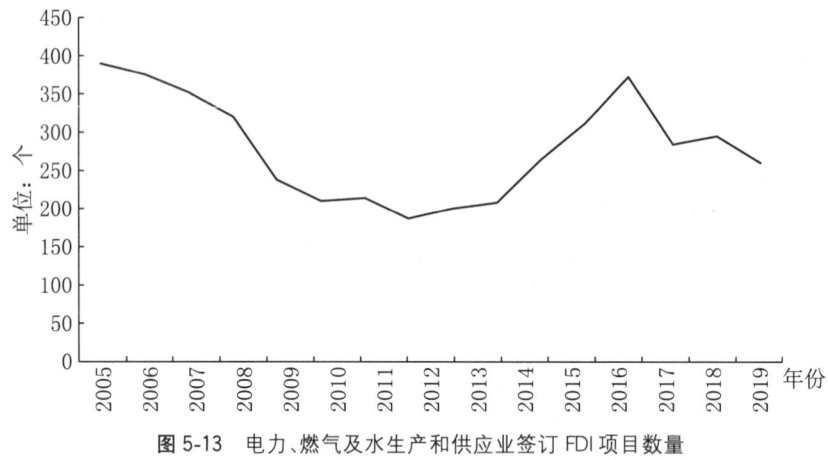

图 5-13   电力、燃气及水生产和供应业签订 FDI 项目数量

· 数据来源:《中国商务年鉴》编辑委员会编,历年《中国商务年鉴》,中国对外经济贸易出版社出版。

图 5-14   电力、燃气及水处理行业 FDI 占比

· 数据来源:《中国商务年鉴》编辑委员会编,历年《中国商务年鉴》,中国对外经济贸易出版社出版。

五、建筑业

流入中国建筑业的外商直接投资占比一直不高(低于 2%)。建筑业虽然自身生产建筑产品,但其对外开放却与制造行业不同,产品形体的缘故和产品必须与土地相连的限制,使产品本身不能进口和出口,进行进出口交易的是伴随着产品生产过程中提供的服务,属于服务贸易。

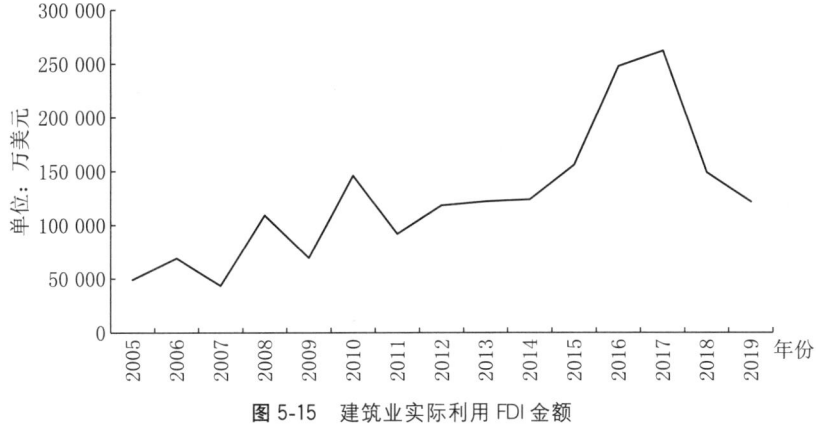

图 5-15　建筑业实际利用 FDI 金额

• 数据来源:《中国商务年鉴》编辑委员会编,历年《中国商务年鉴》,中国对外经济贸易出版社出版。

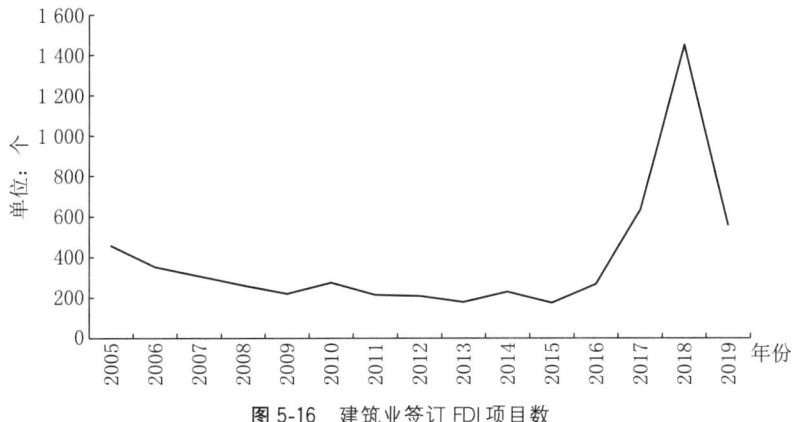

图 5-16　建筑业签订 FDI 项目数

• 数据来源:《中国商务年鉴》编辑委员会编,历年《中国商务年鉴》,中国对外经济贸易出版社出版。

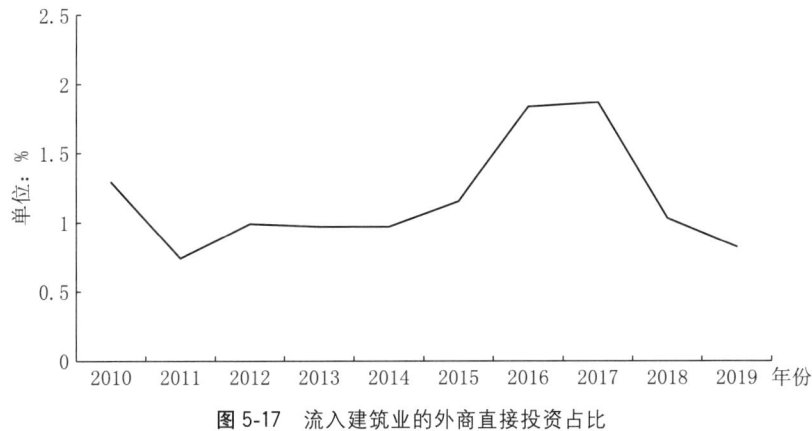

图 5-17　流入建筑业的外商直接投资占比

• 数据来源:《中国商务年鉴》编辑委员会编,历年《中国商务年鉴》,中国对外经济贸易出版社出版。

按照 WTO 的分类,全世界的服务被概括为 12 类和 155 项,其中涉及建筑业的共有 3 个大类 20 项,它们是商业服务类别中的建筑设计服务、工程服务、整体工程服务、城市规划与风景建筑服务、不动产权或租赁服务、基于费用或合同的不动产服务、无经纪人的机械设备租赁服务、管理咨询服务、有关的科学技术咨询服务、设备维修服务和建筑物清洁服务;建筑及有关工程服务类别中的建筑物总体工程服务、民用工程的总体建筑服务、安装与装配服务、建筑装修服务和其他服务;环境服务类别中的污水处理服务、废物处理服务、卫生服务和其他服务等。

目前,外资对中国低碳绿色建筑市场的开拓正在进入一个加速阶段,纷纷抢入。中国每年新增的建筑面积约 20 亿平方米,居全球首位,而在农村地区和中小城市,新建建筑节能标准还有待进一步推广。中国每年新增建筑面积几乎占全球一半,而低碳节能才刚刚起步,这正是外资机构抢入中国房地产低碳市场的最大动力。

六、交通运输、仓储和邮政业

从 2010 年到 2019 年流入中国交通运输业的 FDI 一直都较少,仅占流入中国 FDI 总量的 2%—4.5%。对外开放一直是交通运输业发展的重点,交通运输业是中国最早对外开放的行业之一。目前在交通运输基础设施领域,除了铁路干线和民用机场的建设经营要求中方控股外,所

图 5-18　交通运输、仓储和邮政业实际利用 FDI 金额

• 数据来源:《中国商务年鉴》编辑委员会编,历年《中国商务年鉴》,中国对外经济贸易出版社出版。

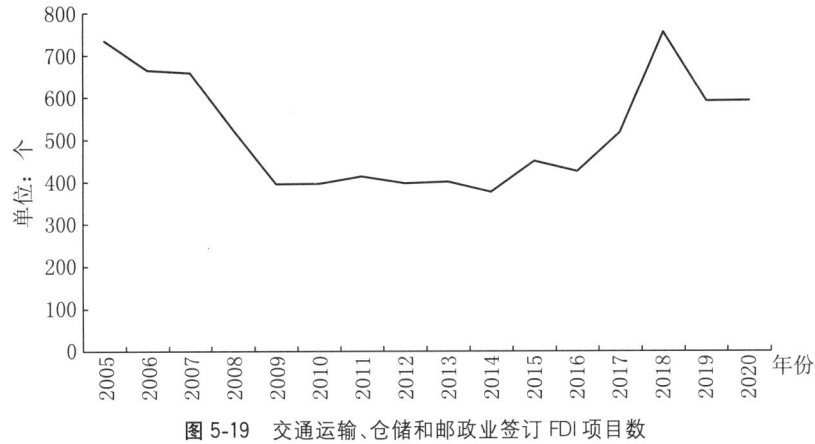

图 5-19　交通运输、仓储和邮政业签订 FDI 项目数

• 数据来源:《中国商务年鉴》编辑委员会编,历年《中国商务年鉴》,中国对外经济贸易出版社出版。

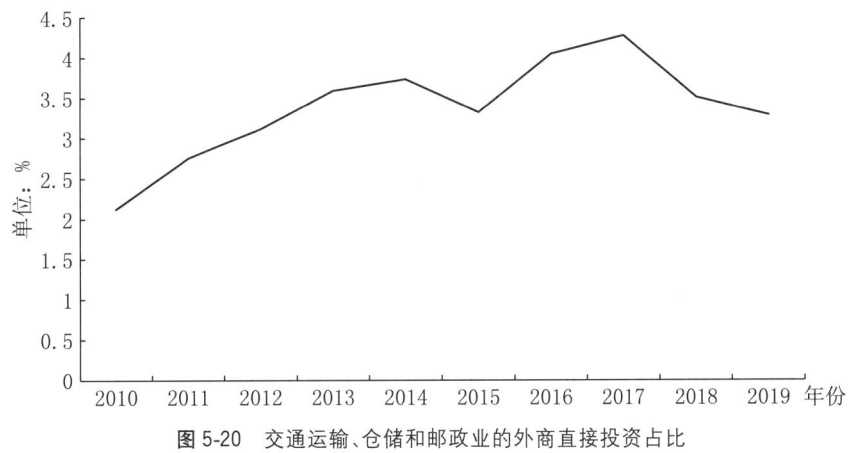

图 5-20　交通运输、仓储和邮政业的外商直接投资占比

• 数据来源:《中国商务年鉴》编辑委员会编,历年《中国商务年鉴》,中国对外经济贸易出版社出版。

有公路桥梁、港口码头、其他铁路和城市轨道对外资不设限。在运输服务领域,公路货运、国际集装箱多式联运和国际海运辅助服务完全放开。相较于其他行业而言,交通运输行业开放程度不算高,其涉及运输安全问题,对于企业资质要求比较高,一般的企业很难通过相关标准。交通运输业是国民经济的基础性产业,还是保障国家运输安全、信息安全、粮食安全和军事安全的重要手段。大国交通运输业很难做到完全开放,中国也不例外。尤其是涉及软件服务、信息优化和设备保障,开放难度相对较大。

七、批发和零售业

2005—2019 年期间,流入我国批发和零售业的 FDI 占比一直较高。2016 年达到最高点,突破了 12%,2016 年后开始下降,在 2019 年降至 6%。

在 2010 年前后中国零售市场迎来第一波"外资退潮",彼时正值电子商务的高速发展期。2008—2009 年的金融危机,给中国的中小企业及居民日常生活造成了很大的影响,在此情形下,企业更愿意利用电子商务来开拓

图 5-21　批发和零售业签订 FDI 项目数

• 数据来源:《中国商务年鉴》编辑委员会编,历年《中国商务年鉴》,中国对外经济贸易出版社出版。

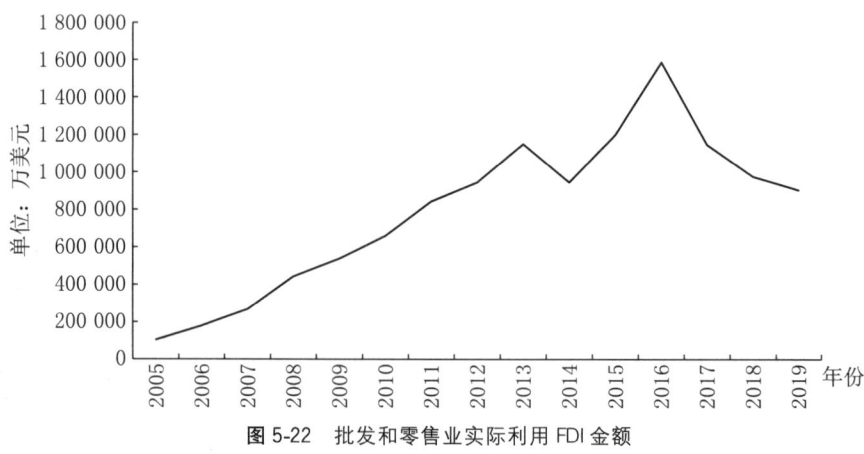

图 5-22　批发和零售业实际利用 FDI 金额

• 数据来源:《中国商务年鉴》编辑委员会编,历年《中国商务年鉴》,中国对外经济贸易出版社出版。

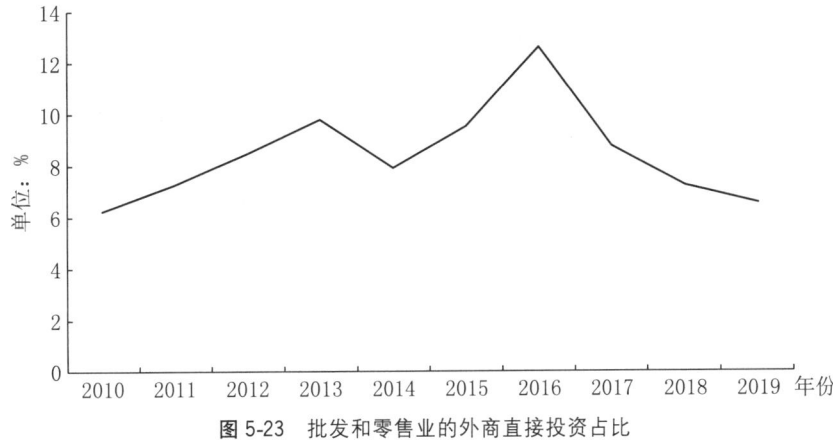

图 5-23　批发和零售业的外商直接投资占比

• 数据来源:《中国商务年鉴》编辑委员会编,历年《中国商务年鉴》,中国对外经济贸易出版社出版。

销售渠道,个人也更倾向于通过网络购买性价比更高的产品,中国互联网网民规模稳定增长,加上政府纷纷出台政策扶持电子商务行业,一时间电子商务群雄崛起。这些对外资零售业产生了巨大冲击。据中国连锁经营协会的数据,2009 年至 2018 年的十年间外资零售单店业绩从 22 875 万元下滑到 18 996 万元,新开门店数量从 2014 年开始逐年减少。

随着互联网零售不断发展,中国本土零售业的优势开始凸显。本土零售企业普遍搭建了精益、跨职能的组织架构,拥有敏捷、灵活的运营模式,深耕本土市场,根据市场及时调整方向。2018 年以来,中国零售市场则掀起了第二波更为密集的外资撤退潮,这一次是更大规模的亏损和转让。这轮外资零售业的撤退,成为中国本土零售企业加速扩张的机会。

八、住宿和餐饮业

住宿业为旅行者提供短期留宿场所,有些单位只提供住宿,也有些单位提供住宿、饮食、商务、娱乐一体的服务,它不包括主要按月或按年长期出租房屋住所的活动。

餐饮业通过即时制作加工、商业销售和服务性劳动等,向消费者提供食品和消费场所设施及服务。

中国住宿与餐饮业的发展历程分为四个阶段:改革的启动和目标探索阶段(1978—1991 年)、社会主义市场经济体制框架初步完善阶段(1992—2002 年)、社会主义市场经济体制初步完善阶段(2003—2011 年)和"五位

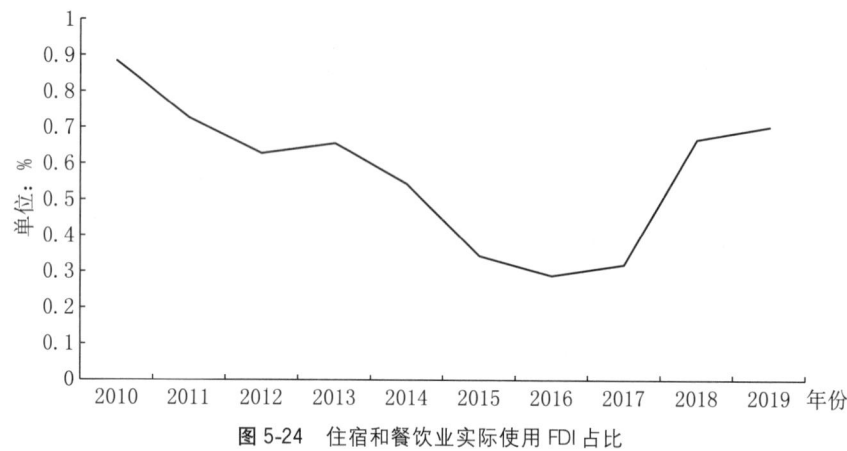

图 5-24 住宿和餐饮业实际使用 FDI 占比

• 数据来源:《中国商务年鉴》编辑委员会编,历年《中国商务年鉴》,中国对外经济贸易出版社出版。

一体"全面深化改革的新阶段(2012 年至今)。

2014—2017 年中国住宿和餐饮业外商直接投资实际使用外资额呈下降趋势,2018 年明显增长,2018 年中国住宿和餐饮业外商直接投资实际使用外资额为 90 107 万美元,比上年增加 48 193 万美元,同比增长 114.98%;2019 年中国住宿和餐饮业外商直接投资实际使用外资额 97 180 万美元,比上年增加 7 073 万美元,同比增长 7.85%。

2014 年中国住宿和餐饮业外商投资企业注册资本 211.67 亿美元;至2019 年中国住宿和餐饮业外商投资企业注册资本 416.36 亿美元,比 2014年增加 204.69 亿美元。2014—2019 年,中国住宿和餐饮业外商投资企业注册资本中外方所占金额也是稳定增长,2014 年中国住宿和餐饮业外商投资企业注册资本中外方所占金额 172.47 亿美元;至 2019 年中国住宿和餐饮业外商投资企业注册资本中外方所占金额 359.81 亿美元,比 2014 年增加 187.34 亿美元。

九、金融业

在金融业直接投资领域,近年来中国开放水平显著提高。OECD 数据显示,2019 年中国金融业 FDI 限制指数为 0.24,较 2014 年下降了 0.34。在过去 5 年中,中国在这项指标上的改善幅度超过了所有其他经济体。值得注意的是,这种改善主要发生在 2018 年以来。同时,中国在金融业 FDI 领域的开放程度,已经达到了发展中国家的较高水平。2019 年,中国金融业

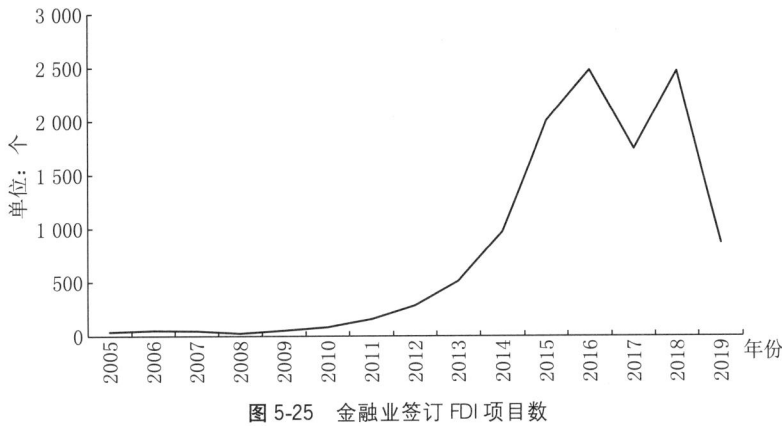

图 5-25　金融业签订 FDI 项目数

• 数据来源:《中国商务年鉴》编辑委员会编,历年《中国商务年鉴》,中国对外经济贸易出版社出版。

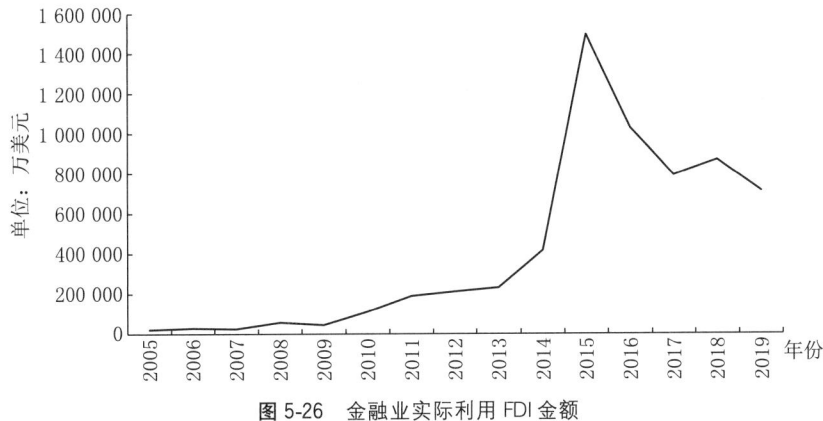

图 5-26　金融业实际利用 FDI 金额

• 数据来源:《中国商务年鉴》编辑委员会编,历年《中国商务年鉴》,中国对外经济贸易出版社出版。

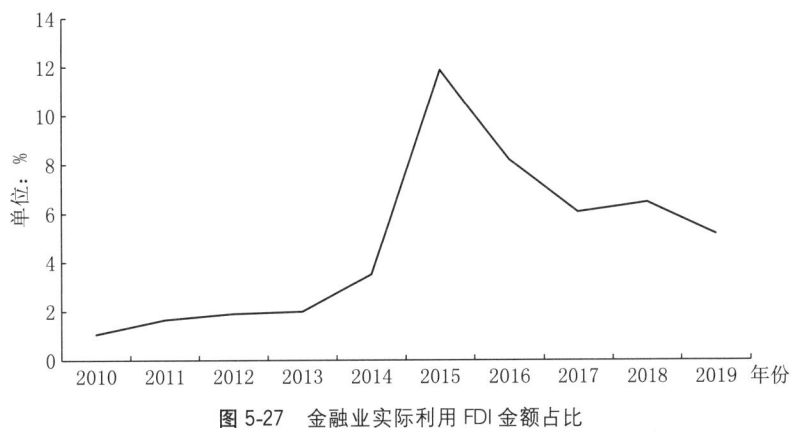

图 5-27　金融业实际利用 FDI 金额占比

• 数据来源:《中国商务年鉴》编辑委员会编,历年《中国商务年鉴》,中国对外经济贸易出版社出版。

FDI 监管限制指数为 0.24,在 OECD 的统计中,仅次于新加坡、巴西、越南三个非 OECD 国家。不过,中国的这一限制指数仍高于 OECD 国家平均水平(0.03)。

2020 年,花旗银行(中国)有限公司获得中国证券监督管理委员会的基金托管业务资格核准,成为首家获此执照的美国银行。摩根大通期货正式成为中国境内首家外资独资期货公司;美国运通在华合资子公司 Express Technology 成为首家在中国大陆清算人民币交易的持牌外国公司;高盛和摩根士丹利双双获得在华证券业务的多数控制权。资产管理公司中,贝莱德获准在中国开展公募基金业务,先锋集团决定将其亚洲总部迁至上海。

十、房地产业

据国家统计局投资司数据统计显示,我国从 1987 年到 2021 年房地产开发投资累计超过 128 万亿元,1987—2018 年年增速达到 24%,近三年投资增速从 9.9% 下滑到 7% 再提升到 12.7%,平均每年投资额超过 10 万亿元。

根据香港联合交易所最新数据显示,从 2020 年 11 月起,外资方每月都在增持沪深两市股票,并且在 2021 年 8 月份增持规模比 7 月份多出一倍,并且美国的贝莱德公司、高盛公司、富达国际公司等知名金融机构正建议客户继续"买入中国",路透社在报道中提到,全球主权财富基金正持续看好中

图 5-28　房地产业签订 FDI 项目数

• 数据来源:《中国商务年鉴》编辑委员会编,历年《中国商务年鉴》,中国对外经济贸易出版社出版。

图 5-29　房地产业实际利用 FDI 金额

• 数据来源:《中国商务年鉴》编辑委员会编,历年《中国商务年鉴》,中国对外经济贸易出版社出版。

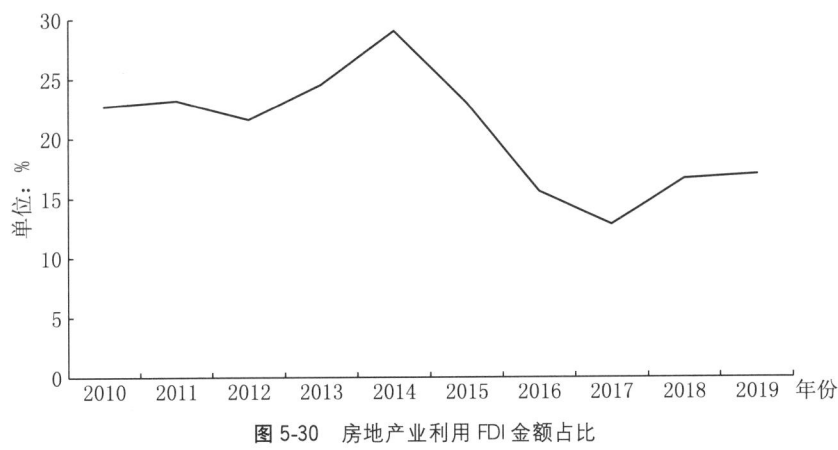

图 5-30　房地产业利用 FDI 金额占比

• 数据来源:《中国商务年鉴》编辑委员会编,历年《中国商务年鉴》,中国对外经济贸易出版社出版。

国市场,并不断将资金投入中国风险投资等领域,已将投资热度板块转移到中国地产、物流、房屋租赁等行业中来,自 2021 年以来,全球主权财富基金在中国内地和中国香港地区参与的交易宗数创下历年同期最高纪录。

十一、租赁和商业服务业

　　流向租赁和商务服务业的 FDI 在 2014 年达到了顶峰 124.9 亿美元,2015 年迅速下降到 100.5 亿美元,2016 年迅速增长到 161.3 亿美元,2017年稳定在 167.4 亿美元,整体呈现出增长的趋势。租赁和商务服务业的

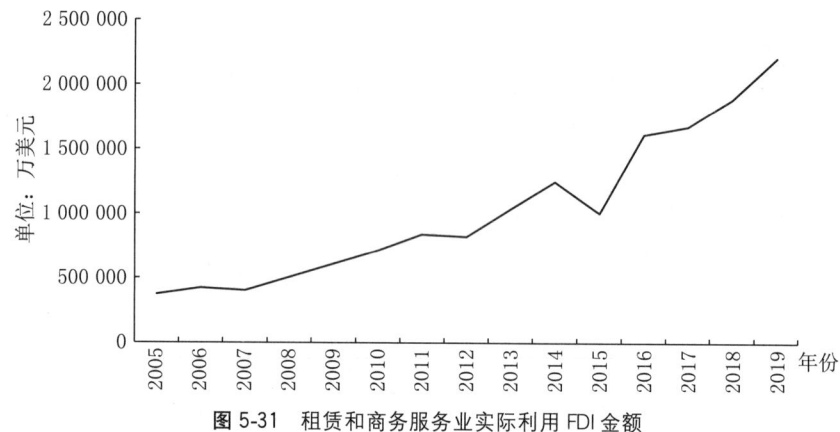

图 5-31　租赁和商务服务业实际利用 FDI 金额

• 数据来源:《中国商务年鉴》编辑委员会编,历年《中国商务年鉴》,中国对外经济贸易出版社出版。

图 5-32　租赁和商务服务业利用 FDI 金额占比

• 数据来源:《中国商务年鉴》编辑委员会编,历年《中国商务年鉴》,中国对外经济贸易出版社出版。

图 5-33　租赁和商务服务业签订 FDI 项目数

• 数据来源:《中国商务年鉴》编辑委员会编,历年《中国商务年鉴》,中国对外经济贸易出版社出版。

FDI比较稳定,虽然在 2015 年有一个突降,但是中国稳定的政治经济环境,对商业服务的持续需求仍然吸引了大量的国际资本。中国的租赁和商务服务市场与发达国家相比存在很多空白,可以学习、借鉴其他国家的经验,同时继续加强对该行业的管理,规范市场,吸引成熟的商务服务企业和资本。

十二、科学研究、技术服务和地质勘查业

科学研究、技术服务和地质勘查业签订 FDI 项目数和实际利用 FDI 金

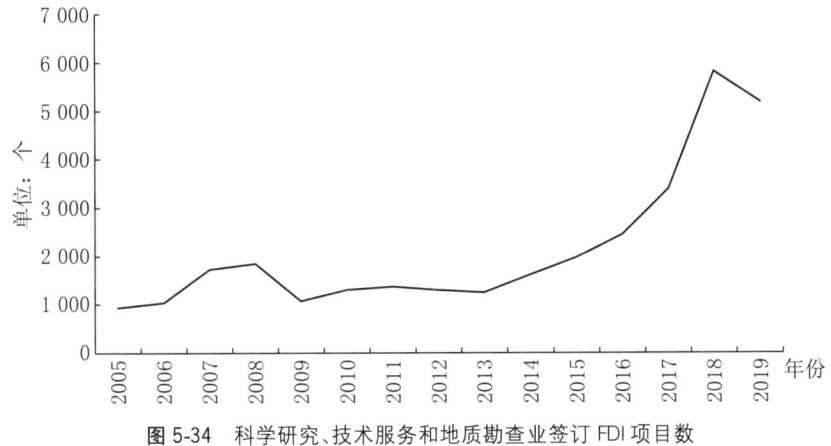

图 5-34　科学研究、技术服务和地质勘查业签订 FDI 项目数

· 数据来源:《中国商务年鉴》编辑委员会编,历年《中国商务年鉴》,中国对外经济贸易出版社出版。

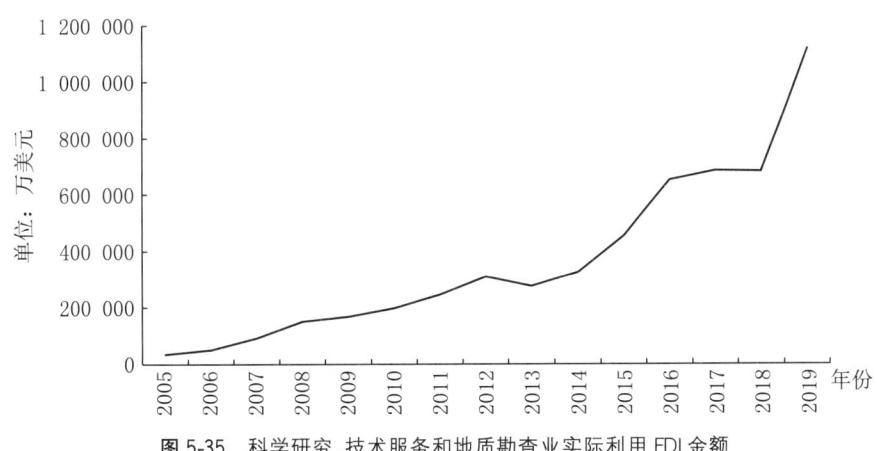

图 5-35　科学研究、技术服务和地质勘查业实际利用 FDI 金额

· 数据来源:《中国商务年鉴》编辑委员会编,历年《中国商务年鉴》,中国对外经济贸易出版社出版。

图 5-36　科学研究、技术服务和地质勘查业实际利用 FDI 金额占比

• 数据来源：《中国商务年鉴》编辑委员会编，历年《中国商务年鉴》，中国对外经济贸易出版社出版。

额都不高,就结构而言,科学研究、技术服务和地质勘查业实际利用外资金额占比一直不高,一直低于 10%。该行业属于涉及国家发展安全领域,因而吸收外资总量一直较低。

十三、水利、环境和公共设施管理业

2014 年中国水利、环境和公共设施管理业外商投资企业数 1 055 户;

图 5-37　水利、环境和公共设施管理业签订 FDI 项目数

• 数据来源：《中国商务年鉴》编辑委员会编,历年《中国商务年鉴》,中国对外经济贸易出版社出版。

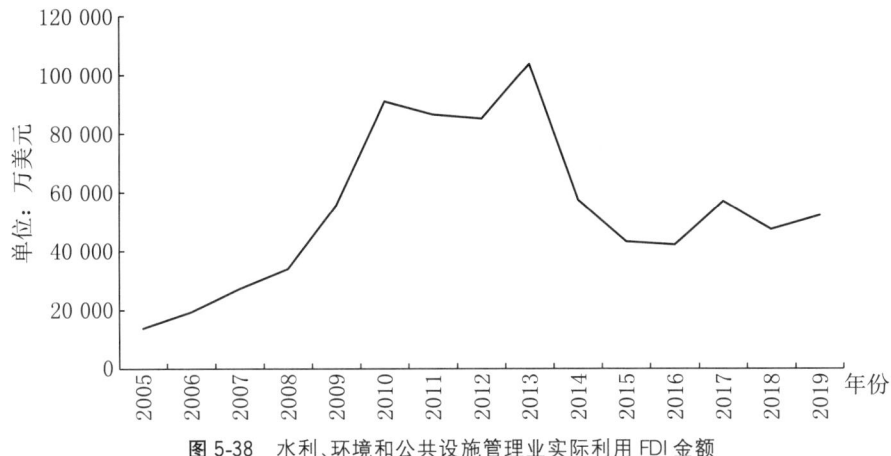

图 5-38　水利、环境和公共设施管理业实际利用 FDI 金额

• 数据来源:《中国商务年鉴》编辑委员会编,历年《中国商务年鉴》,中国对外经济贸易出版社出版。

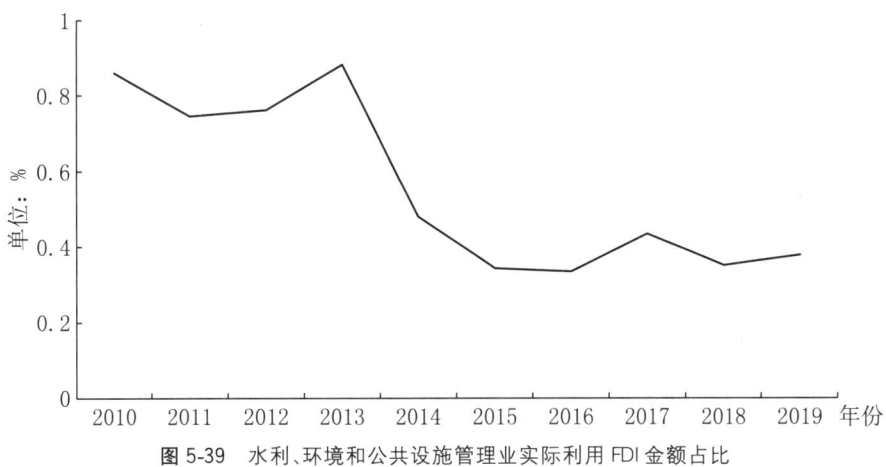

图 5-39　水利、环境和公共设施管理业实际利用 FDI 金额占比

• 数据来源:《中国商务年鉴》编辑委员会编,历年《中国商务年鉴》,中国对外经济贸易出版社出版。

至 2019 年中国水利、环境和公共设施管理业外商投资企业数 1 543 户,比 2014 年增加 488 户。2014—2019 年中国水利、环境和公共设施管理业外商投资企业注册资本逐年增长,2017 年增长率高达 48.14％;2018、2019 年中国水利、环境和公共设施管理业外商投资企业注册资本增长率分别为 24.51％、5.54％。2017 年中国水利、环境和公共设施管理业外商直接投资合同项目增长明显,外商直接投资合同项目数 156 个,比上年增加 59 个;2018 年开始减少,中国水利、环境和公共设施管理业外商直接投资合同项目 151 个,比上年减少 5 个;2019 年中国水利、环境和公共设施管理业外商直接投资合同项目 143 个,比上年减少 8 个。2014—2019 年中国水利、环境和公共设施管理业外商投资总额呈稳定增长,而实际使用外资额始终保持在 4 亿—6 亿美元之间。2019 年中国水利、环境和公共设施管理业外商投资总额 629.19 亿美元,实际使用外资额 5.22 亿美元。

十四、教育业

外资教育机构目前已经在中国学前教育、语言培训、国际学校以及高等在线教育市场进行积极的布局。截至 2015 年底,中国的 1.3 万家早教机构中外资投资占比 18%。教育方面,中国已有 597 所国际学校,是世界上拥有国际学校数量最多的国家;高等教育方面,75% 的本科院校具有国外教学资源,超过 70% 的一本院校拥有国际化办学项目;职业教育方面,中外合作的项目也在逐渐增多。未来随着中国教育产业的发展,外资进入教育市场的机会将逐步增加。

图 5-40　教育业实际利用 FDI 金额

• 数据来源:《中国商务年鉴》编辑委员会编,历年《中国商务年鉴》,中国对外经济贸易出版社出版。

十五、居民服务业和其他服务业

随着中国服务领域对外开放,居民服务业和其他服务业也成为吸引外资的重要力量。在经历疫情后的短暂调整后,该行业外资流入又回升。

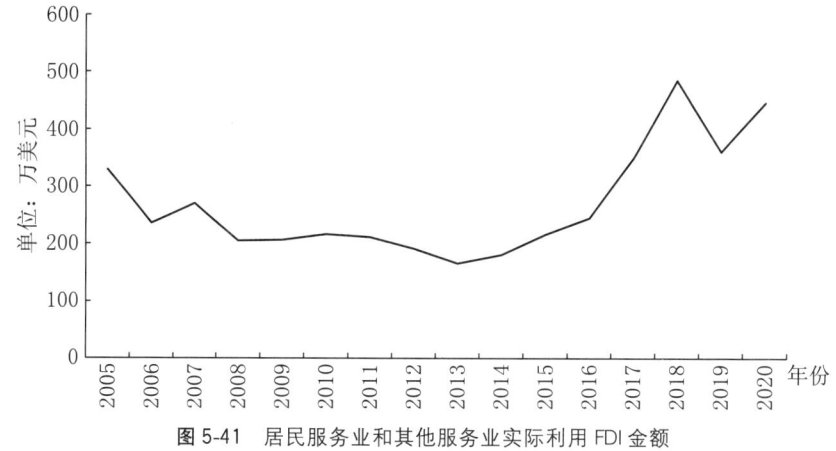

图 5-41　居民服务业和其他服务业实际利用 FDI 金额

• 数据来源:《中国商务年鉴》编辑委员会编,历年《中国商务年鉴》,中国对外经济贸易出版社出版。

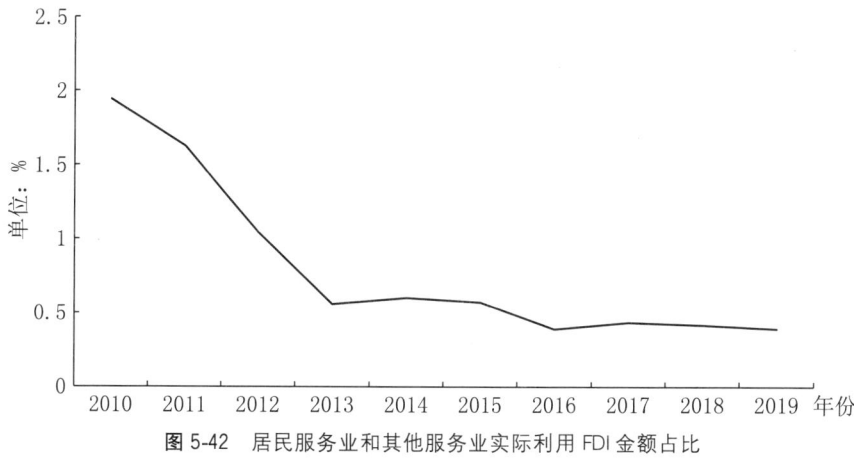

图 5-42　居民服务业和其他服务业实际利用 FDI 金额占比

• 数据来源:《中国商务年鉴》编辑委员会编,历年《中国商务年鉴》,中国对外经济贸易出版社出版。

十六、卫生、社会保障和社会福利业

2014 年后,卫生、社会保障和社会福利业吸引的外资流入量持续增加。

2018 年后该领域的外资流入量开始降低。

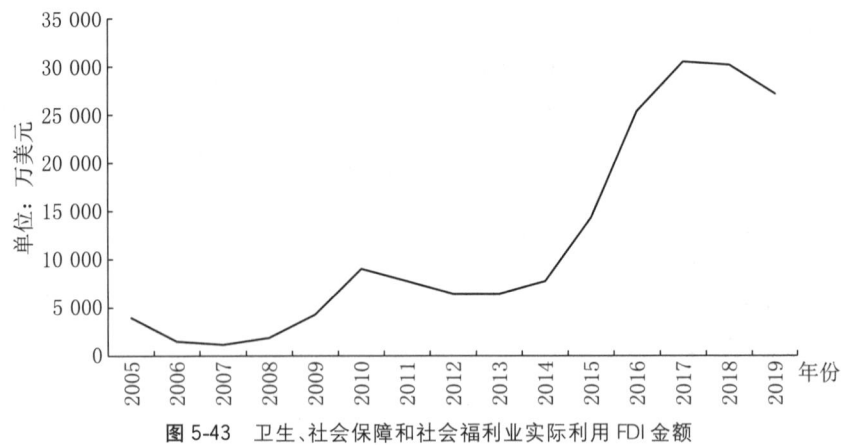

图 5-43　卫生、社会保障和社会福利业实际利用 FDI 金额

• 数据来源:《中国商务年鉴》编辑委员会编,历年《中国商务年鉴》,中国对外经济贸易出版社出版。

十七、文化、体育和娱乐业

　　流入文化、体育和娱乐业的外资金额在 2012 年后迅速上升。在一系列利好政策下,伴随着国家大力推动文化大发展大繁荣的背景,各路资本竞相大规模进入文化产业领域。

图 5-44　文化、体育和娱乐业实际利用 FDI 金额

• 数据来源:《中国商务年鉴》编辑委员会编,历年《中国商务年鉴》,中国对外经济贸易出版社出版。

十八、信息传输、计算机服务和软件业

这几年中一直保持稳定增长的行业是信息传输、计算机服务和软件业，虽然 2010—2014 年年均增长率仅有 2.1％，但是从 2015 年开始流入这一行业的 FDI 剧增，2015—2017 年年均增长率达到 76％。信息传输、计算机服务和软件业是我国吸引 FDI 的主要渠道之一，近年一直呈上升趋势，这与全球信息化过程保持一致。我国应该继续以开放的姿态，吸引国际优质 FDI，促进我国产业的持续健康发展。

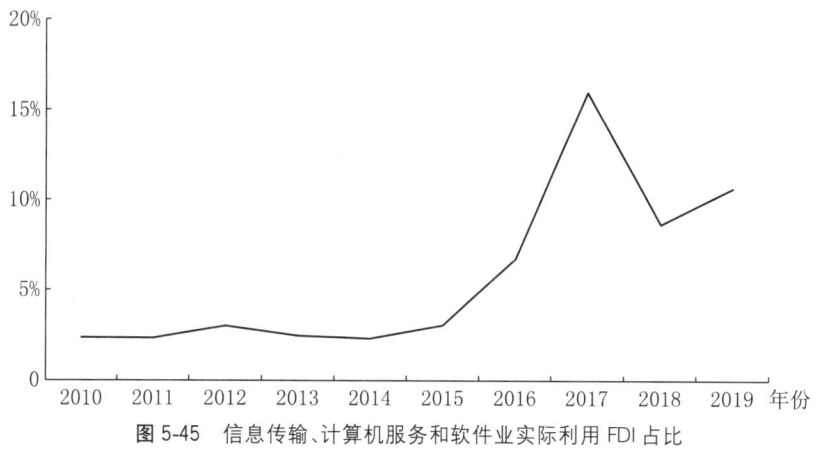

图 5-45　信息传输、计算机服务和软件业实际利用 FDI 占比

• 数据来源：《中国商务年鉴》编辑委员会编，历年《中国商务年鉴》，中国对外经济贸易出版社出版。

第三节　重点行业分领域 FDI 吸收情况：以金融业为例

本节重点分析了中国金融业主要行业的外资吸收情况。中国金融业 FDI 主要流向银行业和保险业，流入证券业的 FDI 较少，但是随着中国金融开放的不断推进，外资持股比例限制不断放宽，流入中国证券业的 FDI 在不断增加。

一、中国银行业 FDI 流入概况

银行业对外开放是我国金融改革不可或缺的一部分，伴随着我国银行体系对外开放进程的日益推进，外资银行逐渐进入我国，并在华开展各项业务，丰富我国银行业市场。中华人民共和国成立之初，仅存有四家外资银

行,由于我国对于外资银行的诸多限制,这四家外资行实质上发展得并不是很好,直到 1979 年我国出现了首家外资银行代表处,由日本输出入银行设立,这意味着我国金融市场开始尝试接纳外资银行的进入。

我国银行业外资流入一直保持平稳增长的势头。世界各大知名银行及金融机构均有资产在华投资。自从 2001 年以来,外资银行在我国的发展大多采用建立子银行或代理机构的形式,进行地域金融服务规模的扩张。2008 年以后,我国经济发展呈现高增长趋势,需要大量的资金支持,为外资银行的进一步扩张创造了条件。截至 2020 年底在华外资银行总资产为 3.78 万亿元。在华外资银行的净利润逐渐呈现出萎缩景象,2018 年后外资银行税后利润一直处于下降趋势,2020 年外资银行税后利润为 170.4 亿元,同比下降 21.15%,外资银行盈利下降有两方面重要原因:一是国内外经济增长放缓,各类信贷业务收紧。二是外资银行网点规模有限,难以吸收存款,从而影响到其贷款能力。与此同时国内商业银行大力发展,不断提升自身业务能力,加剧了国内银行业市场竞争。三是外资银行本土化优势不足,在我国的业务拓展存在一定阻碍,面临着较大的转型压力,以上都在某些程度上减少了外资银行的盈利空间。

系统重要性银行的资本充足率,我国银监会 2017 年划定的标准是大于等于 10.7%,其余银行大于等于 9.7%。外资银行的资本充足率从 2015—2020 年一直维持在 18% 左右,在华外资银行历年资本充足率的波动幅度不大,处于较为稳定的状态,此外其资本充足率在满足监管要求的同时一直高于我国股份制商业银行,这也反映了在华外资银行的资本利用程度不高。2020 年末在华外资银行不良贷款余额为 81.75 亿元,其中次级类贷款余额为 27.69 亿元,可疑类贷款余额 37.80 亿元,损失类贷款余额 15.76 亿元。在华外资银行不良贷款率始终处于较低水平,2020 年不良贷款率为 0.58%,资产质量显然优于国内商业银行。

随着我国银行业逐步对外开放和深化,在华的外资银行总体运行平稳,外资银行在我国金融市场参与度日益提高,服务网络和领域也逐渐扩大。然而,外资银行在中国的发展仍面临着不小的挑战和需要改进的地方。首先,相对于我国其他商业银行不良贷款率明显下降,外资银行的不良贷款率并没有非常明显的改善,因此外资银行仍需加强对风险的控制。其次,在外资银行经历了"黄金十年"之后,在刚入华时显现巨大优势的零售业务方面产生问题。外资银行发行的产品具有极高的收益上限,也有极低的收益下限,产品收益波动性大。对于高风险高收益的产品投资,客户也可以选择证券、保险、信托、第三方财富管理公司进行投资,加剧了外资银行需要面临的竞争。而中资银行结构类产品以保本类产品为多,更符合大多数投资者的避险诉求。因此,外资银行仍需改善其在华业务才能稳步经营发展。

二、中国保险业 FDI 流入概况

2019 年,我国保险行业保费收入为 42 644.75 亿元,2020 年达到 45 257 亿元。从险种构成来看,中国保险保费中,寿险占比达 52.99％,财产险为 26.36％,健康险以及意外险占比 20.65％。根据银保监局统计数据显示,截至 2020 年末,境外保险机构在华共设立了 66 家外资保险机构、117 家代表处和 17 家保险专业中介机构,外资保险公司总资产 1.71 万亿元。

表 5-2　2010—2019 年保险系统机构数情况　　　　　　　　（个）

年　份	保险系统机构数	保险集团公司机构数	中资保险公司机构数	中外合资保险公司机构数
2010	142	8	81	53
2011	152	10	90	51
2012	164	10	101	52
2013	174	10	109	55
2014	180	10	113	57
2015	194	11	126	57
2016	203	11	135	57
2017	222	12	145	57
2018	229	12	158	59
2019	235	14	160	61

• 数据来源:作者自行统计制作。

2020 年中资保险公司原保险保费收入 4.17 万亿元,占市场份额 92.21％;外资保险公司 3 524.44 亿元,占市场份额 7.79％,同比上升 0.62 个百分点,其中人身险市场份额远超产险市场份额。2019 年,外资责任保险公司的保费收入同比增长 29.86％,远超中资责任保险公司的 12.17％。同时,外资责任保险公司所占据的市场份额也同比上升 0.98 个百分点至 7.17％。

截至 2021 年第三季度末,已有 31 家保险资产管理公司开业运营,通过发行保险资管产品、受托管理等方式管理资产总规模约 18.72 万亿元。此外,在外资责任保险公司相对集中的区域责任保险市场上,外资份额更高。

如在北京、上海,外资责任保险公司的份额均超过 20%,达到 20.04%、21.59%,分别增长 2.1 个、1.8 个百分点。

2021 年 12 月 10 日,中国银保监会就《保险资产管理公司管理规定(征求意见稿)》(简称《规定》)公开征求意见。《规定》共计 7 章、85 条,在篇章结构和条款内容方面都对原有政策进行了大幅修订,全面强化公司治理监管的制度约束,将风险管理作为专门章节,优化股权结构设计要求,优化经营原则及相关要求,增补监管手段和违规约束。在扩大对外开放方面,《规定》明确了要全面贯彻落实国务院金融委办公室对外发布的"取消境内保险公司合计持有保险资产管理公司的股份不得低于 75% 的规定,允许境外投资者持有股份超过 25%"举措,《规定》不再限制外资保险公司持有保险资产管理公司股份的比例上限;设置境内外股东统一适用的股东资质条件,不因境内外差异而作出区别对待,有助于更好吸引国际优秀保险公司和资产管理机构参与中国保险资产管理行业发展。

三、中国证券业 FDI 流入概况

证券服务在金融服务中起步比较晚,所占比重也不高,但是随着近几年金融全球化的日益加剧以及我国证券市场及证券服务的发展,证券服务外商直接投资也不容忽视。我国在 2001 年 12 月 11 日加入世贸组织时也针对证券服务业对外开放做出承诺"外国证券机构可以(不通过中方中介)直接从事 B 股交易;外国证券机构驻华代表处可以成为所有中国证券交易所的特别会员;允许外国服务提供者设立合资公司,从事国内证券投资基金管理业务,外资比例不超过 33%,加入 WTO 后三年内,外资比例不超过 49%;加入 WTO 后三年内,允许外国证券公司设立合资公司,外资比例不超过 1/3。合资公司可以(不通过中方中介)从事 A 股的承销,B 股和 H 股、政府和公司债券的承销和交易,基金的发起;外国证券类经营机构可以从事财务顾问、投资咨询等金融咨询类业务"。我国加入世贸组织,标志着我国证券业对外开放进入新的阶段。在利用股票和债券在国际资本市场筹资的同时,我国也逐步放开境内资本市场。截至 2016 年 9 月,我国共有 305 家合格境外机构投资者,212 家人民币合格境外机构投资者。截至 2016 年 8 月底,我国境内共有基金管理公司 104 家,其中中外合资公司 44 家。

2021 年,外资机构在中国内地开展证券业务热情高涨。7 月,日本三井住友金融集团提交的证券公司设立申请相关材料获证监会接收,此前该集团已在中国内地开展保险、融资租赁、银行等金融业务。6月,瑞信宣布将控股子公司瑞信方正证券更名为瑞信证券(中国)有限公司。同月,日本第二大券商株式会社大和证券集团总公司控股的大和证券(中国)获中国证监会颁发的经营证券期货业务许可证,目前公司业务范围包括证券经纪、证券承销与保荐、证券自营等。4月,美国华平投资向证监会提交的设立外商参股证券公司申请相关材料获接收。资料显示,华平投资是全球领先的私募股权投资机构,目前在全球管理逾600亿美元资产,投资于不同行业、不同发展阶段的超过200家企业。

2021年8月6日,摩根大通宣布,中国证监会批准摩根大通证券(中国)有限公司控股股东——摩根大通国际金融有限公司受让5家中资股东所持股权的备案。这标志着摩根大通证券(中国)将成中国首家外资全资控股的证券公司。作为首批新设外资控股券商之一,摩根大通证券(中国)股权结构中,摩根大通出资4.08亿元,持股比例达到51%。上海外高桥集团股份有限公司持股20%,珠海市迈兰德基金管理有限公司持股14.3%、北京朗信投资有限公司、新疆中卫股权投资有限合伙企业、上海宾阖投资管理中心(有限合伙)3家小股东均持股4.9%。2020年10月,外高桥将20%的股权转让给摩根大通,摩根大通持股比例增加至71%。近年来证券业加速对外开放步伐,外资机构准入限制的大幅放宽,外资"鲇鱼"频频出现。截至目前,外资控股券商数量已增至9家,包括瑞信证券、高盛高华证券、瑞银证券、野村东方国际证券、汇丰前海证券、星展证券等。

2021年以来,还有多家外资金融机构递交在华设立证券公司的申请。例如,欧洲最大的商业银行法国巴黎银行于2021年4月递交申请,设立外资券商。7月27日,证监会官网显示,日本第三大金融机构三井住友金融集团也已提交设立证券公司申请,证监会已正式接收相关材料。

仅以广义"证券行业"而论,外资金融机构在华布局可分成四个阶段,第一阶段是20世纪90年代中,以中金为代表的首次合作尝试;第二阶段是21世纪初中国加入WTO后,外资与中资组建的合资券商;第三阶段是2016年后在CEPA框架下建立的中国港澳资合资券商;第四阶段则是最新一轮金融开放下的外资控股潮。且第四轮与前几轮相比有明显不同:

就券商业务领域而言,本次新获批的外资券商,除了个别机构基于自身的战略性选择而阶段性有所取舍之外,普遍都拿到了期望中的全牌照,包括但不限于经纪、投资咨询、自营、资产管理、承销与保荐等。

就泛资管行业而言,私募领域目前已有 30 余家登记在册的外资背景私募证券投资基金管理人;外资和中资银行理财子公司合资的"理财孙公司"模式,目前已有汇华理财、贝莱德建信理财、施罗德交银理财,以及工商银行与高盛的合作正在推进中;公募领域方面,贝莱德于 6 月 15 日获发公募基金管理公司(FMC)的业务许可,这也是贝莱德继 2017 年底获得私募管理人资格、2021 年 5 月份获批开展合资理财业务之后取得的最新监管批准,从而令其能够为中国几乎所有层次的客户群组服务。

2021 年 12 月,证监会依法核准瑞银集团增持瑞银证券有限责任公司的股比至 51%,核准瑞银证券有限责任公司变更实际控制人。这是《外商投资证券公司管理办法》发布实施后,证监会核准的首家外资控股证券公司。

第六章
中国吸收外商直接投资——方式篇

自改革开放以来,FDI 进入我国的规模急剧上升,大量外资进入对我国产生的技术溢出效应主要通过模仿—示范、技术人员流动、竞争效应以及关联效应四种渠道进行,继而对我国经济发展产生一定的促进作用。但根据FDI 进入模式选择理论,不同 FDI 进入方式在资产专用性与核心技术暴露风险程度等方面存在明显差异,自然影响其模仿—示范、技术人员流动、竞争效应以及关联效应功能的发挥。据已有文献和统计局记载,FDI 进入我国的方式主要包括中外合资、中外合作、外商独资和外商投资股份制企业四种。除此之外,从流向结构看,外资企业还会根据自身性质选择进入不同要素密集度的产业(资源密集型产业、劳动密集型产业和资本密集型产业),进而产生差异化的影响。有鉴于此,本章主要考察不同方式的中国吸收外商直接投资,主要包括三个小节的内容:第一节主要是分析按照 FDI 进入方式划分的中国吸收外商直接投资概况;第二节是从 FDI 流向结构出发,分析FDI 投资不同要素密集度产业的情况;最后一节是阐述全球经济治理新格局下中国吸收投资的发展策略。

第一节 按照 FDI 进入方式划分的中国吸收外商直接投资

本节主要考察按照 FDI 进入方式划分的中国吸收外商直接投资,主要包括三个方面内容:其一,FDI 进入方式的类型划分及特征;其二,差异化FDI 进入方式的中国吸收外商直接投资发展状况;其三,FDI 不同进入方式与经济发展之间的关系。

一、FDI 进入方式的类型划分及特征

根据 FDI 进入模式选择理论,FDI 进入我国的方式主要包括中外合资、中外合作、外商独资和外商投资股份制企业四种。其中,中外合资经营企业

是指中国合营者与境外合营者依照中国法律的规定,在中国境内共同投资、共同经营,并按投资比例分享利润、分担风险及亏损的企业。中外合作经营企业是指境外企业或境外人士与中国内地企业依照《中华人民共和国中外合作经营企业法》及有关法律的规定,依照合作合同的约定进行投资或提供条件设立、分配利润和分担风险的企业。外商独资企业指境外的公司、企业、其他经济组织或者个人,依照中国法律在中国境内设立的全部资本由境外投资者投资的企业。根据外资企业法的规定,设立外资企业必须有利于我国国民经济的发展,并国家鼓励采用国际先进技术和设备的、产品全部或者大部分出口的外资企业。外资企业的组织形式一般为有限责任公司,也可以说是一人有限公司。但不包括外国的公司、企业、其他经济组织设在中国的分支机构,如分公司、办事处、代表处等。外商投资股份制企业是指一国及以上的外商与本国有关法人组成的股份制企业。国际间接投资者并不直接参与国外企业的经营管理活动,其投资活动主要通过国际资本市场(或国际金融证券市场)进行。与国际直接投资的根本区别在于对筹资者的经营活动有无控制权。进一步地,按照四种类型企业性质归类,又可以将 FDI 进入我国的方式归结为外商独资企业和合资企业两种,即中外合资、中外合作和外商投资股份制企业属于合资企业。

相对于独资方式(外商独资企业)而言,FDI 以合资方式(中外合资、中外合作和外商投资股份制企业)进入能使其更有效地利用当地丰富而廉价的自然资源,有效降低其交易成本。以独资方式进入不仅不能充分利用当地廉价自然资源,而且还不得不通过不完全的东道国市场或自己在"干中学"中得到当地知识,增加其交易成本,这就使得那些本身不具备技术优势或相对优势不明显的外资企业更倾向于以合资方式进入东道国(地区)。对于那些具备先进生产技术和管理经验的优质外商投资企业而言,一方面,以独资方式进入无法使它们充分利用当地自然资源优势,从而相对提高其交易成本;另一方面,为了降低其核心技术暴露风险,它们还需付出更高的信息成本。在多重成本增加和预期收益下降压力下,除非它们可以从其所具有的绝对技术优势中获取足够的超额收益,否则这类外资企业也会倾向于选择以合资方式进入。

二、差异化 FDI 进入方式的中国吸收外商直接投资发展

图 6-1 和表 6-1 展示了中外合资、中外合作、外商独资和外商投资股份

制四种类型企业外商直接投资金额变化趋势和实际数值。通过观察可以发现,在 2000—2019 年外商独资企业实际利用外商直接投资金额不仅基数大,而且上升幅度高于其他三种类型企业。据数据显示,外商独资企业投资金额从 2000 年的 192.64 亿美元上升至 2019 年的 936.10 亿美元。其次,合资经营企业实际利用外商直接投资金额和外商投资股份制企业实际利用外商直接投资金额,亦呈现出波动式增长趋势。与以上三种类型企业不同的是,合作经营企业实际利用外商直接投资金额整体呈现出下降趋势,从 2000 年的 65.96 亿美元下降到 2019 年的 3.34 亿美元。上述分析表明,我国吸引外资以外商独资企业和合资经营企业为主。

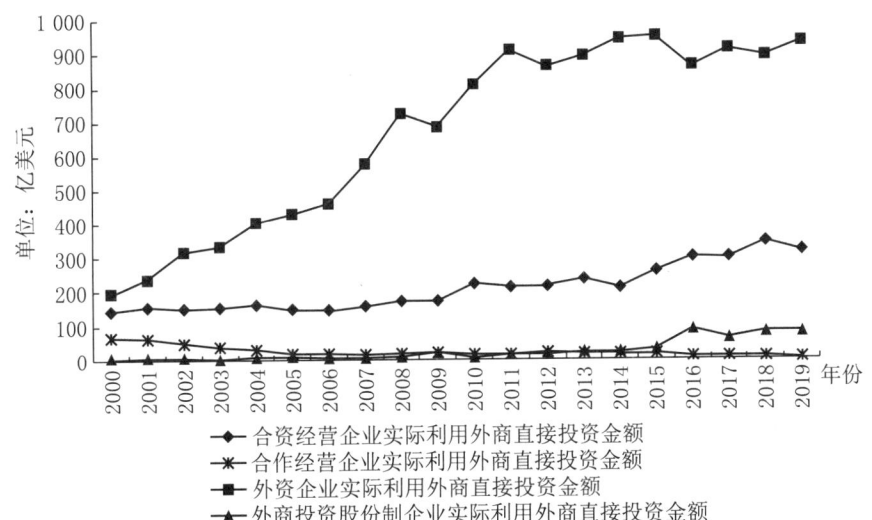

图 6-1　差异化 FDI 进入方式的中国吸收外商直接投资金额增长趋势

• 数据来源:中华人民共和国国家统计局。

表 6-1　差异化 FDI 进入方式的中国吸收外商直接投资金额　　　　(亿美元)

年份	合资经营企业实际利用 外商直接投资金额	合作经营企业实际利用 外商直接投资金额	外资企业实际利用 外商直接投资金额	外商投资股份制企业实际 利用外商直接投资金额
2000	143.43	65.96	192.64	1.30
2001	157.39	62.12	238.73	5.28
2002	149.92	50.58	317.25	6.97
2003	153.92	38.36	333.84	3.28
2004	163.86	31.12	402.22	7.77
2005	146.14	18.31	429.61	9.18
2006	143.78	19.40	462.81	4.22

年份	合资经营企业实际利用外商直接投资金额	合作经营企业实际利用外商直接投资金额	外资企业实际利用外商直接投资金额	外商投资股份制企业实际利用外商直接投资金额
2007	155.96	14.16	572.64	4.92
2008	173.18	19.03	723.15	8.59
2009	172.73	20.34	686.82	20.44
2010	224.98	16.16	809.75	6.46
2011	214.15	17.57	912.05	16.34
2012	217.06	23.08	861.32	15.70
2013	237.72	19.44	895.89	22.81
2014	210.02	16.33	947.37	21.89
2015	258.85	18.45	952.85	32.51
2016	302.04	8.30	861.26	88.42
2017	297.41	8.05	913.44	64.75
2018	344.93	7.72	893.97	82.99
2019	317.79	3.34	936.10	80.84

• 数据来源:中华人民共和国国家统计局。

图 6-2 和表 6-2 汇报了中外合资、中外合作、外商独资和外商投资股份制四种类型企业外商直接投资项目,以进一步反映按照 FDI 进入方式划分的中国吸收外国直接投资发展状况。图 6-2 显示,外商独资企业在 2000—2019 年外商投资项目总数最高,为 491 642 个,其次是中外合资企业和中外合作企业,在 2000—2019 年外商投资项目总数分别为 153 881 个和 13 065 个,外商投资股份制企业投资项目最少,仅有 1 056 个。表 6-2 的细分年份数据显示,外商独资企业、中外合资企业和外商投资股份制企业外商直接投

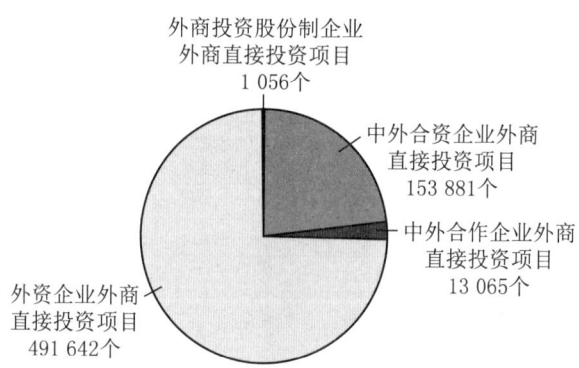

图 6-2 差异化 FDI 进入方式的中国 2000—2019 年引进外商直接投资项目总数

• 数据来源:中华人民共和国国家统计局。

资项目呈波动式上升趋势,分别从 2000 年的 12 196 个、8 378 个、8 个上升至 2019 年的 30 533 个、10 077 个、117 个。中外合作企业外商直接投资项目整体呈现出下降趋势,从 2000 年一开始的 1 757 个下降到 2019 年的 70 个,下降率高达 96%,与图 6-1 和表 6-1 反映的内容基本一致。

表 6-2　差异化 FDI 进入方式的中国引进外商直接投资项目个数　　　　　（个）

年份	中外合资企业外商直接投资项目	中外合作企业外商直接投资项目	外资企业外商直接投资项目	外商投资股份制企业外商直接投资项目
2000	8 378	1 757	12 196	8
2001	8 893	1 589	15 643	11
2002	10 380	1 595	22 173	19
2003	12 521	1 547	26 943	37
2004	11 570	1 343	30 708	43
2005	10 480	1 166	32 308	47
2006	10 223	1 036	30 164	50
2007	7 649	641	29 543	38
2008	4 612	468	22 396	38
2009	4 283	390	18 741	21
2010	4 970	300	22 085	51
2011	5 005	284	22 388	35
2012	4 355	166	20 352	52
2013	4 476	142	18 125	30
2014	4 824	104	18 809	41
2015	5 989	110	20 398	78
2016	6 662	126	21 024	86
2017	8 364	124	27 007	125
2018	10 170	107	50 106	129
2019	10 077	70	30 533	117

• 数据来源:中华人民共和国国家统计局。

　　在图 6-1 和 6-2 以及表 6-1 和 6-2 的基础上,图 6-3 和表 6-3 进一步汇报了中外合资、中外合作、外商独资和外商投资股份制四种类型企业外商直接投资项目的规模大小。通过观察可以发现,外商投资股份制企业外商直接投资项目规模最大,其次是中外合作和中外合资企业,而投资金额最大和投资项目最多的外商投资企业投资的项目规模最小。这表明,外商独资企业进行直接投资以小项目为主,而外商投资股份制企业进行投资以大项目为主。

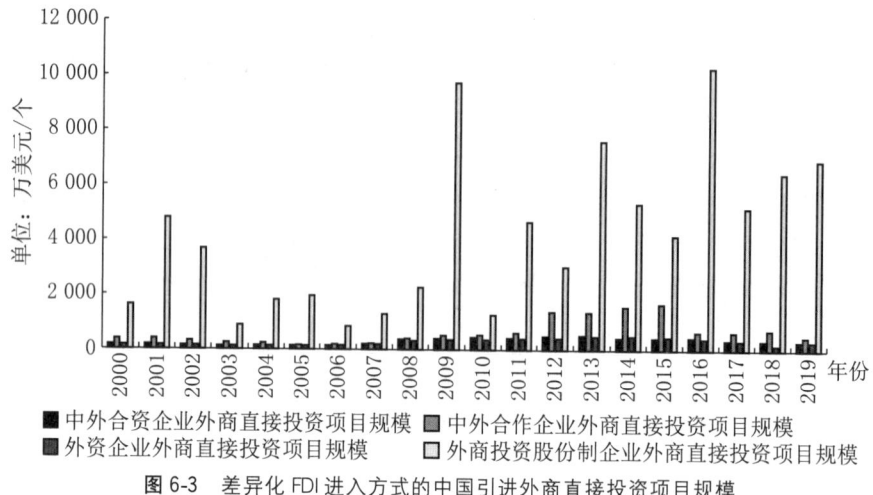

图 6-3　差异化 FDI 进入方式的中国引进外商直接投资项目规模

• 数据来源:中华人民共和国国家统计局。

表 6-3　差异化 FDI 进入方式的中国引进外商直接投资项目规模　　(万美元/个)

年份	中外合资企业外商直接投资项目规模	中外合作企业外商直接投资项目规模	外资企业外商直接投资项目规模	外商投资股份制企业外商直接投资项目规模
2000	171.20	375.41	157.95	1 625.00
2001	176.98	390.94	152.61	4 800.00
2002	144.43	317.12	143.08	3 668.42
2003	122.93	247.96	123.91	886.49
2004	141.62	231.72	130.98	1 806.98
2005	139.45	157.03	132.97	1 953.19
2006	140.64	187.26	153.43	844.00
2007	203.90	220.90	193.83	1 294.74
2008	375.50	406.62	322.89	2 260.53
2009	403.29	521.54	366.48	9 733.33
2010	452.68	538.67	366.65	1 266.67
2011	427.87	618.66	407.38	4 668.57
2012	498.42	1 390.36	423.21	3 019.23
2013	531.10	1 369.01	494.28	7 603.33
2014	435.36	1 570.19	503.68	5 339.02
2015	432.21	1 677.27	467.13	4 167.95
2016	453.38	658.73	409.66	10 281.40
2017	355.58	649.19	338.22	5 180.00
2018	339.16	721.50	178.42	6 433.33
2019	315.36	477.14	306.59	6 909.40

• 数据来源:中华人民共和国国家统计局。

三、FDI 进入方式与经济发展之间的关系

本部分主要是分析 FDI 进入方式与中国经济发展之间的关系。首先,图 6-4 描绘了中外合资企业实际利用外商直接投资与经济增长之间的关系,发现两条线均呈上升趋势,且增长的幅度基本相同,表明两者之间可能存在正相关关系。其次,图 6-5 汇报了中外合作企业实际利用外商直接投资与我国经济增长之间的关系,发现两曲线呈相反方向的变化趋势,说明两者之间可能存在负相关关系。

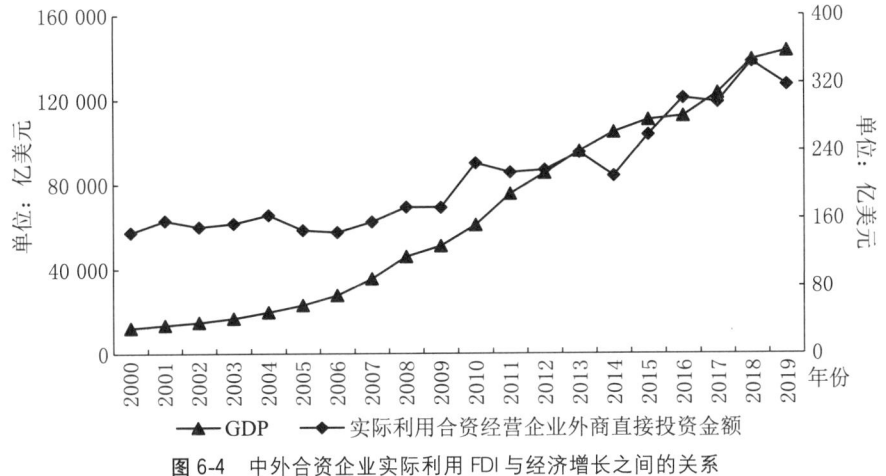

图 6-4 中外合资企业实际利用 FDI 与经济增长之间的关系

• 数据来源:中华人民共和国国家统计局。

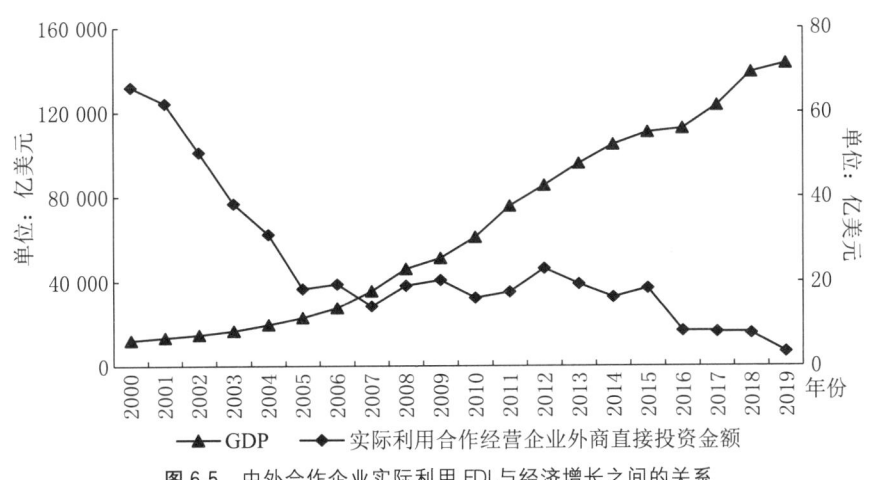

图 6-5 中外合作企业实际利用 FDI 与经济增长之间的关系

• 数据来源:中华人民共和国国家统计局。

　　再者,图 6-6 和图 6-7 描绘了外商独资企业和股份制企业实际利用外商直接投资与经济增长之间的关系,发现外商独资企业实际利用直接投资金额越大,我国 GDP 越大,表明两者之间可能存在正相关关系。由于外商投资股份制企业实际利用外商直接投资金额的增长幅度不是很明显,所以其对经济增长的贡献可能也具有一定的有限性。

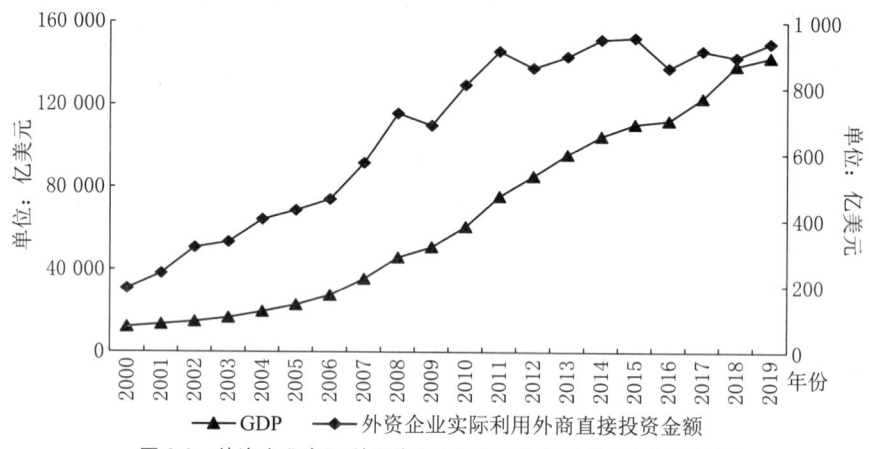

图 6-6 外资企业实际利用外商直接投资与经济增长之间的关系

• 数据来源:中华人民共和国国家统计局。

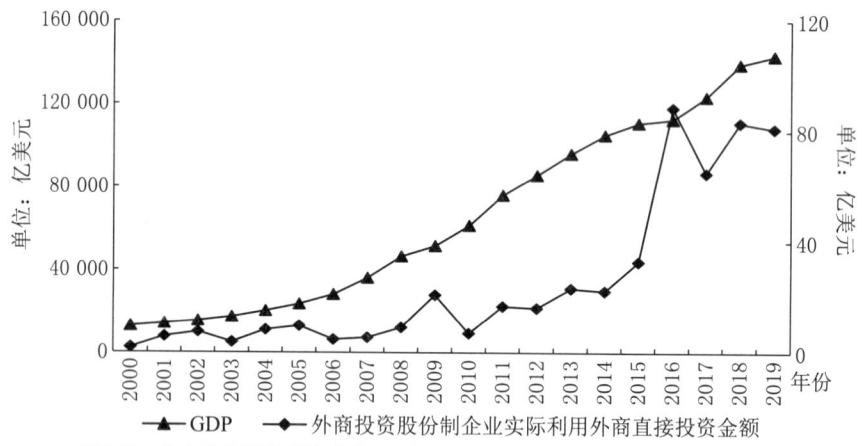

图 6-7 外商投资股份制企业实际利用外商直接投资与经济增长之间的关系

• 数据来源:中华人民共和国国家统计局。

第二节　按照 FDI 流向划分的中国吸收外商直接投资

　　该部分主要是考察按照 FDI 流向结构划分的中国吸收外商直接投资的

情况,包括两个方面的内容。具体地,第一部分是探讨我国工业部门不同要素密集型特征的三类产业(资源密集型、劳动密集型和资本密集型)吸收外商直接投资的情况;第二部分将外商直接投资细分为中国港澳台地区资本金和外商资本金,以对比三类产业(资源密集型、劳动密集型和资本密集型产业)吸收两种类型外资金额的大小;第三部分考察制造业和服务业吸收外商直接投资的情况。

一、资源密集型、劳动密集型和资本密集型产业吸收外商直接投资

本章参照韩燕和钱春海、[①]李玉琴等[②]的做法,采用资源集约度产业分类方法[③]将中国工业部门划分为三类,即资源密集型产业、劳动密集型产业和资本密集型产业,[④]分类结果如下表 6-4 所示。

表 6-4　对我国工业部门的分类

资源密集型产业(9 个)	劳动密集型产业(14 个)	资本密集型产业(14 个)
煤炭采选业	石油和天然气开采业	文教体育用品制造业
食品加工业	黑色金属矿采选业	石油加工、炼焦及核燃料加工业
食品制造业	有色金属矿采选业	化学原料及化学制品制造业
饮料制造业	非金属矿采选业	医药制造业
烟草加工业	纺织业	化学纤维制造业
木材加工及竹、藤、棕、草制品业	纺织服装、鞋、帽制造业	塑料制品业
电力、热力的生产和供应业	皮革、毛皮、羽绒及其制品业	黑色金属冶炼及压延加工业
燃气生产和供应业	家具制造业	有色金属冶炼及压延加工业
水的生产和供应业	造纸及纸制品业	通用设备制造业
	印刷业、记录媒介的复制	专用设备制造业
	橡胶制品业	交通运输设备制造业
——	非金属矿物制造业	电气机械及器材制造业
	金属制品业	通信设备、计算机及其他电子设备制造业
	工艺品及其他制造业	仪器仪表及文化办公用机械制造业

• 数据来源:作者搜集、整理、制作。

根据表 6-4 对工业部门分类的结果,图 6-8 描述了外商投资企业在

---

① 韩燕、钱春海:《FDI 对我国工业部门经济增长影响的差异性——基于要素密集度的行业分类研究》,《南开经济研究》2008 年 5 月,第 143—152 页。

② 李玉琴、陈颖、戴一鑫:《环境规制对技术创新的影响研究——基于中国工业行业异质性分析》,《南京财经大学学报》2017 年 4 月,第 27—35 页。

③ 又称资源密集产业分类法,即根据不同的产业在生产过程中对资源依赖程度的差异,将国民经济的所有部门大致划分为资源密集型产业、劳动密集型产业、资本密集型产业以及技术密集型产业。

④ 本章的分析只将工业部门划分为资源密集型、劳动密集型和资本密集型产业三类,将技术密集型产业部门也归入资本密集型产业当中。

2000—2019 年对我国资源密集型、劳动密集型和资本密集型产业直接投资总额的情况。通过观察可以发现,资源密集型产业在 2000—2019 年吸收外商直接投资总额最少,为 9 302.79 亿美元;其次是劳动密集型产业,在 2000—2019年吸收外商直接投资总额为 16 528.72 亿美元;资本密集型产业在 2000—2019 年吸收外商直接投资总额最多,高达 44 791.30 亿美元。表明我国资本密集型产业对外资的开放程度最大,吸引的外资较多;其次是劳动密集型产业,而资源密集型产业对外资的开放程度最小,吸引的外资金额最少。

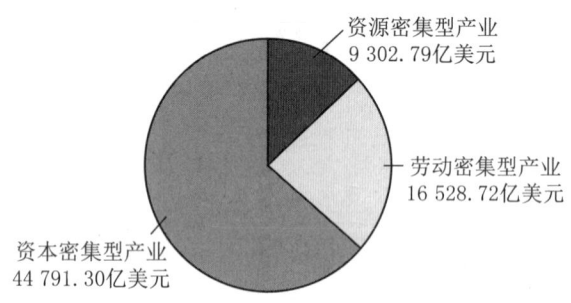

图 6-8 资源密集型、劳动密集型和资本密集型产业 2000—2019 年吸收外商直接投资总额
• 数据来源:中华人民共和国国家统计局。

结合图 6-9 和表 6-5,本章在该部分进一步分析了外商投资企业在2000—2019 年对资源密集型产业、劳动密集型产业和资本密集型产业进行逐年投资的情况。图 6-9 表明,对于资源密集型产业而言,其吸收的外商直接投资金额整体上呈逐年上升的趋势,在 2001—2019 年的年均增长率为9.67%。劳动密集型产业在 2001—2013 年吸收外商直接投资增长率为正,尤其是在 2012 年,相比于 2011 年增长了 36.6%。自 2014 年开始,外资企业对劳动密集型产业的投资金额逐年下降,从 2013 年的 1 384.12 亿美元下降至 2019 年的 1 109.39 亿美元。但整体来看,2001—2019 年外资企业对劳动密集型产业直接投资的年均增长率为 9.59%。此外,对资本密集型产业而言,其 2000—2019 年吸收外商直接投资具有两个阶段特征:第一阶段为 2000—2014 年,外商直接投资呈快速增加趋势,从 2000 年的 385.07 亿美元上升至 2014 年的 3 599.57 亿美元,该阶段的年均增长率高达17.85%;第二阶段是 2015—2019 年,该阶段外商直接投资金额呈波动式变化趋势,2019 年的外商直接投资金额为 3 385.40 亿美元,相比于 2014 年的外商直接投资金额有所下降。但整体来看,资本密集型产业在 2001—2019 年吸收外商投资的增长率为 12.85%,高于其他两种类型的产业。

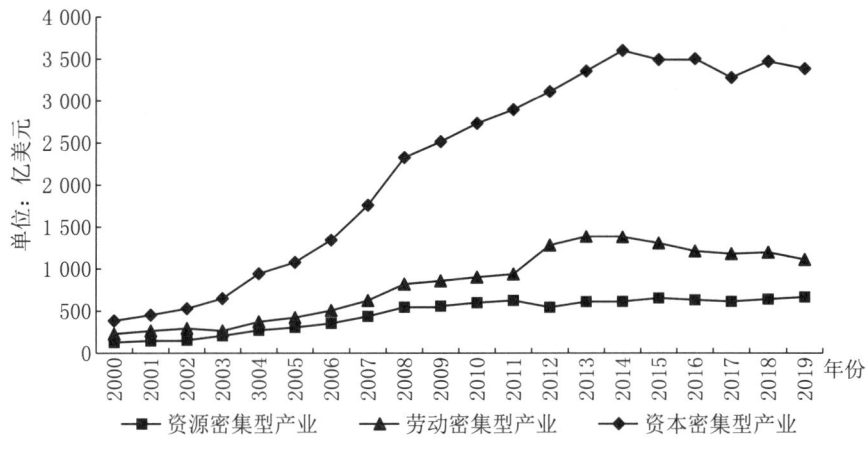

图 6-9　资源密集型、劳动密集型和资本密集型产业 2000—2019 年
吸收外商直接投资金额情况

• 数据来源：中华人民共和国国家统计局。

表 6-5　三种类型产业 2000—2019 年吸收外商直接投资金额　　　（亿美元）

年份	资源密集型产业	劳动密集型产业	资本密集型产业
2000	128.30	228.95	385.07
2001	146.83	264.97	452.81
2002	155.01	294.31	528.52
2003	207.01	265.57	648.05
2004	272.09	373.22	942.06
2005	305.71	422.60	1 076.45
2006	354.74	506.37	1 342.00
2007	436.92	624.25	1 759.01
2008	544.85	817.92	2 325.81
2009	557.75	856.03	2 514.05
2010	598.22	900.18	2 730.16
2011	624.79	936.97	2 893.14
2012	544.17	1 279.63	3 111.12
2013	610.36	1 384.12	3 355.44
2014	612.40	1 378.52	3 599.57
2015	652.86	1 303.80	3 490.59
2016	631.22	1 209.17	3 501.74
2017	612.93	1 177.69	3 278.72
2018	640.71	1 195.06	3 471.57
2019	665.93	1 109.39	3 385.40
总计	**9 302.79**	**16 528.72**	**44 791.30**

• 数据来源：中华人民共和国国家统计局。

二、不同要素密集型行业吸收的中国港澳台资本金和外商资本金

根据国家统计局的划分方法,本章将外资企业划分为外商投资工业企业及中国港澳台商投资工业企业,以考察外商及中国港澳台商投资工业企业对资源密集型、劳动密集型和资本密集型三种类型产业在2000—2019年的投资情况。

首先,表6-6汇报了中国港澳台投资工业企业对三种类型产业投资的情况。对于资源密集型产业而言,中国港澳台投资工业企业对其投资金额在2001—2019年有所增加,从2000年的53.79亿美元上升至2019年的283.56亿美元,年均增长率为10.45%。中国港澳台投资工业企业对劳动密集型产业的投资金额呈倒"U"形变化趋势,从2000年的114.71亿美元上升至2013年的547.64亿美元;随后开始下降,在2019年该数值为452.55亿美元。但整体来看,中国港澳台投资企业对劳动密集型产业的投资年均增长率仍为正数,为8.33%。最后,中国港澳台投资工业企业对资本密集型产业的投资金额最多,在2000年为132.36亿美元,高于其他两类产业;在2019年该数值更是达到了1 185.53亿美元,在2000—2019年期间的年均增长率为12.89%。对比这三个增长率的数值可以发现,在三大产业中,中国港澳台投资工业企业更倾向于向资本密集型产业投资,其次是资源密集型产业,对劳动密集型产业的投资意愿最小。

表6-6　中国港澳台商投资工业企业对三种类型产业投资情况　　　（亿美元）

年份	资源密集型产业	劳动密集型产业	资本密集型产业
2000	53.79	114.71	132.36
2001	59.52	140.65	157.61
2002	60.29	143.42	176.56
2003	96.95	129.37	213.86
2004	122.18	168.71	301.59
2005	138.38	184.28	338.34
2006	158.63	231.57	413.59
2007	192.92	265.02	545.86
2008	240.14	339.29	736.02
2009	242.37	359.83	796.44
2010	261.31	365.87	867.92

续表

年份	资源密集型产业	劳动密集型产业	资本密集型产业
2011	287.39	368.19	915.14
2012	200.09	499.37	1 040.29
2013	237.22	547.64	1 115.32
2014	242.19	526.49	1 168.28
2015	271.45	522.85	1 214.64
2016	261.97	496.51	1 141.13
2017	261.06	493.05	1 117.63
2018	267.70	512.68	1 224.88
2019	283.56	452.55	1 185.53
增长率	**10.45%**	**8.33%**	**12.89%**

• 数据来源:中华人民共和国国家统计局。

其次,表6-7考察了外商投资工业企业对资源密集型、劳动密集型和资本密集型三种类型产业在2000—2019年投资的情况。通过对比三种类型产业数据可以发现,在中国加入WTO初期,外商投资工业企业对三大类型产业的投资相差不大,比如在2003年,外商投资工业对资源密集型产业的投资金额为110.06亿美元,对劳动密集型产业的投资金额为136.19亿美元,对资本密集型产业的投资金额为434.19亿美元。但随着对外开放步伐的加深以及三大产业发展的需求,其利用外商资本金的规模出现了分化,如在2019年,外商投资工业对资源密集型、劳动密集型和资本密集型产业的投资金额分别为382.37亿美元、656.85亿美元和2 199.87亿美元;三大产业在2001—2019年利用外资的年均增长率分别为9.47%、10.81%和12.87%。以上数据表明外商投资工业企业对三大产业的投资意向依资本密集型、劳动密集型和资源密集型产业递减。

表6-7　外商投资工业企业对三种类型产业投资情况　　　　(亿美元)

年份	资源密集型产业	劳动密集型产业	资本密集型产业
2000	74.51	114.24	252.72
2001	87.31	124.32	295.20
2002	94.72	150.90	351.96
2003	110.06	136.19	434.19
2004	149.91	204.50	640.47
2005	167.33	238.32	738.11

续表

年份	资源密集型产业	劳动密集型产业	资本密集型产业
2006	196.12	274.80	928.41
2007	244.00	359.22	1 213.14
2008	304.71	478.63	1 589.79
2009	315.37	496.20	1 717.61
2010	336.91	534.31	1 862.25
2011	337.40	568.78	1 977.99
2012	344.07	780.27	2 070.83
2013	373.14	836.47	2 240.13
2014	370.21	852.03	2 431.30
2015	381.41	780.95	2 275.94
2016	369.25	712.66	2 360.61
2017	351.87	684.64	2 161.09
2018	373.01	682.38	2 246.70
2019	382.37	656.85	2 199.87
增长率	**9.47%**	**10.81%**	**12.87%**

• 数据来源：中华人民共和国国家统计局。

三、制造业和服务业吸收外商直接投资

　　该部分主要考察外商投资企业对制造业和服务业进行直接投资的变化情况。其中,服务业是指在国民行业分类中包括除了农业、工业、建筑业之外的所有其他十五个部门,具体包括交通运输、仓储和邮政业,信息传输、计算机服务和软件业,批发和零售业,住宿和餐饮业,金融业,房地产业,租赁和商务服务业,科学研究、技术服务和地质勘查业,水利、环境和公共设施管理业,居民服务和其他服务业,教育,卫生、社会保障和社会福利业,文化、体育和娱乐业,国际组织。[①] 根据该分类,本节进一步计算出了外商企业在2000—2019 年对服务业的直接投资金额,如表 6-8 所示。结合图 6-10 和表 6-8,可以发现两个方面的现象:其一,在 2000—2010 年,图 6-10 中的制造业曲线位于服务业曲线的上面,表明外商企业对制造业的投资力度大于对服务业的投资力度;而在 2011—2019 年,制造业曲线位于服务业曲线的下面,表明在此时间段外商企业对服务业的投资力度大于对制造业的投资

① 由于缺少国际组织的数据,本章在统计服务业数值时,并未将其包括在内。

力度。其二,制造业吸收外商直接投资呈倒"U"形变化趋势,即在 2000—2019 年,制造业吸收外商直接投资越来越多,在 2010 年达到顶峰(495.91 亿美元),然后开始下降,在 2019 年,制造业吸收外资金额下降至 353.70 亿美元。与制造业不同的是,服务业在 2000—2019 年吸收外商直接投资呈上升趋势,从 2000 年的 67.14 亿美元上升至 2019 年的 952.73 亿美元。以上分析表明,随着我国外资吸引程度的加深和国内产业的发展,我国吸引外资的行业逐渐从制造业向服务业转变,这与我国外资开放政策的实施相吻合。

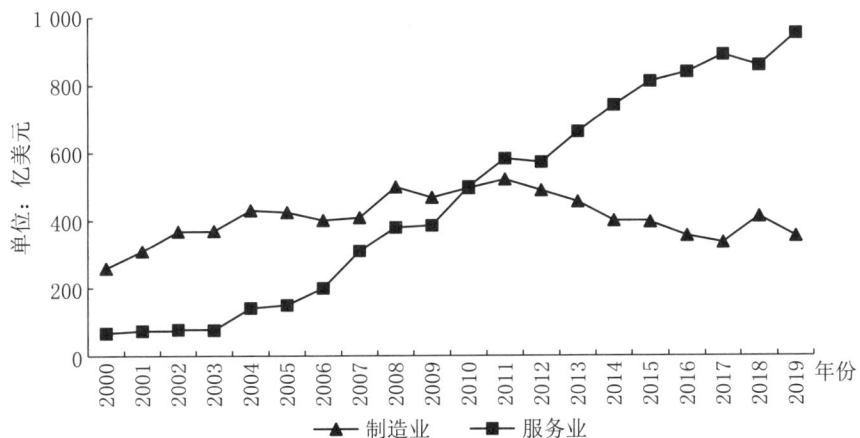

图 6-10　制造业和服务业在 2000—2019 年吸收外商直接投资金额的变化趋势

• 数据来源:中华人民共和国国家统计局。

表 6-8　制造业和服务业吸收外商直接投资情况　　　　　　　(亿美元)

年份	制造业	服务业
2000	258.44	67.14
2001	309.07	73.72
2002	368.00	77.47
2003	369.36	75.78
2004	430.17	140.58
2005	424.53	149.20
2006	400.77	199.15
2007	408.65	309.83
2008	498.95	379.48
2009	467.71	385.28
2010	495.91	499.63

续表

年份	制造业	服务业
2011	521.01	582.53
2012	488.66	571.96
2013	455.55	662.17
2014	399.39	740.96
2015	395.43	811.38
2016	354.92	838.91
2017	335.06	890.11
2018	411.74	858.50
2019	353.70	952.73

• 数据来源:中华人民共和国国家统计局。

　　上述分析表明,我国服务业吸引外商直接投资的力度越来越大,为了考察哪一种细分服务业在其中发挥的作用较大,接下来将考察十四种细分服务业吸收外商直接投资的情况。如图 6-11 和表 6-9 所示,描述了十四种服务业 2000—2019 年吸收外商直接投资的总额和每年的情况,发现外资企业对房地产业的投资力度最大(共计 3 426.27 亿美元),其次是租赁和商务服务业(共计 1 563.86 亿美元)、批发和零售业(共计 1 237.87 亿美元);公共管理和社会组织在 2000—2019 年吸收外资总额最少,仅有 0.55 亿美元。这说明服务业引资力度的增加主要是因为房地产业的发展。值得注意的是,科学研究、技术服务和地质勘查业吸收外资金额逐年增加,从 2004 年的2.96 亿美元上升至 2019 年的 111.68 亿美元,表明我国科学研究和技术服务行业越来越开放,也从侧面反映出了我国的技术进步。

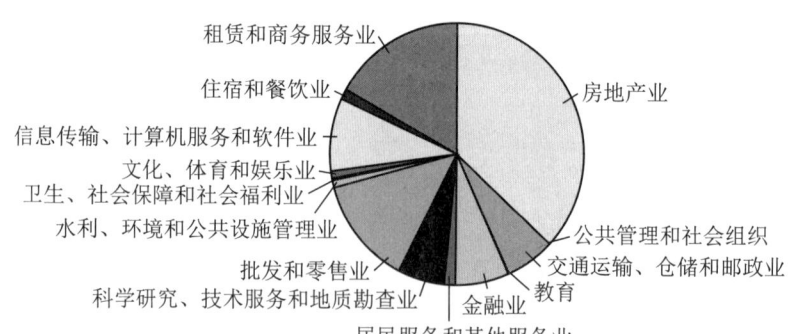

图 6-11　各服务业 2000—2019 年吸收外商直接投资金额总额(亿美元)

• 数据来源:中华人民共和国国家统计局。

表 6-9　各服务业 2000—2019 年吸收外商直接投资情况

（亿美元）

年份	房地产业	公共管理和社会组织	交通运输仓储和邮政业	教育	金融业	居民服务和其他服务业	科学研究、技术服务和地质勘查业	批发和零售业	水利、环境和公共设施管理业	卫生、社会保障和社会福利业	文化、体育和娱乐业	信息传输、计算机服务和软件业	住宿和餐饮业	租赁和商务服务业
2000	46.59	0.00	10.15	0.00	0.77	0.00	0.00	8.58	0.00	1.06	0.00	0.00	0.00	0.00
2001	51.37	0.00	9.09	0.00	0.38	0.00	0.00	11.69	0.00	1.20	0.00	0.00	0.00	0.00
2002	56.63	0.00	9.13	0.00	1.10	0.00	0.00	9.33	0.00	1.28	0.00	0.00	0.00	0.00
2003	52.36	0.00	8.67	0.00	2.32	0.00	0.00	11.16	0.00	1.27	0.00	0.00	0.00	0.00
2004	59.50	0.02	12.73	0.38	2.52	1.58	2.96	7.40	2.29	0.87	4.48	9.16	8.44	28.24
2005	54.18	0.04	18.12	0.18	2.20	2.60	3.43	10.39	1.39	0.39	3.05	10.15	5.63	37.45
2006	82.30	0.07	19.85	0.29	2.94	5.04	5.04	17.89	1.95	0.15	2.41	10.70	8.28	42.23
2007	170.89	0.00	20.07	0.32	2.57	7.23	9.17	26.77	2.73	0.12	4.51	14.85	10.42	40.19
2008	185.90	0.00	28.51	0.36	5.73	5.70	15.06	44.33	3.40	0.19	2.58	27.75	9.39	50.59
2009	167.96	0.00	25.27	0.13	4.56	15.86	16.74	53.90	5.56	0.43	3.18	22.47	8.44	60.78
2010	239.86	0.00	22.44	0.08	11.23	20.53	19.67	65.96	9.09	0.90	4.36	24.87	9.35	71.30
2011	268.82	0.01	31.91	0.04	19.10	18.84	24.58	84.25	8.64	0.78	6.35	26.99	8.43	83.82
2012	241.25	0.00	34.74	0.34	21.19	11.65	30.96	94.62	8.50	0.64	5.37	33.58	7.02	82.11
2013	287.98	0.00	42.17	0.18	23.30	6.57	27.50	115.11	10.36	0.64	8.21	28.81	7.72	103.62
2014	346.26	0.09	44.56	0.21	41.82	7.18	32.55	94.63	5.73	0.78	8.23	27.55	6.50	124.86
2015	289.95	0.00	41.86	0.29	149.69	7.21	45.29	120.23	4.33	1.43	7.89	38.36	4.34	100.50
2016	196.55	0.00	50.89	0.94	102.89	4.90	65.20	158.70	4.22	2.54	2.67	84.42	3.65	161.32
2017	168.56	0.31	55.88	0.77	79.21	5.67	68.44	114.78	5.70	3.05	6.98	209.19	4.19	167.39
2018	224.67	0.00	47.27	0.74	87.04	5.62	68.13	97.67	4.74	3.02	5.23	116.61	9.01	188.75
2019	234.72	0.02	45.33	2.22	71.32	5.42	111.68	90.50	5.22	2.72	6.30	146.82	9.72	220.73

· 数据来源：中华人民共和国国家统计局。

第三节　制度型开放下中国的投资机遇与发展策略

一直以来,我国外商直接投资在复杂多变的外部环境下保持平稳发展。自 2011 年以来外商直接投资金额保持在千亿美元以上,占全球的份额稳步提升,展现出我国积极构建新发展格局和不断完善对外开放政策的成效。2020 年我国全面实施《中华人民共和国外商投资法》和《中华人民共和国外商投资法实施条例》,对外商投资的准入、促进、保护、管理等做出统一规定,为推动更高水平的对外开放提供了有力的法治保障。《外商投资准入特别管理措施(负面清单)(2020 年版)》由 2013 年的 190 项减少到 30 项。2020 年我国外商直接投资金额为 1 444 亿美元,同比增长 4.54%。但目前为止,全球新冠肺炎疫情仍未得到有效控制,单边主义、贸易保护主义和逆全球化思潮涌现,致使世界经济复苏呈现不稳定、不平衡的特征。表现为全球经济新格局下,全球经济治理的内涵和特征正在出现新的变化,在此背景下,党的十九届五中全会审议通过的《中共中央关于制定国民经济和社会发展第十四个五年规划和二〇三五年远景目标的建议》明确提出,"加快形成以国内大循环为主体、国内国际双循环相互促进的新发展格局"。基于以上分析,本部分将探讨全球经济治理新格局下我国外商直接投资面临的机遇以及未来的发展战略。

一、"双循环"新发展格局下中国面临的投资机遇

第一,"双循环"新发展格局下,中国将创新驱动摆在首要位置,进一步凸显市场主体在科技创新中的地位。在需求驱动下,中外企业技术合作将迎来广阔前景,并有望在前沿科技领域、基础研究领域展开更深层次的合作。数据显示,在技术环节,2015—2019 年,外商在华投资企业技术引进费用年均保持在 180 亿美元左右,约占全国技术引进费用的 60%,有力推动了国际技术合作。

第二,产业合作空间大。新发展格局下,跨国公司在华本土化经营能力将不断增强;一批战略性新兴产业集群的快速崛起,为符合中国市场需求、技术领先的跨国公司带来更大的发展机遇;服务业与制造业加速融合,有利于跨国公司拓展新业态、新模式,培育新竞争优势。

第三,内需的发展提供了广阔的投资空间。在消费方面,汽车、电子产

品等实物消费和医疗、教育、康养、育儿等服务消费的升级和渠道下沉,能够释放可观的市场需求;在投资方面,中国正加强信息基础设施、物联网、大数据中心等投资布局,构建清洁低碳、安全高效的能源体系,为国内外企业提供巨大的市场空间。

第四,高水平开放提供更大的合作机遇。伴随中国实施"一带一路"倡议、加快建设高标准自贸区网络,特别是推动区域全面经济伙伴关系协定(RCEP)实施、加快中日韩自贸协定谈判进程、积极考虑加入全面与进步跨太平洋伙伴关系协定(CPTPP),这些将为跨国公司提供更稳固的区域供应链体系。

二、制度型开放下中国的发展战略

首先,要进一步扩大高水平开放,形成对外开放新格局。要从以制造业为主体转向服务业和高技术制造业开放并重,从东部沿海开放为主转向沿海、内陆以及陆海联动开放并重等;由商品和要素流动型开放转向规则等制度型开放,更加注重和对标国际最高标准、最高水平的经贸规则,提升我国参与全球经济治理的制度性话语权和影响力。其次,要发挥国内国际双循环的相互促进作用,为高质量发展注入新动力。一方面,要在形成以国内大循环为主体的基础上,充分利用我国内需优势和规模优势,提升国内大循环的辐射和带动作用;另一方面,要强化全球资源配置功能,发挥全球创新网络在中国开放合作、开放创新中的作用。第三,要推进全面深化改革,为加快形成新发展格局提供体制机制条件。其一,要全面推动体制机制创新,特别是在完善产权制度和要素市场化配置、打造良好营商环境、深化"放管服"改革等方面继续发力,为实现高质量发展提供有利于扩大内需的体制机制条件;其二,要加快建设高水平开放型经济新体制,推动贸易自由化、投资便利化,为实现高质量发展提供有利于高水平开放的体制机制。

第七章
中国吸收外商直接投资——自贸区（港）篇

2013 年，中国在上海建立首个国内自由贸易试验区，到 2021 年底，经过六次扩容，共设立了 21 个自贸试验区（港），形成覆盖沿海、内陆、沿边以及东中西部地区和南北方的全方位开放格局。国内自贸试验区（港）是推进制度型开放的重要高地，是推动中国建设开放经济新体制建设的重要开放平台。本章以自贸试验区（港）吸引外商投资为视角，在简述自由贸易区（港）目前区域布局和功能定位基础上，总结自由贸易试验区（港）吸引外商投资的情况及其投资吸引力，并总结当前自贸试验区（港）面临的主要挑战，在此基础上提出未来自贸试验区改革的若干方向性建议。

第一节　自贸区（港）概况和功能定位

截至 2021 年底，中国已设立了 21 个自贸试验区（港），自贸试验区（港）成为中国全方位对外开放的制度创新高地。在区域布局上，自贸试验区已覆盖东中西区域以及东北地区，体现了全方位对外开放的格局，其区域布局和区域协调发展战略和"一带一路"建设相衔接；在功能定位上，各地自贸试验区改革方案既有相近的制度改革框架，又形成了体现地区特点的差异化功能定位，其功能定位与所在区域以及当地区域的产业特点紧密相关。

一、全方位区域布局

2013 年 9 月，中国首个自由贸易试验区正式在上海挂牌设立，截至 2021 年底，中国已陆续设立六批共计 21 个自贸试验区（港），合计 67 个片区（包括海南），①分布在全国不同区域（共 21 个省市）。海南岛全岛设

---

① 第一批次的上海自贸试验区包括 4 个海关特殊监管区域，计为 1 个片区（保税片区），这 4 个区域为外高桥保税区、外高桥保税物流园区、洋山保税港区和上海浦东机场综合保税区。

立为自由贸易港,其他每个自贸试验区均以若干片区方式建立。各批次自贸试验区批复时间见表 7-1。自贸试验区的区域布局体现中国新时代背景下全方位对外开放的新格局,同时与区域协调发展和"一带一路"建设相衔接。

(一)目前区域布局已覆盖东中西区域以及东北地区

截至 2021 年底,自贸试验区涵盖东北三省中的 2 个省(黑龙江省和辽宁省),吉林省尚未涵盖;东部地区 10 省市已全部设立自贸试验区;中部地区 6 省中 4 个省(包括湖北、河南、湖南和安徽)已设立自贸试验区,而 2 个省(分别为山西和江西)尚未设立自贸试验区;西部地区 12 个省、市、自治区中,5 个省市已设立自贸试验区,这 5 个省市分别为重庆、四川、陕西、广西、云南,西部地区尚未设立自贸试验区的省、市、自治区包括内蒙古、贵州、西藏、甘肃、青海、宁夏和新疆等。[1] 根据中共十九大要求和商务部 2021 年发布的《"十四五"利用外资发展规划》,"十四五"期间,我国将继续推动自贸试验区高质量发展,完善布局。

虽然部分省市未设立自贸试验区,但国家通过其他平台推动开放升级,如在广西、云南、内蒙古、黑龙江、新疆等沿边地区设立沿边重点开放试验区,面向接壤国家推动开放建设;在宁夏、贵州、江西分别设立内陆开放型经济试验区,[2]内陆开放型经济试验区以整个省域为范围予以推动。

表 7-1 国内自贸试验区类型和所在区域

自贸试验区名称	类型	所在区域	批次	设立时间
1. 上海自贸试验区(保税片区)	沿海型	东部	第 1 批	2013 年 9 月 29 日
2. 广东自贸试验区	沿海型	东部	第 2 批	2015 年 4 月 21 日
3. 福建自贸试验区	沿海型	东部	第 2 批	2015 年 4 月 21 日
4. 天津自贸试验区	沿海型	东部	第 2 批	2015 年 4 月 21 日
另:上海自贸试验区扩区	沿海型	东部	第 2 批	2015 年 4 月 21 日
5. 辽宁自贸试验区	沿海型	东北	第 3 批	2017 年 4 月 1 日

[1] 根据国家统计局,中国经济区域分为东部、中部、西部和东北四大地区,其中东部包括北京、天津、河北、上海、江苏、浙江、福建、山东、广东和海南共 10 个省市;中部地区包括山西、安徽、江西、河南、湖北和湖南共 6 个省;西部地区包括内蒙古、广西、重庆、四川、贵州、云南、西藏、陕西、甘肃、青海、宁夏和新疆共 12 个省、市、自治区;东北地区包括辽宁、吉林和黑龙江 3 个省,http://www.stats.gov.cn/ztjc/zthd/sjtjr/dejtjkfr/tjkp/201106/t20110613_71947.htm,访问日期:2022 年 2 月 20 日。

[2] 宁夏、贵州和江西内陆开放型经济试验区分别于 2012 年、2016 年和 2020 年设立。

续表

自贸试验区名称	类型	所在区域	批次	设立时间
6. 浙江自贸试验区	沿海型	东部	第3批	2017年4月1日
7. 湖北自贸试验区	内陆型	中部	第3批	2017年4月1日
8. 河南自贸试验区	内陆型	中部	第3批	2017年4月1日
9. 重庆自贸试验区	内陆型	西部	第3批	2017年4月1日
10. 四川自贸试验区	内陆型	西部	第3批	2017年4月1日
11. 陕西自贸试验区	内陆型	西部	第3批	2017年4月1日
12. 海南自贸港(全岛)	沿海型	东部	第4批	2018年10月设自贸试验区(2020年6月设自由贸易港)
另:上海自贸试验区临港新片区	沿海型	东部	—	2019年7月27日
13. 山东自贸试验区	沿海型	东部	第5批	2019年8月26日
14. 江苏自贸试验区	沿海型	东部	第5批	2019年8月26日
15. 广西自贸试验区	沿边型	西部	第5批	2019年8月26日
16. 河北自贸试验区	内陆型	东部	第5批	2019年8月26日
17. 云南自贸试验区	沿边型	西部	第5批	2019年8月26日
18. 黑龙江自贸试验区	沿边型	东北	第5批	2019年8月26日
19. 北京自贸试验区	内陆型	东部	第6批	2020年9月21日
20. 湖南自贸试验区	内陆型	中部	第6批	2020年9月21日
21. 安徽自贸试验区	内陆型	中部	第6批	2020年9月21日
另:浙江自贸试验区扩展	沿海型	东部	第6批	2020年9月21日

• 数据来源:作者搜集、整理、制作。

(二) 自贸试验区区域布局和区域协调战略相衔接

全球经济治理新格局下中国吸收投资的发展使其制度创新能辐射至所在区域,推动当地区域融合发展。例如北京、天津自贸试验区对应于京津冀一体化,上海、江苏和浙江自贸试验区对应于长三角一体化,上海、湖北、重庆等自贸试验区与长江经济带发展相衔接,辽宁和黑龙江与东北区域经济发展相对应。各地自贸试验区总体方案将区域发展战略纳入其中,一些方案还提出了自贸试验区辐射区域发展的方向性建议,典型如《中国(上海)自由贸易试验区临港新片区总体方案》提出将"加强与长三角协同创新发展,支持境内外投资者在新片区设立联合创新专项资金,就重大科研项目开展合作,允许相关资金在长三角地区自由使用。支持境内投资者在境外发起的私募基金参与新片区创新型科技企业融资，凡符合条件的可在长三角地区投资。支持新片区优势产业向长三角地区拓展形成产业集群"。自2020年9月安徽设立自贸试验区后，长三角"三省一市"均设立了自贸试验区。2021年5月，"三省一市"建立了长三角自由贸易试验区联盟，联盟立足长三角资本市场服务基地、长三角国际贸易"单一窗口"等现有功能性平台资源，以深化江苏、浙江、安徽、上海"三省一市"自贸试验区的联动发展。①

（三）自贸试验区对接"一带一路"建设

自贸试验区服务于国家战略，是所在区域的开放高地，因此也是当地对接"一带一路"建设的重要平台。各地方自贸试验区根据其所在区域的区位、产业和人文优势等，推动与"一带一路"沿线国家合作。例如：上海自贸试验区以制度创新和对接高标准国际投资贸易规则为主要任务；河南和重庆等自贸试验区则更重视国际通道建设以及充分发挥中欧班列作用；广西和云南等沿边型自贸试验区积极推动与东盟、南亚地区的通道建设和区域合作；广西自贸试验区通过中国—马来西亚"两国双园"合作水平推进与东盟地区的合作建设并打造国际经贸合作新通道。

二、差异化功能定位

随着自贸试验区在全国各地布局，各地自贸区根据其特点进行功能差异化探索。差异化探索主要基于两大方面，一是区域差异，二是已有产业功能和所在区域产业集群。在区域和产业差异基础上，自贸试验区提出其重点发展产业和差异化发展目标，并根据功能定位重点推进相应领域制度创新和改革。

第一，根据自贸试验区交通和区位特点，可大致分为沿海型、内陆型和沿边型，不同类型自贸试验区有不同的国际重点合作区域和功能定位。目前21个自贸试验区中，沿海型和内陆型均有9个，沿边型共3个，其中内陆型自贸试验区于2017年4月（第3批次）开始设立（见表7-1），沿边型自贸试验区开始于2019年8月（第5批次）设立，分别在广西、黑龙江和云南沿边地区设立自贸试验区，以推动与周边国家经贸合作。不同类型自贸试验

---

① 《长三角自由贸易试验区联盟成立　三省一市携手发展》，《经济参考报》2021年5月12日；新华网，http://www.xinhuanet.com/fortune/2021-05/12/c_1127435229.htm，访问日期：2022年2月20日。

区有其重点区域合作范围。沿海型自贸试验区面向全球以及邻近区域融合发展,例如山东自贸试验区重点打造东北亚国际航运枢纽和中韩贸易投资合作先行区,辽宁自贸试验区推动东北亚全方位经济合作,福建自贸试验区重点推进与中国台湾地区的投资贸易合作,深化两岸经济合作。内陆型自贸试验区根据其所在区域,推动多式联运国际物流建设,例如依托长江经济带、中欧班列以及空港,以打造国际新通道并提升其国际航运服务能力。沿边自贸试验区以推进与周边国家经贸合作为重点,例如广西自贸试验区面向东盟、云南自贸试验区面向南亚东南亚、黑龙江地区面向俄罗斯和东北亚区域。沿边自贸试验区的边境片区重点推进跨境产业合作和跨境区域合作,例如广西自贸试验区崇左片区打造跨境产业合作示范区,云南自贸区德宏片区重点发展跨境产能合作并打造沿边开放先行区和中缅经济走廊的门户枢纽。

第二,以既有产业基础和特点为依据,各地自贸试验区设定其差异化的重点发展产业和发展目标。与改革开放初期所设立的特殊经济区有所不同,自贸试验区的区块多与当地特殊经济区的一部分相重合。这些区块已形成了一定的产业基础和能力优势,这些区块所在区域也已成相对完整的产业链和产业集群,而改革开放初期所设立的许多经济技术开放区大多数未形成产业基础。因此,各地在探索自贸试验区的发展定位和重点发展产业时充分考虑了当地产业基础和特点。各地自贸试验区基本上将原来保税区纳入部分片区(见表7-2),一些自贸试验区还被纳入经济开发区或新区的部分地块。这种区域布局有利于充分发挥原来开放平台已有优势,以实现制度叠加效应,扩大制度先行先试效果。典型如浙江自贸试验区舟山各片区重点发展保税燃料油供应、存储以及石化基地,旨在建设国际大宗商品贸易自由化先导区;浙江自贸试验区义乌片区重点发展商品贸易和内陆物流,以打造世界"小商品之都",建设国际小商品自由贸易中心和内陆国际物流枢纽港;河南自贸试验区郑州片区重点发展智能终端、高端装备制造等先进制造业,打造多式联运国际性物流中心,而河南自贸试验区开封和洛阳片区则基于其历史文化优势,特别重点发展文创产业、文化贸易和文化展示等现代服务业,类似的情况如重庆、广西和北京自贸区也都如此,有其重点发展产业和旨在达成的发展目标。表7-2为若干自贸试验区各片区重点发展产业和目标定位情况。

表 7-2 若干自贸试验区重点发展产业和目标定位

名 称		保税区	重点发展产业	目 标
1. 浙江自贸试验区	舟山离岛片区	含舟山港综合保税区区块二	重点建设国际一流的绿色石化基地,发展油品等大宗商品储存、中转、贸易产业,海洋锚地重点发展保税燃料油供应服务	建设成为东部地区重要海上开放门户示范区、国际大宗商品贸易自由化先导区和具有国际影响力的资源配置基地;对接国际标准初步建成自由贸易港区先行区
	舟山岛北部片区	含舟山港综合保税区区块一	重点发展油品等大宗商品贸易、保税燃料油供应、石油石化产业配套装备保税物流、仓储、制造等产业	
	舟山岛南部片区	—	重点发展大宗商品交易、航空制造、零部件物流、研发设计及相关配套产业,建设舟山航空产业园,着力发展水产品贸易、海洋旅游、海水利用、现代商贸等产业	
浙江自贸试验区(扩展区域)	宁波片区	含宁波梅山综合保税区、宁波北仑港综合保税区、宁波保税区	国际航运、新材料科创、智能制造等	建设链接内外、多式联运、辐射力强、成链集群的国际航运枢纽,打造具有国际影响力的油气资源配置中心、国际供应链创新中心、全球新材料科创中心、智能制造高质量发展示范区
	杭州片区	含杭州综合保税区	人工智能、金融科技、跨境电商和数字经济	打造全国领先的新一代人工智能创新发展试验区、国家金融科技创新发展试验区和全球一流的跨境电商示范中心,建设数字经济高质量发展示范区
	金义片区	含义乌综合保税区、金义综合保税区	商品贸易、内陆物流等	打造世界"小商品之都",建设国际小商品自由贸易中心、数字贸易创新中心、内陆国际物流枢纽港、制造创新示范地和"一带一路"开放合作重要平台
2. 河南自贸试验区	郑州片区	含河南郑州出口加工A区、河南保税物流中心	重点发展智能终端、高端装备及汽车制造、生物医药等先进制造业以及现代物流、国际商贸、跨境电商、现代金融服务、服务外包、创意设计、商务会展、动漫游戏等现代服务业	在促进交通物流融合发展和投资贸易便利化方面推进体制机制创新,打造多式联运国际性物流中心,发挥服务"一带一路"建设的现代综合交通枢纽作用
	开封片区	—	重点发展服务外包、医疗旅游、创意设计、文化传媒、文化金融、艺术品交易、现代物流等服务业,提升装备制造、农副产品加工国际合作及贸易能力	构建国际文化贸易和人文旅游合作平台,打造服务贸易创新发展区和文创产业对外开放先行区,促进国际文化旅游融合发展
	洛阳片区	—	重点发展装备制造、机器人、新材料等高端制造业以及研发设计、电子商务、服务外包、国际文化旅游、文化创意、文化贸易、文化展示等现代服务业	提升装备制造业转型升级能力和国际产能合作能力,打造国际智能制造合作示范区,推进华夏历史文明传承创新区建设

续表

名　称	保税区	重点发展产业	目　标
3. 重庆自贸试验区　两江片区	含重庆两路寸滩保税港区	重点发展高端装备、电子核心部件、云计算、生物医药等新兴产业及总部贸易、服务贸易、电子商务、展示交易、仓储分拨、专业服务、融资租赁、研发设计等现代服务业	打造高端产业与高端要素集聚区,推进金融业开放创新,加快实施创新驱动发展战略,增强物流、技术、资本、人才等要素资源的集聚辐射能力
西永片区	含重庆西永综合保税区、重庆铁路保税物流中心(B型)	重点发展电子信息、智能装备等制造业及保税物流中转分拨等生产性服务业,优化加工贸易发展模式	打造加工贸易转型升级示范区
果园港片区	—	重点发展国际中转、集拼分拨等服务业,探索先进制造业创新发展	打造多式联运物流转运中心
4. 广西自贸试验区　南宁片区	含南宁综合保税区	重点发展现代金融、智慧物流、数字经济、文化传媒等现代服务业,大力发展新兴制造产业	打造面向东盟的金融开放门户核心区和国际陆海贸易新通道重要节点
钦州港片区	含钦州保税港区	重点发展港航物流、国际贸易、绿色化工、新能源汽车关键零部件、电子信息、生物医药等产业	打造国际陆海贸易新通道门户港和向海经济集聚区
崇左片区	含凭祥综合保税区	重点发展跨境贸易、跨境物流、跨境金融、跨境旅游和跨境劳务合作	打造跨境产业合作示范区,构建国际陆海贸易新通道陆路门户
5. 北京自贸试验区　科技创新片区	—	新一代信息技术、生物与健康、科技服务等	打造数字经济试验区、全球创业投资中心、科技体制改革先行示范区
国际商务服务片区	含北京天竺综合保税区	数字贸易、文化贸易、商务会展、医疗健康、国际寄递物流、跨境金融等	打造临空经济创新引领示范区
高端产业片区	—	商务服务、国际金融、文化创意、生物技术和大健康等	建设科技成果转换承载地、战略性新兴产业集聚区和国际高端功能机构集聚区

• 数据来源:相关自贸试验区总体方案。

第二节　自贸区(港)吸引外资概况和优势

对于自由贸易试验区利用外资统计数据情况,目前全国只有商务部公布的总体数据以及各省零星公布的数据。除海南省因全岛纳入自贸试验港范围而持续发布外资利用数据外,全国没有定期对外公开统一发布各地自贸试验区利用外资数据,各地零星发布的统计数据主要是基于各省口径的自贸试验区利用外资数据,而地方口径与商务部口径有相当程度差异。加上各地自贸试验区设立时间不同,自贸试验区经济基础和产业特点差异大,因此各地自贸试验区利用外资情况横向比较的可比性有限。为此,本部分仅就自贸试验区(港)外资利用基本概况及特点予以总结,并分析自贸试验区对外资具有特别吸引力的主要原因。

一、吸引外资概况

从已有信息看,自贸试验区是全国及其所在省市吸引外资的重要区域,在各地自贸试验区设立之初,其外资利用金额增幅明显,且随着自贸试验区的不断扩展和改革深化,各地越来越强调其产业发展和产业导向。

(一)自贸试验区是全国和所在省市吸引外资的重要高地

从全国看,自贸试验区是全国吸引外资的重要高地。根据商务部数据,2020 年,前 18 家自贸试验区(不包括 2020 年设立的自贸试验区)实际使用外资 1 763.8 亿元,实现进出口总额 4.7 万亿元,以不到全国 0.4% 的面积,实现了占全国 17.6% 的外商投资和 14.7% 的进出口,为稳外贸稳外资发挥了重要作用。[1] 2021 年,21 家自贸试验区在全国外资外贸中仍占据重要地位,根据商务部数据,21 家自贸试验区实际使用外资 2 130 亿元,实现进出口总额 6.8 万亿元,同比分别增长 19% 和 29.5%。21 个自贸试验区国土面积占全国不到 0.4%,实现了占全国 18.5% 的外商投资和 17.3% 的进出口。[2]

在各省市,自贸试验区也是当地吸引外资外贸的重要区块。以上海自贸试验区为例,2020 年,上海自贸区外商直接投资实际到位资金共84.38 亿美元,占全市实际利用外资达到 41.8%,自贸试验区利用外资金额比 2019 年增长 10.5%,高于全上海 6.2% 的外资利用金额增长率。[3]

---

① 《商务部召开"十三五"时期自贸试验区建设情况专题新闻发布会》,发布日期:2021 年 2 月 3 日。中华人民共和国中央人民政府网站,http://www.gov.cn/xinwen/2021-02/03/content_5584642.htm,访问日期:2022 年 2 月 20 日。

② 《商务部:去年 21 家自贸区实际使用外资 2 130 亿元》,中国网,发布日期:2022 年 1 月 25 日,http://news.china.com.cn/2022-01/25/content_78009843.html,访问日期:2022 年 2 月 20 日。

③ 上海市统计局:《2020 年上海市国民经济和社会发展统计公报》,发布日期:2021 年 3 月 19 日,中华人民共和国中央人民政府网站,http://tjj.sh.gov.cn/tjgb/20210317/234a1637a3974c3db0cc47a37a3c324f.html,访问日期:2022 年 2 月 20 日。

类似的,云南自贸试验区面积仅占全省面积的 0.03%,而其 2020 年实际利用外资 3.69 亿美元,同比增长 5.5 倍,占云南省实际利用外资的 46%;①湖北自贸试验区 2020 年实际利用外资 15.8 亿美元,②以全省0.065%的面积,贡献了全省同期 29.7%的进出口额、15.3%的实际利用外资。③

这里值得一提的是,各省公布自贸试验区实际利用外资数据是基于省统计口径,和商务部公布的实际利用外资数据有较大差距,且省口径和商务部口径之间的差距因省而异。例如湖北省 2020 年省口径的外资利用和商务部外资利用数据差距较大,根据湖北省口径,2020 年湖北省实际利用外资金额 103.52 亿美元,而根据商务部口径,湖北省 2020 年实际利用外资金额 16.8 亿美元。④ 因此,由于经济基础和产业特点的差别,以及统计数据口径的差别,各省之间自贸试验区外资利用金额并不具有可比性。但从各省市自贸试验区利用外资金额在该省市的集中度来看,各地方自贸试验区显然是其所在省市吸引外资的重要区块。

(二) 部分自贸试验区外商投资增量增长明显

从全国总体看,自贸试验区利用外资增速一般高于全国增速。2021 年全国实际使用外资金额 11 493.6 亿元人民币,同比增长 14.9%(折合 1 734.8 亿美元,同比增长 20.2%;不含银行、证券、保险领域),⑤而 21 个自贸试验区实际使用外资 2 130 亿元,同比增长 19%,⑥高于全国利用外资增速。从各地方看,部分地方自贸试验区外资利用增速更为明显,特别是原来利用外资基数相对较低的自贸试验区。例如自贸试验区设立次年,浙江自贸试验区舟山片区实际利用外资增长 206%,湖北自贸试验区实际利用外资增长 187 倍。⑦另外以海南省为例,海南省 2018 年 10 月设自贸试验

① 《"沿边跨境"制度创新促开放——中国(云南)自由贸易试验区彰显发展活力》,发布日期:2021 年 9 月 27 日;云南投资促进网, https://invest. yn. gov. cn/ZWArticleInfo. aspx? id = 19675,访问日期:2022 年 2 月 20 日.
② 该数据为湖北省省统计口径下的实际利用外资金额.
③ 《省自贸办解读:〈支持中国(湖北)自由贸易试验区深化改革创新若干措施〉》,发布日期:2021 年 2 月 8 日,湖北省人民政府网站, http://www. hubei. gov. cn/xxgk/hbzcjd/qtzcjd/202102/t20210208_3341847. shtml,访问日期:2022 年 2 月 20 日.
④ 《2020 年全年湖北商务运行快报》,发布日期:2021 年 1 月 26 日,湖北省商务厅网站, http://swt. hubei. gov. cn/zfxxgk/fdzdgknr/tjxx/2020/202101/t20210126_3310616. shtml,访问日期:2022 年 2 月 20 日.
⑤ 《商务部召开例行新闻发布会(2022 年 1 月 13 日)》,中华人民共和国商务部网站, http://www. mofcom. gov. cn/xwfbh/20220113. shtml,访问日期:2022 年 2 月 20 日.
⑥ 《商务部:去年 21 家自贸区实际使用外资 2 130 亿元》,中国网,发布日期:2022 年 1 月 25 日, http://news. china. com. cn/2022-01/25/content_78009843. html,访问日期:2022 年 2 月 20 日.
⑦ 谭秀洪、周罡:《全国自贸试验区建设阶段性特征》,《中国外资》2022 年第 7 期.

区,2018 年海南省实际利用外资 8.19 亿美元,2019 年增至 15.2 亿美元。2020 年在全球疫情背景下,海南省实际利用外资仍逆势增长,增长近一倍,达到 30.33 亿美元,在海南省投资的国家和地区共 80 个。自 2020 年 6 月《海南自由贸易港建设总体方案》发布以来,海南成为境内外投资热土。2021 年 1—6 月,海南实际利用外资 9.6 亿美元,同比增长 6.2 倍,其中现代服务业实际利用外资 8.6 亿美元,占外资利用总量接近 90%。2021 年上半年海南省新设外商投资企业 979 家,比 2019 年同期增长 5 倍,同比增长 384.65%,2021 年上半年新设外资企业数量接近 2020 年全年(2020 年海南省新设外商投资企业 1 005 家),共有 89 个国家和地区在海南省新设外商投资企业,其中美国、加拿大、新加坡,以及中国香港地区、中国台湾地区新设外资企业数量位居前五名[①]。

(三) 各地自贸区引资的产业导向更加明确

自贸试验区设立之初,其制度创新更倾向于一般性制度措施创新,如在货物贸易、跨境资金便利化以及商事登记制度等进行改革。随着全国分批陆续设立自贸试验区,差异化制度探索更加迫切,而各地自贸试验区基于各具特点的产业基础和产业发展导向,越来越倾向于推进具有产业导向的政策制度创新,这也使得各地自贸试验区在招商引资方面更具产业导向性,且目前产业导向性的差异化制度探索已初现成就。典型如海南自贸港集中推进医疗健康领域制度创新以发展医药健康行业,例如海南陆续推出特许医疗器械和特许药品进口、干细胞研究、真实世界数据应用试点等制度,推进海南自贸港博鳌乐城国际医疗旅行区建设以吸引医疗机构和医学院校入驻,这些制度措施成为海南自贸港吸引跨国药企入驻或与自贸港内重要机构达成合作的重要因素。在医疗健康领域,海南已引进英国阿斯利康、德国默克、GE 医疗、香港华氏医药等著名跨国企业。[②] 类似地,浙江自贸区舟山片区一开始就定位为发展以油品为核心的大宗商品业务,以打造国际大宗商品贸易自由化先导区和具有国际影响力的资源配置基地,2020 年国务院还发布油气全产业链开放发展的政策文件,提出 26 项相关政策措施,首次

① 《上半年海南实际使用外资同比增长 623.61%,增速居全国第一》,海南省人民政府网站,发布日期:2021 年 7 月 26 日,http://202.100.246.250/hainan/5309/202107/77a4155800fb495a8947c31a773a08bb.shtml,访问日期:2022 年 2 月 20 日。

② 《2020 年全省利用外资情况及近三年利用外资情况回顾》,发布日期:2021 年 1 月 27 日,海南省商务厅网站,https://dofcom.hainan.gov.cn/dofcom/zwdt/202101/7270d91f18084f4ea2ecc86aefdbbae4.shtml,访问日期:2022 年 2 月 20 日。

从特色产业链全链条开放发展角度支持自贸试验区制度创新。[1] 上海自贸区临港新片区则基于新片区总体方案和战略规划,推动发展构建"4＋2＋X"前沿产业体系,其中,"4"指集成电路、人工智能、生物医药和航空航天产业等享受所得税优惠的四大核心前沿产业,"2"指智能新能源产业集群和高端装备制造产业集群,"X"指若干新型特色产业,包括数字经济引领的新一代信息技术产业、循环价值引领的绿色再制造产业和氢能产业、智能机器人产业等。[2]

二、吸引外资主要优势

国内自贸试验区成为全国和各省市吸引外资的重要区域有其特定原因,一方面如上所述,自贸试验区试点区块的选择就是具有对外开放优势的特殊经济区域,包括保税区或特殊经济区;另一方面原因则是自贸试验区持续推进的制度改革和创新,其中包括外资准入方面率先试点负面清单制度,其他领域包括贸易、跨境金融、商事登记制度以及其他监管制度系统推进改革,再加上自贸试验区叠加了其他开放平台的特殊制度,地方政府也集中资源推进建设等。

(一)率先推进外资准入负面清单管理措施

上海第一个自贸试验区于 2013 年 9 月设立之时,国家就明确要"率先建立符合国际化和法治化要求的跨境投资和贸易规则体系",并"力争经过两至三年的改革试验,建设成为具有国际水准的投资贸易便利、货币兑换自由、监管高效便捷、法制环境规范的自由贸易试验区"。对接高标准国际规则一直是国内自贸试验区建设的重要目标。在外资管理领域,最直接相关的是外资准入负面清单管理制度。自贸试验区在开始试点之时就实施外资准入负面清单管理制度,2013—2017 年全国仅在自贸试验区试点外资准入管理负面清单,2018 年开始在全国推行外商投资负面清单管理制度,同时继续实施自贸试验区版外资准入负面清单,但全国版和自贸试验区版外资准入负面清单的差异性非常小。目前除全国版和自贸试验区版两份外资准

---

[1] 《国务院关于支持中国(浙江)自由贸易试验区油气全产业链开放发展若干措施的批复》(国函〔2020〕32号),发布日期:2020 年 3 月 31 日,http://www.gov.cn/zhengce/content/2020-03/31/content_5497400.htm,访问日期:2022 年 2 月 20 日。

[2] 《中国(上海)自由贸易试验区临港新片区前沿产业发展"十四五"规划》(自贸临管委〔2020〕1067 号),发布日期:2020 年 12 月 23 日,https://www.lingang.gov.cn/html/website/lgxc/index/government/file/1481569727461814274.html,访问日期:2022 年 2 月 20 日。

入负面清单外,另外还实施海南自贸港版外资准入负面清单。

从 2013 年开始推行外商投资准入负面清单管理模式至今,负面清单不断缩减,体现中国对外资持续扩大开放的趋势。国家发展改革委、商务部 2021 年 12 月 27 日对外发布《外商投资准入特别管理措施(负面清单)(2021 年版)》和《自由贸易试验区外商投资准入特别管理措施(负面清单)(2021 年版)》,自 2022 年 1 月 1 日起施行。①2013 年版自贸试验区负面清单共 190 条特别管理措施,而 2021 年版全国和自贸试验区外资准入负面清单分别缩减至 31 条和 27 条,2020 年海南自贸港版外商投资准入负面清单共 27 条。2021 年自贸试验区负面清单修订实现了自贸试验区负面清单制造业条目清零,而全国版负面清单中,制造业尚有 2 条特别管理措施,分别为出版物印刷和中药饮品炮制技术应用和中成药保密处方产品的生产。

(二)自贸区(港)在多领域推进系统性集成制度创新

除外商投资准入直接相关的开放措施外,自贸试验区还多领域推进系统性制度创新,包括贸易监管创新、投资便利化改革、事中事后监管改革、金融开放和制度创新以及其他相关领域制度改革。作为综合性系统性制度创新平台,各地自贸试验区比其他区域对外资更具吸引力。例如在贸易监管方面,自贸试验区持续推进贸易监管便利化和自由化改革,典型如国际贸易单一窗口、文化艺术产品进出境便利化改革、海南率先推进医疗器械和药品进口便利化改革以及海南自贸港率先推进跨境服务负面清单管理制度等;在金融服务方面,自贸试验区持续推进金融服务率先开放以及跨境资金流动自由化和便利化措施,其中跨国公司跨境资金池试点以及自由贸易账户使企业受益明显,目前在上海、广东、天津、海南等自贸试验区已试点自由贸易账户体系,而在其他部分自贸试验区(典型代表为北京自贸区)②推进依托外汇 NRA 账户的跨境资金改革创新;在投资管理方面,自贸试验区积极率先推进商事登记制度改革和投资便利化改革,优化行政审批和管理流程,持续改善投资制度环境,典型如实施“证照分离”制度、投资单一窗口以及设

---

① 《自由贸易试验区外商投资准入特别管理措施(负面清单)(2021 年版)》(中华人民共和国国家发展和改革委员会　中华人民共和国商务部令　2021 年第 48 号令)。
② 《国家外汇管理局北京外汇管理部关于印发〈中国(北京)自由贸易试验区外汇管理改革试点实施细则〉的通知》(汇〔2021〕17 号),发布时间:2021 年 5 月 19 日,https://www.safe.gov.cn/beijing/2021/0519/1569.html,访问日期:2022 年 2 月 20 日。

立招商引资项目库和资源库等措施。2021 年 9 月,国务院发布实施《关于
推进自由贸易试验区贸易投资便利化改革创新的若干措施》(国发〔2021〕
12 号),[①]提出继续在投资开放、银行账户体系、外债便利化、土地供应等方
面推动制度改革。除了投资、贸易、资金的自由化和便利化改革创新外,自
贸试验区还在国际人员往来、人才政策、税收制度以及跨境数据管理等方面
推出系列新的政策。随着企业业务的多元化和复杂化,对制度政策的改革
需求也呈现多样化跨领域的特点,单一领域政策创新已不足以满足企业需
求。因此自贸试验区跨领域综合推进制度创新成为相关企业特别是涉及国
际业务的企业入驻自贸区(港)的重要原因之一。

(三) 自贸区(港)能实现多项开放平台的制度叠加

国内自贸试验区作为新一轮开放升级的率先试点区域,是在原开放基
础上进一步探索开放新路径和新经验,因此自贸试验区多数设在各省市原
开放平台下,在保税区、经济开发区、经济特区或新区等特别经济区的区域
内,同时与新业务试点区块存在重合或叠加,如一些自贸区与跨境电子商务
试点区域重合。保税区、经济开发区、出口加工区等多类型开放平台与自贸
试验区重合的设置,使得自贸试验区能充分发挥和利用不同类型区块的制
度叠加效应,实现不同类型制度创新相互促进的作用,有效提升制度创新和
改革对企业的获得感和受益程度。

多类型开放平台与自贸试验区所在区域密切相关,这更有益于推进自
贸试验区差异化制度创新探索。以黑龙江自贸试验区绥芬河片区为例,该
片区叠加了绥芬河边境经济合作区、黑龙江绥芬河综合保税区、中俄互市贸
易区、公路口岸作业区、铁路口岸作业区、金融服务区、跨境合作区七大功能
区,依托重点开发开放试验区、边境经济合作区、综合保税区、互市贸易区、
跨境经济合作试验区、跨境电子商务综合试验区和境外园区功能叠加,成为
对俄经贸合作的重要通道和平台。

(四) 地方政府集中资源推进自贸区(港)制度创新

全国各地自贸试验区在借鉴和复制其他自贸试验区制度创新的同时,
根据区域特点和产业基础竞相推出各类创新举措,这使得各地自贸试验区
成为地方政府各类政策率先创新和试点的重要试验地。这些地方政府改革

---

① 《关于推进自由贸易试验区贸易投资便利化改革创新的若干措施》(国发〔2021〕12 号),http://www.gov.
cn/zhengce/content/2021-09/03/content_5635110.htm,访问日期:2022 年 2 月 20 日。

措施集中于不需要国家授权的地方事权,主要在公共服务提供如缩短办电时间、土地供给、行政流程优化和创新改革等方面给予更多资源支持。特殊制度的叠加效应再加上地方政府集中资源落实推动创新举措,使得自贸试验区形成一定的"品牌效应"和"示范效应",企业不仅能从当前已有的制度创新政策中获益,还能对自贸区未来新的制度创新形成良性预期,这种心理预期也构成自贸试验区吸引投资的重要因素之一。

第三节　主要挑战和改革建议

经过八年多改革,自贸区(港)已形成系列重要制度创新,绝大部分制度已向全国复制推广,自贸区(港)成为近年我国开放经济新体制建设和推动制度型开放的重要试验基地,但自贸试验区改革仍面临不少挑战,包括在改革目标和定位上存在模糊化的情况、改革措施呈现碎片化、中央授权因缺乏一揽子授权而未体系化、地方政府改革动力不足以及改革效果评估难度高等。本部分在分析这些改革挑战的基础上,相应提出若干方向性改革建议。

一、主要挑战

第一,改革目标上,自贸试验区制度创新过于碎片化,未实现系统集成,这使得改革目标模糊化。随着自贸试验区改革进入第九年,制度创新和改革难度越来越高,与开放经济密切相关的制度改革推进越来越难。在改革进入深水区阶段,国家授权自贸区的新改革事项呈现减少趋势,而各地自贸区为体现其制度创新政绩,将各类地方性制度改革作为其业绩,因此近年许多自贸区新的制度创新集中于地方事权下的制度改革,特别是行政流程或营商环境的优化,例如各类行政事项窗口的集中化和单一窗口改革、企业用电用地行政审批流程优化等。这些事项的制度创新有其必要性,但绝非构成自贸试验区的制度创新亮点,且这类改革并不需要依托于自贸试验区改革平台,在非自贸试验区区域也能予以推进。近年这类改革事项越来越多,这使得企业对自贸试验区的改革期待越来越少,一些地方政府开始选择新的开放平台作为其改革亮点,典型如粤港澳大湾区建设。粤港澳大湾区区域覆盖更广、其相应的跨境业务相关制度创新和改革更具有针对性,而相对应的是,近年自贸试验区在制度改革创新方面的重大突破越来越少。

第二，改革难度上，自贸试验区对接国际高标准投资贸易规则的局限性日益凸显。在设立自贸试验区之初，国内自贸试验区以对标国际高标准投资贸易规则为重要导向之一。自贸试验区基于该导向，持续在投资开放、外商投资准入、贸易监管、金融服务开放等方面推进改革。但随着改革的推进，对于一些对接国际规则的国内制度改革，在自贸试验区特定区域范围内推进试点的局限性越来越突出，典型如竞争中立和国有企业改革制度、补贴制度以及跨境数据流动制度等。这些制度需要更广范围的全局性改革，例如补贴制度的改革和地方之间的财权和利益分配密切相关，局部区域的改革并不现实。一些改革更需要对特定类型企业进行试点，需要虚拟的改革试点范围而非基于特定物理区域的改革范围，典型如试点跨境数据政策。

第三，改革动力上，由于多数自贸试验区制度创新政策在全国快速复制推广，这使得各地方争取国家授权的动力不足。自贸试验区制度创新一开始就注重制度的可复制可推广，一方面自贸试验区创新举措在非自贸试验区可复制推广，另一方面是自贸试验区可复制其他自贸试验区的创新举措。截至 2021 年 7 月，自贸试验区已累计在国家层面推出 278 项制度创新成果；在地方层面，据不完全统计，前 18 个自贸试验区已在本省份内推广了约 1 400 项制度创新成果，[1]许多在自贸试验区率先实施的制度已经形成法律在全国范围实施，典型如 2020 年开始实施的《外商投资法》已将外商投资准入特别管理措施纳入国家法律。这种复制推广做法使得自贸试验区持续为全国制度型开放提供示范和经验，但与此同时，自贸试验区特殊政策很快不再"特殊"，而实际上制度创新的供给能力有限，且许多举措需要获得多个部门联合授权，创新举措来之不易。由于自贸试验区保持其特殊政策的时间有限，各地政府争取国家授权推进改革的动力下降。许多地方政府可能更偏向于通过其他开放平台获取授权试点，以期望其特定区域能享受更长一段时间的特殊政策。

第四，机制上，未形成体系化的"一揽子"授权机制和改革反馈机制。自贸试验区改革事项呈现碎片化，其改革缺乏一揽子授权机制，同时也未形成

---

[1] 《我国自贸试验区已累计在国家层面推出 278 项制度创新成果》，发布时间：2021 年 7 月 6 日，中华人民共和国中央人民政府网站，http://www.gov.cn/xinwen/2021-07/06/content_5622760.htm，访问日期：2022 年 2 月 20 日。

企业诉求和制度供给之间的动态反馈机制,这种机制的缺乏使得自贸试验区制度创新的持续性和体系性备受挑战。一方面,自贸区改革从上到下的授权缺乏体系化和"一揽子"化的制度安排,这不适应改革深水区阶段。在改革开放初期,我国许多法律法规制度尚未建立,这使得当时地方政府能"大胆闯、大胆试",而当前改革进入深水区,各领域已形成相应法律法规体系,一些政策开放措施的真正落地需要突破既有的法律法规障碍,这使许多改革要停止适用多项法律法规或隐形的政策障碍。在未给予"一揽子"授权的情况下,"大胆闯、大胆试"的政策试点使得地方政府面临相当大的法律风险。另一方面,自贸区改革缺乏从下至上的正式反馈渠道和机制。自贸试验区改革是动态推进的,制度创新要持续推进,因此制度供给需要正式的制度化的渠道和来源,而目前企业对政策的诉求表达尚缺乏更体系化系统化的渠道和机制安排,主要依赖于各部门分散的渠道,这使得政策诉求零散化,进一步导致试点政策偏向碎片化。

第五,自贸区(港)改革效果评估相对困难,包括改革措施对经济指标的影响、自贸区内外政策联动和辐射效应大小等方面的评估困难。自贸试验区以制度创新为重点,许多制度很快在其他区域复制推广,这使得许多制度创新对自贸试验区内的各类经济指标的影响可能是有限的,包括引进外资的指标。在国内产业链已形成区域集聚的背景下,企业倾向于根据区域产业状况做出投资决策,这种布局是长期性的,因此企业较少因自贸试验区短期的特殊政策而改变其投资布局决策。

二、改革建议

根据商务部"十四五利用外资规划",我国在"十四五"期间将继续完善自由贸易试验区布局,推动自贸试验区高质量发展,并继续助力海南自贸港发展。基于上述分析的自贸试验区所面临的挑战,就改革目标、动力、机制以及效果评估提出方向性建议。

第一,改革目标上,建议自贸试验区以对外开放相关制度创新作为核心,结合当地产业发展基础推进系统性改革。对外开放相关制度创新涉及贸易、人员、投资和资金跨境流动的自由化和便利化,其落地实施需要其他配套监管政策,但不应"反客为主",将与国际业务无关的措施作为自贸试验区的主要业绩。另外,产业发展或产业链发展是当地政府推进改革的动力,制度创新应与当地产业发展紧密相结合。

第二,改革动力机制方面,建议中央政府根据类型和区域特点,对不同类型自贸试验区进行差异化一揽子授权,并适当缩小可复制可推广范围和程度,以增加各地方自贸试验区进行差异化制度创新的动力。例如赋予边境型、内陆型、沿海型自贸试验区不同一揽子授权,且允许相当程度的不可复制性或复制推广范围的有限性,以增加地方政府改革的积极性,同时促进差异化改革探索。

第三,建立自贸试验区动态反馈机制,确保持续的正式的制度创新供给。一方面充分利用外资企业投诉工作机构所获取的信息,[①]改革既有企业面临的不合理的制度障碍;另一方面充分利用招商引资机构或投资促进机构收集来的潜在投资者的政策需求信息,以需求为导向推进制度改革。

第四,以求精求质方式发布不同领域自贸试验区制度改革最佳案例实践,并持续评估制度改革的落地效果。自贸试验区改革具有综合性和多领域特点,且其目标在于制度创新以及制度创新后续对产业的影响以及对其他区域的辐射或联动影响,因此需要以案例方式予以详细评估,并需要持续跟踪评估效果,以全面获取其落地实施效果。

总体而言,自贸区(港)以制度创新为,重点推动我国新一轮改革开放升级,而外商投资金额数量的增加仅是自贸区(港)制度创新中的一项经济效果,关于新行业新业态新模式上的制度开放和试点、加快推进新的国际区域合作以及打造新的国际通道才是自贸区(港)所重点关注的改革效果。经过 8 年多改革试验,自贸试验区取得了相当程度的成效,但也面临体制机制缺陷以及改革动力不足等方面的挑战,在未来的发展中还要进一步进行体制机制创新,推动自贸试验区区域差异化探索和高质量发展。

---

① 当前我国《外商投资企业投诉工作办法》(商务部令 2020 年第 3 号)经 2020 年 8 月 18 日商务部第 29 次部务会议审议通过,自 2020 年 10 月 1 日起施行,各地也已相应发布地方外商投资企业投资工作办法落实该政策。

第八章
中国吸收外商直接投资——开发区篇

本章从开发区角度分析了中国吸收外商直接投资的情况。第一节围绕开发区的概念、特性和发展阶段进行了分析。第二节从分区域角度对东部、中部和西部国家级开发区的利用外资情况进行了分析,数据来源主要是历年《中国商务年鉴》。跨区域开发区吸收外资情况的比较研究发现,与东部沿海地区相比,中西部国家级经开区发展相对落后,实行差异化的区域吸收外资政策很有必要。第三节根据商务部的国家级经开区综合发展水平考核评价结果重点分析了中国国家级经济开发区的综合发展水平,总体而言国家级经济开发区呈现总量扩大、结构优化、效益和质量提升、开放带动作用增强的良好发展态势。

第一节　经济开发区的内涵

国家级开发区具有明显的相对独立自主的特征,它是我国吸收外商直接投资的重要的空间载体。本节围绕开发区的概念、特性和发展阶段进行了阐述。

一、经济技术开发区概念及类型界定

经济技术开发区(简称"经开区"或"开发区")一般是指一个国家或地区,为了引进外来资源、兴办工业项目,从而在当地划定的特定经济发展区域。我国经开区始建于 1984 年,最早在沿海开放城市设立,是以发展知识密集型和技术密集型工业为主的特定区域;后来在全国范围内设立,实行经济特区的某些较为特殊的优惠政策和措施。从发展模式看,增加 GDP 总量是其直接目标,以引进外资拉动经济为主,产业以制造加工业为主。经开区的主要建设任务是:引进、吸收先进技术和现代管理经验;扩大出口贸易,增加外汇收入,积累建设资金;及时掌握和传播经济技术信息;开发国内紧缺产品,满足全国生产建设需要;培养各方面人才,以适应进一步对外开放工作的需要。

经开区设立之初形式较为单一,随着经济社会的不断发展,外来投资增多,经开区形成了数量繁多、种类丰富、覆盖面广的开放格局,可以从功能定位、行政隶属和空间区位等经开区发展现状与特点角度划分经开区的类型。一是根据开发区不同的发展优势,依照功能属性和发展方向,从更加宽泛广义的角度,划分为以下几类:

第一,经济技术开发区。参照"经济特区"模式建立,以发展技术和知识密集型产业为主,是中国构建开放型城市的重要战略举措和内容。最先设立于东部发达的沿海城市,以提升区域经济总量,彰显增长极效应。这一类开发区往往具有地理位置优越、环境优美及功能配套完善等突出特色。1984年首批建立14个经济技术开发区,至20世纪90年代,经济技术开发区建设步入黄金期。国务院先后批准设立219家国家级经济开发区。此类典型代表地区为苏州工业园区等。

第二,高新技术开发区。此类开发区是以开放和知识密集的环境为载体,依靠科技优势和经济实力,以市场为导向,持续引入新技术,着力培育发展各种高新技术产业,注入新生发展动力,推动高科技成果向商品和产业转化,技术更新突飞猛进。国务院累计批准设立168家高新技术产业开发区,江苏省高新技术产业开发区最多,共有17家。此类典型代表地区有中关村科技园等。

第三,海关特殊监管区。此类开发区是指由海关封闭监管的经国家批准设立的特殊地域。包含保税区、出口加工区、跨境工业园区等六种模式。截至2018年底,现有海关特殊监管区142个。自1990年我国设立上海外高桥保税区以来,综合保税区数量已超过30家。出口加工区是保税区和工业园区的结合体,从2000年4月批准建立,至今共发展了4批。

2019年全国人大通过的《外商投资法》提出,国家级经开区是重要的对外开放平台、吸收外资平台。此次《关于推进国家级经济技术开发区创新提升打造改革开放新高地的意见》明确指出,充分发挥国家级经开区的对外开放平台作用,坚定不移深化改革,持续优化投资环境,激发对外经济活力,打造体制机制新优势。具体包括,支持国家级经开区提高引资质量,重点引进跨国公司地区总部、研发、财务、采购、销售、物流、结算等功能性机构;地方人民政府可依法、合规在外商投资项目前期准备等方面给予支持等。对外开放的过程中,国家级经开区是外资的重要聚集地。据统计,2018年国家级经开区实际使用外资和外商投资企业再投资金额513亿美元,占到了全国的 20％左右,实际使用外资占全国外商直接投资金额比重已达 43％。2019 年初,特斯拉超级工厂在上海临港产业区正式开工,预计投资规模达到 500 亿元。5 月,国际化工巨头巴斯夫宣布在广东湛江经开区推进新型一体化生产基地建设,预计总投资额高达 100 亿美元。

二、开发区的自主性

国家级开发区具有明显的相对独立自主的特征。国家设立经济技术开发区之时,就赋予其创新的管理体制,管理相对独立自主。国家赋予开发区管理部口省级项目审批权,对《外商投资产业指导目录》中鼓励类、允许类总投资 3 亿美元,以及限制类总投资 5 000 万美元以下的外资企业拥有审批和管理权;可根据区域特点,自主编制、规划和执行经济发展规划,制定适合自身发展的鼓励类项目目录。开发区的管理部口拥有市级经济管理权限,可以在国家法律、政策允许的范围内,行使市级的行政事务、经济事务和社会事务管理权,包括但不限于土地管理、规划建设、财政收支、统计、审计等。中央垂直管理的海关、检验检疫、工商、税务等驻区单位,一般也被赋予了较高的行政级别,拥有较高的自主管理权和审批权。公、检、法机构健全。各类金融机构、中介机构、要素市场一应俱全。开发区的相对独立性,使其能够实行一条龙办公,所有事项一站式办结,极大提高了行政效能。开发区财政、核算相对独立自主。在开发区创办之初,因其选址基本上位于城市郊区,经济基础和基础设施较差,国家除在政策上给予一定数额开发贷款之外,还给与了一定期限内财政收入全额留用的政策。对开发区而言,自我滚动发展的模式与其财政自主性是紧密相连的:出资打造良好的投资环境,制定优惠政策吸引、选择优秀的投资者,通过税收流程分享区内企业经营成果,合理确定开发建设融资数额和条件,科学编制财政收支,管理国有资产,在国家规定的收费项目、标准范围内决定收费项目减免等。与企业法人相同,开发区的管理部具有独立的法人资格,以自己的名义与投资者签订投资合同,可独立享有民事权利,可独立承担民事义务,可独立承担法律责任。

三、开发区的经济性

国家级经济技术开发区的经济性是与生俱来的。在开发建设过程中,开发区始终是一个独立的经济主体,实现经济总量快速增长、收支平衡是开发区自身发展的客观需要,同时,开发区带动周边区域发展的国家战略功能定位,也决定了中央政府和地方政府对其考核的首要目标必定是经济性指标。其一,开发区有自己的产品或服务来满足社会需要,并从中获得经济效益和社会效益。自然资源、人力资源、市场资源,以及土地、市场发展空间,都是开发区的资源;基础设施配套服务、生产配套服务、信息技术服务、创业辅助服务等,是开发区提供的延伸服务。其二,开发区管理部口为了完善其投资软硬件换件,承担了基本建设、教育事业、卫生医疗、社会治安等各项行政管理费用支出,这就必须有相应的财政收入做支撑。开发区如果没有财政收入的长期增长,就无法满足开发建设、有效管理社会和经济事务的需要,持续发展难以实现。从理论上讲,开发区财政收入最低要满足其各类开发建设融资贷款的利息支付,这也是造成开发区显著经济性目标的内在压力。否则,将最终在区域经济竞争中失败。其三,开发区具有完整高效的财政收支体系,追求在一定投入条件下,取得最大程度的经济效益和社会效益。与企业相类比,其税收净得留成部分、土地收入、投资性收入、行政司法费用等相当于营业收入,税收中上交中央、省市部分相当于所得税缴纳,基础设施建设费用、公共服务费用等相当于成本支出。其四,开发区有促进区域经济增长的内在动力,但从动力的形成缘由看,这些动力一方面来自地方政府的事业,另一方面来自应对上级政府考核。政府官员也是"经济人",要做出一番事业,在群众中赢得较好的口碑,因而会在发展经济长期增长动力上下功夫;为了完成上级的考核,或者取得较好的政绩,享受到经济发展带来的红利,开发区在制定政策时,也往往会注重经济短期增长速度。

四、开发区的发展阶段及政策梳理

国家级开发区作为改革试验田和开放排头兵,一直享有国家的各种政策优惠。政策鼓励开发区转型升级,创新发展,发展定位为成为带动地区经济发展和实施区域发展战略的重要载体。

表 8-1　开发区转型升级主要相关政策

时　间	文件名称	核心要点
2014 年 11 月	国务院办公厅关于促进国家级经济开发区转型升级创新发展的若干意见	明确了新时期国家级经开区的发展定位、主要任务和政策措施,对各地区、各有关部门进一步促进国家级经开区转型升级、创新发展工作做了全面部署
2015 年 3 月	中共中央国务院关于深化体制机制改革加快实施创新驱动发展战略的若干意见	意见明确了实施创新驱动发展的"四个坚持"和一个目标:坚持需求导向、人才为先、遵循规律、全面创新。到 2020 年,基本形成适应创新驱动发展要求的制度环境和政策法律体系,为进入创新型国家提供有力保障

续表

时　间	文件名称	核心要点
2016 年 4 月	关于完善国家级经济技术开发区考核制度促进创新驱动发展的指导意见	继续把国家级经开区建设成为带动地区经济发展和实施区域发展战略的重要载体，通过对国家级经开区进行考核评价，加大政策支持力度，提高政策精准度
2017 年 2 月	国务院关于促进开发区改革和创新发展的若干意见	明确了当前和今后一段时间开发区发展的总体要求，指出要加强各类开发区规划指导、创新发展，发挥开发引领和带动作用，推动产业升级
2019 年 5 月	国务院关于推进国家级经济技术开发区创新提升打造改革开放新高地的意见	着力推进国家级经开区开放创新、科技创新、制度创新，拓展利用外资方式，优化外商投资导向，赋予更大改革自主权，提升对外合作水平，打造改革开放新高地
2020 年 3 月	科技部印发《关于推进国家技术创新中心建设的总体方案（暂行）》的通知	到 2025 年，布局建设若干国家技术创新中心，突破制约我国产业安全的关键技术瓶颈，培育壮大一批具有核心创新能力的一流企业，形成若干具有广泛辐射带动作用的区域创新高地
2020 年 7 月	国务院关于促进国家高新技术产业开发区高质量发展的若干意见	到 2025 年，攻克一批支撑产业和区域发展的关键核心技术，涌现一批具有国际竞争力的创新型企业和产业集群，建成若干具有世界影响力的高科技园区和一批创新型特色园区

• 资料来源：作者搜集、整理、制作。

表 8-2　经济开发区的发展阶段

时　间	发展阶段	发展模式	发展特点
1980—1992 年	初创期	单一园区	开发区基本无产业基础，无产业集群，无企业创新，只是一种基于未来产业组带的设想
1992—2001 年	兴盛期	单一园区	开发区实现了战略调整，开始从东部地区向中西部地区转移；产业以建设发展为主，招商引资为辅；以第二产业为主，第三产业为辅；以单一产业为主，以多元产业为辅
2001—2013 年	稳定发展期	一区多园	一些国家级开发区成为综合改革以及创新发展试验区，在管理体制、投融资、社会管理、循环经济等更宽领域和更深层次开展综合体制改革的先行先试
2013—2017 年	转型升级期	一区多园	该阶段开发区基本上都会专门开辟一个产业园区，结合自身的优势要素专门发展一到两个战略性新兴产业
2017 年至今	体制改革、转型升级和创新驱动发展期	一区多园，园中园	体制改革为先，涉及管理体制、管理效能、考核制度等各方面，体制改革、创新升级和创新驱动三轮驱动。整合小型开发区，强调品牌建设。由要素驱动到创新驱动

• 资料来源：作者搜集、整理、制作。

第二节　国家级经开区利用外资情况

　　本节从分区域角度对东部、中部和西部国家级开发区的利用外资情况进行了分析，数据来源主要是《中国商务年鉴》。跨区域开发区吸收外资情况的比较研究发现，与东部沿海地区相比，中西部国家级经开区发展相对落后，实行差异化的区域吸收外资政策很有必要。

一、国家级经开区利用外资总体情况

开发区作为区域产业发展集中区,国家赋予开发区更多投资管理权限和优惠政策。《国务院关于推进国家级经济技术开发区创新提升打造改革开放新高地的意见》(国发〔2019〕11 号)赋予国家级经开区更大改革自主权,支持国家级经开区积极提升对外贸易质量,充分发挥外经贸发展专项资金作用。根据商务部发布 2020 年国家级经开区综合发展水平考核评价结果,2019 年 218 家国家级经开区实现实际使用外资和外商投资企业再投资547.6 亿美元,同比增长 3.7%,占全国利用外资比重为 22%,为稳外资稳外贸发挥了重要支撑作用。改革开放以来,经济技术开发区作为中国经济发展的试验田和先导力量,引领着地方经济的转型和增长。

1984 年 5 月 4 日,中共中央、国务院转批《沿海部分城市座谈会纪要》,决定开放沿海 14 个港口城市,并在有条件的地方兴建经济技术开发区,我国的开发区建设之路由此全面展开。经济技术开发区作为各类开发区中的先驱力量,是中国最早在沿海开放城市设立的以发展知识密集型和技术密集型工业为主的特定区域。改革开放以来,开发区作为中国经济发展的试验田和先导力量,在加速区域发展,推动产业升级以及完善城市功能等方面对中国经济作出重要贡献。在取得辉煌成绩的同时,经开区建设亦面临一些困境。转型背景下,中国经济增长开始主要依赖第三产业带动,以制造业集聚为核心的经开区发展优势逐渐退却,难以如建设之初以及快速增长时期那样作为经济增长极带动地方经济的发展。中国开发区年鉴数据显示,2010 年以来,经开区增加值增速快速下滑,并于 2015 年开始低于全国平均增速,面临转型升级以重新适应国家经济走向的压力。

2021 年 6 月,国家级经开区实现了近年来罕见的大规模扩容,河北张家口经济开发区、江苏无锡惠山经济开发区、浙江头门港经济开发区、安徽合肥蜀山经济开发区、山东滕州经济开发区、湖北枣阳经济开发区、湖北汉川经济开发区、湖南永州经济技术开发区、湖南邵阳经济开发区、广东揭东经济开发区、广西北海工业园区、四川成都青白江经济开发区、四川雅安经济开发区 13 家省级开发区成功升级为国家级经开区。随着"新鲜血液"的加入,国家级经开区数量达到了 230 家,为中国高质量开放发展夯实了基础。

2020 年,全国 217 家国家级经开区地区生产总值约 11.6 万亿元,同比增长 6.4%,增幅高于同期全国平均水平(2.3%)4.1 个百分点,占同期国内生产总值比重为 11.5%。其中第二产业增加值 7 万亿元,同比增长 3.9%,占同期全国第二产业增加值比重为 18.3%;第三产业增加值 4.5 万亿元,同比增长 10.9%,占同期全国第三产业增加值比重为 8%。217 家国家级经开区财政收入 2.1 万亿元,同比增长 2.8%,占全国财政收入比重为 11.7%。税收收入 1.9 万亿元,同比增长 2.3%,占全国税收收入比重为 12.4%。217 家国家级经开区实际使用外资和外商投资企业再投资金额 611 亿美元,同比增长 17.5%,占全国利用外资比重为 23.1%;进出口总额 6.7 万亿元(其中,出口 3.9 万亿元,进口 2.8 万亿元),同比增长 4.8%,占全国进出口总额比重为 20.8%。

二、各地区国家级经开区利用外资总体情况

(一)东部地区国家级经开区利用外资情况

东部地区 107 家国家级经开区地区生产总值约 7.4 万亿元,同比增长 6.3%,其中第二产业增加值 4.3 万亿元,第三产业增加值 3 万亿元,同比分别增长 3.1%和 11.3%;财政收入 1.5 万亿元,税收收入 1.3 万亿元,同比分别增长 2.6%和 1.4%;进出口总额 5.7 万亿元(其中,出口 3.3 万亿元,进口 2.4 万亿元),同比增长 3.2%;实际使用外资和外商投资企业再投资 359 亿美元,同比增长 14.8%。

表 8-3　2015—2019 年东部国家级经开区外资利用情况　　　　　　　　(%)

年　份	同比增长率
2015	−10.87
2016	−11.94
2017	10.7
2018	2.14
2019	12.32

• 数据来源:《中国商务年鉴》编辑委员会编,历年《中国商务年鉴》,中国对外经济贸易出版社出版。

(二)中部地区国家级经开区利用外资情况

中部地区 63 家国家级经开区地区生产总值 2.7 万亿元,同比增长 6.7%,其中第二产业增加值 1.8 万亿元,第三产业增加值 8 629 亿元,同比分别增长 6%和 10.1%;财政收入 3 762 亿元,税收收入 3 371 亿元,同比分别增长

1.8%和2.8%;进出口总额7 200亿元(其中,出口4 206亿元,进口2 994亿元),同比增长12.3%;实际使用外资和外商投资企业再投资191亿美元,同比增长25.1%。

表8-4　中部地区经开区外资利用情况　　　　　　　　　　　　(%)

年　份	同比增长率
2015	5.79
2016	1.70
2017	19.21
2018	9.31
2019	1.75

• 数据来源:《中国商务年鉴》编辑委员会编,历年《中国商务年鉴》,中国对外经济贸易出版社出版。

(三)西部地区国家级经开区利用外资情况

西部地区47家国家级经开区地区生产总值约1.6万亿元,同比增长6.2%,其中第二产业增加值1万亿元,第三产业增加值5 394亿元,同比分别增长3.9%和10%;财政收入2 459亿元,税收收入2 318亿元,同比分别增长5.7%和7%;进出口总额2 616亿元(其中,出口1 540亿元,进口1 076亿元),同比增长22.8%;实际使用外资和外商投资企业再投资61亿美元,同比增长11.9%。

表8-5　西部地区经开区外资利用情况　　　　　　　　　　　　(%)

年　份	同比增长率
2015	63.91
2016	−34.95
2017	17.49
2018	15.93
2019	7.25

• 数据来源:《中国商务年鉴》编辑委员会编,历年《中国商务年鉴》,中国对外经济贸易出版社出版。

第三节　国家级经开区综合发展水平和吸收利用外资水平分析

本节根据商务部的国家级经开区综合发展水平考核评价结果重点分析了中国国家级经开区的综合发展水平,总体而言国家级经开区呈现总量扩大、结构优化、效益和质量提升、开放带动作用增强的良好发展态势。

一、中国国家级经开区的综合发展水平分析

从 2020 年国家级经开区综合发展水平考核评价结果看,两百多家国家级经开区总体上呈现总量扩大、结构优化、效益和质量提升、开放带动作用增强的良好发展态势。主要有发展规模稳定增长、开放平台作用突出、科技创新实力增强、示范带动效果明显等特点。其中,科技创新实力增强体现在:截至 2019 年末,国家级经开区拥有高新技术企业 3.1 万家,较上年末增长 39%;拥有国家级孵化器和众创空间 478 家,增长 6.2%;每万人发明专利拥有量为 94 件,是全国平均水平的 7.1 倍。北京经开区、江宁经开区等大力打造科技创新平台,高新技术企业分别达到 1 144 家和 675 家。表 8-6 为2020 年国家级经开区综合实力榜单,列出了综合实力排名前三十的经开区。

表 8-6　2020 年国家级经开区综合实力榜单

序号	经开区	省份(市)
1	苏州工业园区	江苏
2	广州经济技术开发区	广东
3	天津经济技术开发区	天津
4	北京经济技术开发区	北京
5	昆山经济技术开发区	江苏
6	江宁经济技术开发区	江苏
7	青岛经济技术开发区	山东
8	烟台经济技术开发区	山东
9	南京经济技术开发区	江苏
10	杭州经济技术开发区	浙江
11	合肥经济技术开发区	安徽
12	广州南沙经济技术开发区	广东
13	芜湖经济技术开发区	安徽
14	武汉经济技术开发区	湖北
15	西安经济技术开发区	陕西
16	上海漕河泾新兴技术开发区	上海
17	长沙经济技术开发区	湖南
18	成都经济技术开发区	四川
19	沈阳经济技术开发区	辽宁
20	大连经济技术开发区	辽宁

续表

序号	经开区	省份(市)
21	宁波经济技术开发区	浙江
22	上海金桥经济技术开发区	上海
23	哈尔滨经济技术开发区	黑龙江
24	徐州经济技术开发区	江苏
25	长春经济技术开发区	吉林
26	郑州经济技术开发区	河南
27	北辰经济技术开发区	天津
28	连云港经济技术开发区	江苏
29	南通经济技术开发区	江苏
30	镇江经济技术开发区	江苏

• 数据来源:《中国商务年鉴》编辑委员会编,历年《中国商务年鉴》,中国对外经济贸易出版社出版。

二、中国国家级经开区吸收利用外资水平分析

根据考核评价结果,2020 年国家级经开区进出口总额前 10 家依次为:苏州工业园区、昆山经济技术开发区、广州经济技术开发区、天津经济技术开发区、广州南沙经济技术开发区、青岛经济技术开发区、烟台经济技术开发区、苏州浒墅关经济技术开发区、大连经济技术开发区、北京经济技术开发区。这 10 家国家级经开区进出口总额 2.5 万亿元,与上年持平,占两百多家国家级经开区进出口总额的 39.3%。表 8-7 则是 2020 年国家级经开区吸收利用外资前十名的开发区。

表 8-7　2020 年国家级经开区吸收利用外资前十名

序号	经开区	省份(市)
1	天津经济技术开发区	天津
2	广州经济技术开发区	广东
3	武汉经济技术开发区	湖北
4	广州南沙经济技术开发区	广东
5	苏州工业园区	江苏
6	哈尔滨经济技术开发区	黑龙江
7	南京经济技术开发区	江苏
8	南昌经济技术开发区	江西
9	萧山经济技术开发区	浙江
10	成都经济技术开发区	四川

• 数据来源:《中国商务年鉴》编辑委员会编,历年《中国商务年鉴》,中国对外经济贸易出版社出版。

　　商务部发布 2020 年国家级经开区综合发展水平考核评价结果。两百多家国家级经开区总体上呈现总量扩大、结构优化、效益和质量提升、开放带动作用增强的良好发展态势。主要有以下特点：

　　一是发展规模稳定增长。2019 年,两百多家国家级经开区实现地区生产总值 10.5 万亿元,较上年增长 10.3%,增速高于全国平均增速 4.2 个百分点,占国内生产总值比重 10.6%。其中,苏州工业园区、广州经开区、天津经开区、青岛经开区四家国家级经开区地区生产总值超过 2 000 亿元。

　　二是开放平台作用突出。2019 年,两百多家国家级经开区实现进出口总额 6.4 万亿元,同比增长 4%,高于全国平均增速 0.6 个百分点,占全国进出口总额比重为 20.2%;实际使用外资和外商投资企业再投资 547.6 亿美元,同比增长 3.7%,占全国利用外资比重为 22%,为稳外贸、稳外资发挥了重要支撑作用。

　　三是科技创新实力增强。截至 2019 年末,国家级经开区拥有高新技术企业 3.1 万家,较上年末增长 39%;拥有国家级孵化器和众创空间 478 家,增长 6.2%;每万人发明专利拥有量为 94 件,是全国平均水平的 7.1 倍。北京经济开发区、江宁经济开发区等大力打造科技创新平台,高新技术企业分别达到 1 144 家和 675 家。

　　四是示范带动效果明显。2019 年,两百多家国家级经开区地区生产总值占所在地级市比重为 14.1%,较上年提高 0.8 个百分点;税收收入占所在地级市比重为 15.7%,较上年提高 1.5 个百分点。2019 年,两百多家国家级经开区单位工业增加值能耗、水耗均低于全国平均水平,主要污染物排放较上年大幅下降。截至 2019 年末,两百多家国家级经开区参与共建园区 76 个,昆山经济开发区、烟台经济开发区、南京经济开发区、杭州经济开发区等对口援疆、援藏、援助边境合作区 134 个。

第九章
中国吸收外商直接投资——"一带一路"篇

"一带一路"倡议是中国扩大对外开放的重要抓手,自从 2013 年倡议提出以来,中国就积极与沿线国家在投资、贸易、基础设施等多项经济领域开展互动。近年来"一带一路"沿线国家来华投资的新设企业数量也出现快速增长。中国通过创造更好的投资环境,更大力度吸引外资,持续提升利用外资水平。

第一节 "一带一路"沿线国家在 中国直接投资的发展趋势

2021 年"一带一路"沿线国家对华实际投资表现出较快增长,同比增长率高于 2021 年全国吸收外资增速,这表明"一带一路"沿线地区在我国吸收外资的来源地中占比日益提升,对国内经济增长拉动作用也趋于增强。值得注意的是,当前"一带一路"沿线地区对华投资的来源地集中度非常高、投资来源地较为单一,未来有较大提升改善空间。

一、2013—2020 年"一带一路"沿线国家在华投资规模变化趋势

自 2013 年"一带一路"倡议提出以来,沿线国家与中国的经贸往来日益加深。从对华投资来看,根据商务部发布的《中国外资统计公报》数据,2013—2020 年,"一带一路"沿线国家在中国新设企业数量约为 2.66 万家、直接投资总规模达到 580.5 亿美元,占同期外资在华新设企业总数与投资总规模的比重分别为 9.6％和 5.3％。其中,"一带一路"沿线国家在华新设企业数量的提升趋势更为明显,从 2013 年的 7.3％增长至 2019 年的 13.6％;在华实际投资金额则相对稳定,2013 年以来"一带一路"沿线国家投资金额占所有来源地比重表现为先降低后回升的趋势,2019 年后都稳定在 80 亿美元以上,相比 2017 年低谷(略高于 50 亿美元)复苏趋势明显。

2020 年受到新冠肺炎疫情影响,全球外商直接投资活动表现出大幅衰退,①主要原因在于跨国企业投资信心不足,已开工国际项目也进展缓慢。在这一背景下,"一带一路"沿线大多数是发展中经济体,防疫与治理手段有限,经济运行受疫情冲击较大,因此 2020 年在中国的直接投资也出现收缩趋势。从新设项目来看,2020 年"一带一路"沿线国家在华新设企业数量出现下降,从 2019 年的 5 570 家降至 4 254 家(增长率为－23.6％),打破了2014 年以来的新设企业数六连涨趋势,其中,"一带一路"沿线国家占全部外资在华新设企业数量的比重也从 2019 年的 13.6％降至 2020 年的11.0％。从投资规模来看,2020 年"一带一路"沿线国家在中国的投资总金额约为 81.2 亿美元,与上年基本持平,在新冠肺炎疫情的冲击中表现出较强的韧性,其中,"一带一路"沿线国家投资金额占中国吸收外商直接投资总规模的占比则有微小下滑,从 2019 年的 5.7％降至 5.4％。

表 9-1　"一带一路"沿线国家在华投资情况(2013—2020 年)

年度	新设企业数(家)			实际投资金额(亿美元)		
	"一带一路"沿线国家	所有国家(地区)	比重(%)	"一带一路"沿线国家	所有国家(地区)	比重(%)
2013	1 661	22 819	7.3	86.6	1 239.1	7.0
2014	1 808	23 794	7.6	66.0	1 285.0	5.1
2015	2 154	26 584	8.1	82.5	1 355.8	6.1
2016	2 886	27 908	10.3	67.9	1 337.1	5.1
2017	3 827	35 662	10.7	54.3	1 363.2	4.0
2018	4 450	60 560	7.3	60.8	1 383.1	4.4
2019	5 570	40 910	13.6	81.2	1 412.3	5.7
2020	4 254	38 578	11.0	81.2	1 493.4	5.4
总计	26 610	276 815	9.6	580.5	10 869	5.3

• 数据来源:商务部《中国外资统计公报 2021》。

二、2021 年"一带一路"沿线国家投资增长情况

根据国家商务部于 2022 年 1 月发布的最新数据,②2021 年"一带一路"

① 据联合国贸易和发展会议(UNCTAD)统计,全球外商直接投资的流量从 2019 年的 15 302 亿美元降至2020 年的 9 989 亿美元,同比降幅高达 34.7％,远超同期全球经济与贸易活动的衰退幅度。
② 统计口径包含参通过自由港投资数据,详细可参见中国政府网于 2022 年 1 月 13 日发布的新闻报道《商务部通报 2021 年全国吸收外资情况并就在 RCEP 框架下推动外贸企业发展等答问》,转引自商务部网站,http://www.gov.cn/xinwen/2022-01/13/content_5668078.htm,访问日期:2022 年 3 月 9 日。

沿线国家对华实际投资同比增长率为29.4%,高于2021年全国吸收外资增速(14.9%)和东盟对华实际投资增速(29.0%)。从月度分布来看,来源于"一带一路"沿线国家的投资增长主要呈现上半年高下半年低的趋势,在4月达到累计增长率的峰值,[①]而后逐步放缓,到11月时增速达到年度最低(24.7%),而12月时全年累计增长率有所回升(达到29.4%)。值得注意的是,除了1—2月以外,从各个月份的累计值来看,"一带一路"沿线国家对华实际投资增长率均大幅度高于同期全国吸收外资增长率,这表明"一带一路"沿线地区在我国吸收外资的来源地中占比日益提升,对国内经济增长拉动作用也趋于增强。

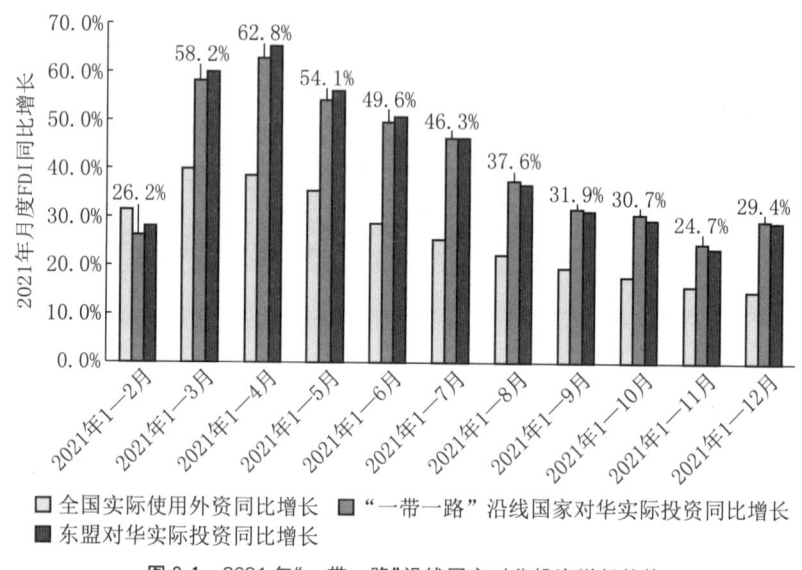

图9-1 2021年"一带一路"沿线国家对华投资增长趋势

• 数据来源:根据商务部网站发布信息汇总,投资计价单位为人民币元。

三、"一带一路"沿线国家对华投资的行业分布

根据商务部历年《中国外资统计公报》发布数据,"一带一路"沿线国家对华投资的行业分布集中度较高,投资额前五位的行业加总金额约占中国吸收全部"一带一路"沿线外资的八成左右,而且在2017—2020年间比重呈

---

① 2021年1—4月份"一带一路"沿线国家对华实际投资累计同比增长率为62.8%,远超同期全国吸收外资增速(38.6%)。

现连续小幅上升趋势,从2017年的78.6%提高至2020年的82.9%。

从具体行业排名来看,2017—2020年间制造业始终位居"一带一路"沿线国家在中国投资的第一位(占全部投资的比重略低于三分之一)。其中,2020年中国制造业吸收"一带一路"沿线外资为22.6亿美元,占比为27.9%,相比2019年小幅回调(制造业投资额为24.2亿美元、占比为29.8%),但是相比2017—2018年投资额仍有明显增长。

2017—2020年"一带一路"沿线国家对华投资的行业分布当中,房地产业与租赁和商务服务业投资额分别位列第二与第三位,其中房地产业的领先年份居多(在2020年、2018年和2017年都位居第二位)。从趋势来看,近两年来房地产业、租赁和商务服务业的投资额以及占全部"一带一路"投资的比重均有提高,其中房地产业投资额从2017年的10.5亿美元提升至2020年的17.8亿美元,占比从2017—2019年的不足20%提高至2020年的21.9%;租赁和商务服务业投资额从2017年的7.4亿美元提升至2020年的14.7亿美元,占比从2017—2018年的略高于13%提升至2019—2020年的18%—23%。

在2018—2020年间,交通运输、仓储和邮政业均位居"一带一路"沿线国家对华投资额第四大行业,批发和零售业则位居第五位。其中交通运输、仓储和邮政业吸收外资额逐年增加(从2018年的5.4亿美元提升至2020年的6.3亿美元),但是占比总体呈下降趋势;批发和零售业吸收外资额增长不明显,占比也有小幅下滑(从2018年的5.2亿美元变为2020年的5.8亿美元,占比从8.6%降至7.1%)。

表9-2 2017—2020年"一带一路"沿线国家在华投资额前五位行业

2020年行业投资额排名(亿美元)				2019年行业投资额排名(亿美元)			
排名	行 业	实际投入外资金额	比重	排名	行 业	实际投入外资金额	比重
1	制造业	22.6	27.9%	1	制造业	24.2	29.8%
2	房地产业	17.8	21.9%	2	租赁和商务服务业	18.2	22.4%
3	租赁和商务服务业	14.7	18.2%	3	房地产业	13.4	16.5%
4	交通运输、仓储和邮政	6.3	7.8%	4	交通运输、仓储和邮政	6.1	7.5%
5	批发和零售业	5.8	7.1%	5	批发和零售业	4.6	5.7%
前五位合计		67.2	82.9%	前五位合计		66.6	81.9%
总计		81.2	100%	总计		81.2	100%

续表

2018 年行业投资额排名(单位:亿美元)				2017 年行业投资额排名(单位:亿美元)			
排名	行　业	实际投入外资金额	比重	排名	行　业	实际投入外资金额	比重
1	制造业	20.1	33.1%	1	制造业	15.3	28.1%
2	房地产业	9.9	16.3%	2	房地产业	10.5	19.4%
3	租赁和商务服务业	8.1	13.3%	3	租赁和商务服务业	7.4	13.6%
4	交通运输、仓储和邮政业	5.4	8.9%	4	批发和零售业	5.0	9.2%
5	批发和零售业	5.2	8.6%	5	信息传输、软件和信息技术服务业	4.5	8.3%
	前五位合计	48.8	80.2%		前五位合计	42.7	78.6%
	总计	60.8	100%		总计	54.3	100%

• 数据来源:根据商务部历年《中国外资统计公报》相关统计汇总。

四、中国吸收"一带一路"沿线国家投资的来源分布情况

当前"一带一路"沿线地区对华投资的来源分布集中度非常高、投资来源地较为单一(主要是新加坡),未来有较大提升改善空间。本报告整理了2013—2020 年间 58 个主要"一带一路"沿线国家的在华投资规模变化趋势,详细数据可参见表 9-3。从组成结构来看,新加坡是最主要的投资来源国,2013—2020 年间新加坡对华投资额占 58 个沿线国家加总规模的比重均在 80%以上,并且比例呈上升趋势。其中,2020 年新加坡对华投资规模约为 76.8 亿美元,占比高达 94.6%。

除新加坡以外,泰国与马来西亚是 2020 年"一带一路"沿线国家中对华投资规模的第二位、第三位,分别约为 1.08 亿美元和 0.78 亿美元(对应占比分别为 1.4%和 1.0%),从规模和占比来看都相比 2013 年有所下降。此外,2020 年对华投资排行前十位的"一带一路"沿线国家还包括马来西亚、斯洛文尼亚、柬埔寨、阿联酋、以色列、菲律宾、印度尼西亚和印度,投资规模在 1 200 万—4 200 万美元之间。

从 2013 年以来对华投资规模的变化趋势来看,新加坡与斯洛文尼亚的增长规模较大,向好趋势明显;而泰国、马来西亚、菲律宾、印度尼西亚对华投资则表现出不同程度的下滑,但是总体规模在"一带一路"沿线国家中仍然突出。

表9-3 部分"一带一路"沿线国家(地区)在华投资情况(2013—2020年) (万美元)

排名	国家(地区)	2013年	2014年	2015年	2016年	2017年	2018年	2019年	2020年
1	新加坡	722 872	582 668	690 407	604 668	476 318	521 021	759 064	768 098
2	泰国	48 305	6 052	4 438	5 615	11 023	4 574	10 580	10 861
3	马来西亚	28 053	15 749	48 048	22 113	10 836	21 162	7 013	7 810
4	斯洛文尼亚	86	6	3	55	37	421	1 160	4 125
5	柬埔寨	2 251	312	1 000	0	1 505	199	5 755	3 761
6	阿联酋	4 381	2 855	3 899	3 933	1 357	2 568	2 141	2 802
7	以色列	1 365	1 342	523	5 008	773	1 131	2 930	2 630
8	菲律宾	6 726	9 707	3 867	7 760	500	4 986	1 383	2 364
9	印度尼西亚	12 623	7 802	10 754	6 399	4 076	3 246	1 242	1 334
10	印度	2 705	5 075	8 080	5 181	15 772	4 754	2 563	1 201
11	俄罗斯	2 208	4 088	1 312	7 343	2 384	5 677	5 402	1 126
12	文莱	13 319	7 094	7 258	6 567	2 573	1 872	701	966
13	东帝汶	—	—	—	—	—	—	—	800
14	罗马尼亚	135	21	0	204	711	272	396	743
15	匈牙利	311	45	317	325	148	131	2 189	695
16	波兰	155	219	8 277	585	289	247	1 286	453
17	叙利亚	248	173	55	105	934	898	65	306
18	越南	0	7	0	0	353	13 883	1 720	275
19	土耳其	4 004	1 272	2 701	3 205	674	87	1 123	234
20	阿曼	0	0	0	6	599	0	0	190
21	也门	90	94	249	251	33	1 536	168	155
22	埃及	209	126	50	269	75	88	10	139
23	捷克	1 099	3 371	1 627	1 148	797	421	167	101
24	沙特阿拉伯	5 851	3 061	27 774	1 345	1 493	8 694	1 170	97
25	伊朗	325	380	246	382	0	10	0	92
26	哈萨克	363	3 655	953	275	561	1 968	1 116	86
27	保加利亚	165	219	14	133	9	66	141	77
28	乌克兰	552	38	50	172	2 707	80	20	61
29	约旦	125	116	5	155	19	394	104	43
30	孟加拉国	27	15	24	7	10	7	71	27
31	乌兹别克斯坦	5	37	0	3	0	0	0	20
32	爱沙尼亚	0	8	7	0	0	0	816	17
33	立陶宛	8	0	22	1 554	2 372	20	0	14
34	巴基斯坦	1 805	2 323	65	65	99	67	3	10
35	白俄罗斯	19	4	0	4	824	1 820	7	7
36	伊拉克	101	16	102	223	182	36	38	7
37	黎巴嫩	199	91	1 114	160	19	167	36	5
38	斯洛伐克	845	360	1 071	66	44	2 877	110	2

排名	国家(地区)	2013 年	2014 年	2015 年	2016 年	2017 年	2018 年	2019 年	2020 年
39	格鲁吉亚	400	0	10	0	0	0	0	1
40	吉尔吉斯	0	5	0	3	12	0	1	1
41	尼泊尔	11	22	0	0	1	15	0	1
42	巴林	0	15	0	0	30	0	0	0
43	卡塔尔	1 771	0	90	0	0	5	0	0
44	阿富汗	558	100	50	35	73	233	0	0
45	波黑	70	0	0	0	0	0	0	0
46	蒙古	207	16	0	0	308	41	79	0
47	科威特	69	694	220	152	1 474	443	742	0
48	拉脱维亚	0	2	0	10	0	4	100	0
49	阿塞拜疆	84	133	8	8	0	40	2	0
50	摩尔多瓦	15	0	0	0	0	3	20	0
51	缅甸	585	585	0	2	170	822	215	0
52	巴勒斯坦	3	70	0	8	73	0	0	0
53	塔吉克斯坦	0	0	0	0	2	0	0	0
54	老挝	0	0	0	0	1 082	51	0	0
55	亚美尼亚	1 012	5	2	0	0	3	28	0
56	斯里兰卡	0	0	3	20	22	0	0	0
57	克罗地亚	21	2	10	37	0	615	0	0
58	土库曼斯坦	19	0	0	0	0	150	0	—
加总(单位:万美元)		866 360	660 050	824 705	685 559	543 353	607 805	811 877	811 737

• 数据说明:数据来源于 wind 数据库、国家统计局《中国统计年鉴》、[①]国家统计局贸易外经统计司《中国贸易外经统计年鉴》等资料汇总。其中,经济体排序主要根据 2020 年对华投资金额从高到低排列,本表尚缺马尔代夫、不丹、阿尔巴尼亚、北马其顿、塞尔维亚、黑山对华投资数据。

五、中国吸收"一带一路"沿线国家对华投资的区域分布情况

在 2020 年对华前十位的"一带一路"沿线国家当中,东南亚国家的数量和规模都最为突出,其次是西亚北非国家。具体来看,前十位中包括 6 个东南亚国家(总投资规模约为 79.4 亿美元)、2 个西亚北非国家(投资规模约为 0.5 亿美元)、1 个中东欧国家(投资规模约为 0.4 亿美元)和 1 个南亚国家(投资规模约为 0.1 亿美元)。

将"一带一路"沿线国家全部对华投资按来源区域加总来看(详细划分标准参见表 9-4 说明),2020 年东南亚地区总投资规模约为 79.6 亿美元、占

---

① 包括国家统计局网站年度数据查询, https://data.stats.gov.cn/easyquery.htm?cn=C01,访问日期:2022 年 3 月 9 日。

比约为 98.1％，这一比重为 2013 年以来最高值，并且自 2016 年以后连续四年上升，"一带一路"沿线国家对华投资的区域集中度进一步提高，东南亚与东盟国家与中国之间经贸往来的重要性日益凸显。在东南亚之外，位于西亚北非、中东欧地区的"一带一路"沿线国家对华投资规模和占比在 2020 年位居第二位、第三位，其中西亚北非地区投资规模约为 0.67 亿美元（占比约 0.83％）、中东欧地区投资金额约为 0.63 亿美元（占比约 0.78％）。与 2013 年相比，2020 年西亚北非地区对华投资规模和占比都下降较快，主要是沙特、土耳其、卡塔尔、阿联酋等国投资下滑导致。2020 年的中东欧则相比 2013 年有小幅提升，但是其对华投资的规模与比重的高点均出现在 2015 年。

表 9-4　"一带一路"沿线国家（地区）按区域划分对华投资情况

区域投资	2013 年	2014 年	2015 年	2016 年	2017 年	2018 年	2019 年	2020 年
东北亚	2 415	4 104	1 312	7 343	2 692	5 718	5 481	1 126
东南亚	834 734	629 976	765 772	653 124	508 436	571 816	787 673	796 269
南亚	4 548	7 435	8 172	5 273	15 904	4 843	2 637	1 239
西亚北非	20 795	10 543	37 098	15 245	7 808	16 333	8 557	6 701
中东欧	3 481	4 295	11 398	4 293	7 938	6 977	6 412	6 295
中亚	387	3 697	953	281	575	2 118	1 117	107
加总	866 360	660 050	824 705	685 559	543 353	607 805	811 877	811 737
区域占比	2013 年	2014 年	2015 年	2016 年	2017 年	2018 年	2019 年	2020 年
东北亚	0.28％	0.62％	0.16％	1.07％	0.50％	0.94％	0.68％	0.14％
东南亚	96.35％	95.44％	92.85％	95.27％	93.57％	94.08％	97.02％	98.09％
南亚	0.52％	1.13％	0.99％	0.77％	2.93％	0.80％	0.32％	0.15％
西亚北非	2.40％	1.60％	4.50％	2.22％	1.44％	2.69％	1.05％	0.83％
中东欧	0.40％	0.65％	1.38％	0.63％	1.46％	1.15％	0.79％	0.78％
中亚	0.04％	0.56％	0.12％	0.04％	0.11％	0.35％	0.14％	0.01％
加总	100％	100％	100％	100％	100％	100％	100％	100％

• 数据说明：表中投资规模单位均为万美元。沿线国家（地区）地理位置划分出自中国"一带一路"网（www. yidaiyilu. gov. cn），共包括 64 个国家（地区），其中东北亚 2 国、[1]东南亚 11 国、[2]南亚 7 国、[3]西亚北非 20 国、[4]中东欧 19 国、[5]中亚 5 国。[6]按区域加总时缺乏马尔代夫、不丹、阿尔巴尼亚、北马其顿、塞尔维亚、黑山对华投资数据。

---

① 蒙古、俄罗斯。
② 新加坡、印度尼西亚、马来西亚、泰国、越南、菲律宾、柬埔寨、缅甸、老挝、文莱、东帝汶。
③ 印度、巴基斯坦、斯里兰卡、孟加拉国、尼泊尔、马尔代夫、不丹。
④ 阿联酋、科威特、土耳其、卡塔尔、阿曼、黎巴嫩、沙特阿拉伯、巴林、以色列、也门、埃及、伊朗、约旦、叙利亚、伊拉克、阿富汗、巴勒斯坦、阿塞拜疆、格鲁吉亚、亚美尼亚。
⑤ 波兰、阿尔巴尼亚、爱沙尼亚、立陶宛、斯洛文尼亚、保加利亚、捷克、匈牙利、北马其顿、塞尔维亚、罗马尼亚、斯洛伐克、克罗地亚、拉脱维亚、波黑、黑山、乌克兰、白俄罗斯、摩尔多瓦。
⑥ 哈萨克斯坦、吉尔吉斯斯坦、土库曼斯坦、塔吉克斯坦、乌兹别克斯坦。

第二节　中国吸收"一带一路"沿线国家投资的增长动力

近年来,中国经济持续向好发展,中欧班列以及其他交通基础设施建设促进贸易便利化水平不断提升,中国对外开放政策稳步推进,这些因素都将有利于拉动"一带一路"沿线国家对华投资的规模和质量增长。

一、中国经济韧性十足,增长预期稳定

进入 21 世纪以来,中国经济持续高速稳定发展,在减贫、工业化等领域的发展成就得到国际机构充分肯定,[①]特别是在 2008 年全球金融危机和 2020 年以来的新冠肺炎全球大流行的冲击下,中国经济表现出十足的韧性,为推动全球经济增长和稳定贸易投资作出巨大贡献。主要国际机构在近期发布的报告中均对中国经济未来增长速度给出了较为乐观的预测,例如世界银行在 2021 年 6 月发布的《全球经济展望》("Global Economic Prospects")中估测中国 2022 年增长率为 5.4%,国际货币基金组织(IMF)在 2021 年 10 月发布的《世界经济展望》("World Economic Outlook")对应预测值为 5.6%,均远高于同期全球平均增长率以及新兴与发展中经济体平均增速。[②]

中国与"一带一路"沿线国家的经贸往来频繁,投资贸易规模较大,因此未来中国经济保持平稳且中高速增长能够有效带动周边国家的外贸、就业与产业持续发展,而"一带一路"沿线国家以新兴经济体与发展中国家为主,发展潜力巨大,其经济能够实现增长复苏向好也将带动对华投资上升与进出口增长。通过来华投资,"一带一路"沿线国家的企业可以进入中国广阔的市场、分享经济增长红利、获得长期稳定收益率,同时提升跨国企业生产效率、完善产业链结构,最终形成双赢的正向循环。

二、"一带一路"基础设施建设创造更便利的交通运输条件

自 2013 年"一带一路"倡议提出以来,中国与沿线国家积极合作推进基础设施建设(包括铁路、公路、港口、隧道、运河和桥梁等相关项目),增强彼

---

① 例如中国提前完成联合国千年发展目标中提出的 2015 年前实现的多项目标,参见 2015 年中国外交部与联合国驻华系统联合发布的《中国实施千年发展目标报告》。
② 世界银行预计 2022 年全球平均经济增长率以及新兴市场与发展中国家的平均经济增长率分别为 4.3% 和 4.7%,IMF 预测值分别为 4.9% 和 5.1%。

此互联互通,这也带动"一带一路"沿线经济体之间经贸往来日益频繁,贸易和投资规模快速增长。根据世界银行 2019 年发布的报告[①]估算,"一带一路"走廊沿线国家面临基础设施服务不足等问题,导致贸易低于潜力 30%,外国直接投资低于潜力 70%;通过"一带一路"相关交通项目[②]可以大幅降低交通运输时间和贸易成本(预计走廊沿线经济体与世界其他地区的贸易总成本将平均降低 2.8%、与其他走廊经济体贸易成本将减少 3.5%),这将带来沿线经济体的贸易增加 2.8%—9.7%(世界贸易增幅 1.7%—6.2%)、全球实际收入增加 0.7%—2.9%,促使沿线国家人口实现减贫与福利提升。

从国内来看,中国积极推动中欧班列的建设,从 2011 年从中国重庆开出了第一班到达德国杜伊斯堡的"渝新欧"班列开始,通过铁路运输将中国内陆地区与亚欧大陆相连接,相比传统的空运与水运提供了另外一种速度与价格都较为居中的选项,[③]更适合有中高附加值的产业需求。当前中欧班列已经在国内迅速发展,兰州、成都、重庆、西安、郑州、武汉、长沙、合肥等城市都是重要运输节点,尤其在近两年新冠肺炎疫情冲击下,全球物流受阻、海运价格飞涨,中欧班列运量再创新高、突破万列,[④]在保障中国与"一带一路"沿线国家的医疗物资与货物贸易往来中起到了重要作用。在规模效应的推动下,未来中欧班列运输成本仍有下浮空间,可以预计其国际竞争力将持续增强。在中欧班列之外,中国还在持续加大空运与海运建设,如西部陆海新通道建设可以大幅降低内陆地区与东盟等国家的海运耗费时间,与中欧班列联运后更是直接连通"一带"与"一路"经济走廊。未来中国日趋便利的交通运输条件将吸引"一带一路"沿线国家持续加大对华投资规模,创造更好生产与贸易环境。

三、中国各级政府积极推进"一带一路"建设,对外开放步伐加快

近年来中国不断加快对外开放的范围与深度,构建国内国际双循环,通过相关立法与行政改革,持续完善开放型经济新体制。从国际投资角度来

---

① 世界银行:《一带一路经济学:交通走廊的机遇与风险》,世界银行 2019 年版。
② 世界银行估计 70 个"一带一路"沿线经济体(中国除外)的交通基础设施总投资规模约为 1 440 亿美元,占全部"一带一路"倡议投资规模(5 750 亿美元)的比重约为 25%。
③ 据马斌(2018)的测算,中欧班列相比海运大幅降低了运时(约为海运时间的 1/3),相比空运则降低了价格(运费大约是航空价格的 1/5)。因此适合附加值高、运量又较大的产品,如笔记本电脑等。
④ 据中国一带一路网统计,2013 年中欧班列全年共开行 80 列,2020 年已经达到 12 406 列,https://www.yidaiyilu.gov.cn/numlistpc.htm,访问日期:2022 年 3 月 9 日。

看,在鼓励国内投资走出去的同时,中国政府同样高度重视吸引外资,强调推动两者协调发展,并且在多项重要规划①中提出更大力度吸引外资,持续提升利用外资水平。中国政府更是通过 2020 年起实施的《外商投资法》、历年外资准入负面清单的持续缩减等举措,积极扩大外商投资准入范围、提升营商环境,做好外商投资的服务工作。

其中,"一带一路"建设是中国各地方政府落地相关促开放、提升国际双向投资的重要政策抓手,近年来相关的规划促进方案纷纷出台,特别是中西部内陆地区打造内陆开放高地的积极性较高,如河南于 2019 年发布的《关于以"一带一路"建设为统领加快构建内陆开放高地的意见》、②宁夏于 2021 年发布的《自治区推进"一带一路"和内陆开放型经济试验区建设"十四五"规划》、③重庆于 2021 年发布的《重庆市全面融入共建"一带一路"加快建设内陆开放高地"十四五"规划(2021—2025 年)》④等。中国地方政府结合自身特色设立了各级合作平台(以及配套政策),力求朝着共建"一带一路"、提升引进外资的规模与质量等目标迈进,为"一带一路"沿线国家企业来华投资创造了更便利的条件。

较为典型的成功案例有 2015 年启动的"中新(重庆)战略性互联互通示范项目",这是中国和新加坡第三个政府间合作项目(落地于重庆),两国已经合作建立西部陆海新通道金融服务平台,⑤切实服务经贸往来,并促使重庆与新加坡在交通运输、信息通信等领域开展持续密切合作。据重庆市中新示范项目管理局发布的数据,⑥截至 2021 年底,中新互联互通项目累计

---

① 如《中华人民共和国国民经济和社会发展第十四个五年规划和 2035 年远景目标纲要》(2021 年 3 月 13 日发布,https://www.gov.cn/xinwen/2021-03/13/content_5592681.htm)、《关于 2020 年国民经济和社会发展计划执行情况与 2021 年国民经济和社会发展计划草案的报告》(2021 年 3 月 13 日发布,https://www.gov.cn/xinwen/2021-03/13/content_5592786.htm,访问日期:2022 年 3 月 9 日)等规划文件,详细可参见中国政府网,访问日期:2022 年 3 月 9 日。

② 参见陕西"一带一路"网于 2019 年 6 月转引自《河南日报》的意见全文,http://snydyl.shaanxi.gov.cn/article/34309.html,访问日期:2022 年 3 月 9 日。

③ 参见宁夏回族自治区人民政府网站于 2021 年 9 月发布的文件全文,http://www.nx.gov.cn/zwgk/qzfwj/202109/t20210924_3044941.html,访问日期:2022 年 3 月 9 日。

④ 参见重庆市人民政府网站于 2021 年 10 月发布的规划全文,http://www.cq.gov.cn/zwgk/zfxxgkzl/fdzdgknr/ghxx/zxgh/202110/t20211013_9801241.html,访问日期:2022 年 3 月 9 日。

⑤ 参见新华网于 2021 年 11 月 25 日的相关新闻报告《中新互联互通项目:"一带一路"高质量发展的成功案例》,http://cq.news.cn/2021-11/25/c_1128097576.htm,访问日期:2022 年 3 月 9 日。

⑥ 参见重庆市中新示范项目管理局网站于 2021 年 12 月 8 日发布的新闻《新冠肺炎疫情下新加坡企业在渝投资热度不减 37 个项目 41.66 亿美元投资落户重庆》,http://cci.cq.gov.cn/zwxx/xmdt/202112/t20211208_10100607_wap.html,访问日期:2022 年 3 月 9 日。

签约商业合作类项目 147 个、总金额 246 亿美元;跨境融资类项目 192 个,总金额约 171.6 亿美元,涉及城市发展、金融、物流、通信等多个产业。重庆市政府在 2021 年 10 月发布了该项目在 2021—2025 年的总体发展规划,[①]力争到 2025 年重庆和新加坡在贸易、投资、跨境资金流动等领域初步实现来往自由便利,未来进一步吸引国内周边省市和东南亚地区伙伴参与合作。重庆市渝中区也在 2022 年工作报告[②]中提出"联动提升自贸区、中新合作项目等开放平台能级,打造国际企业、机构、商会协会来渝投资第一站、首选地、大本营",希望通过平台打造吸引来更多更高质量的外商投资。

第三节　中国吸收"一带一路"沿线国家投资的增长风险点

2020 年以来,受国际局势新变化的影响,"一带一路"沿线国家对华持续扩大投资也面临风险与挑战,主要包括"一带一路"沿线经济体间复苏分化、中欧班列发展瓶颈、地缘政治等非经济影响因素加剧等,值得中国与"一带一路"沿线国家持续关注与积极应对。

一、"一带一路"沿线国家经济复苏分化

从国际机构对主要"一带一路"沿线国家的经济增长预测来看,以新兴经济体和发展中经济体为主的"一带一路"沿线国家经济总体充满活力,但是短期内受疫情冲击、自身经济发展水平、产业结构、政府宏观调控能力等多重因素影响,各国之间经济增长趋势分化严重,部分国家需要更长时间才能走出新冠疫情冲击、恢复至疫情前增长路径,这将直接影响各国企业经营方向以及对华投资的决策。部分对华投资来源地经济复苏乏力或将影响 2022—2023 年中国利用"一带一路"沿线国家外资的规模增长速度。

在东盟国家当中,新加坡与马来西亚迅速从负增长中恢复,其中新加坡 2020 年增长率为－5.3%,IMF 预计到 2021 年可以恢复至 6.0%,到 2022

---

① 参见重庆市人民政府网站于 2021 年 10 月转引自重庆日报全媒体的报道《〈中新(重庆)战略性互联互通示范项目总体发展规划(2021—2025 年)〉正式发布》,http://www.cq.gov.cn/zwgk/zfxxgkml/zcjd_120614/mtsj/202110/t20211013_9801480.html,访问日期:2022 年 3 月 9 日。

② 参见重庆市渝中区人民政府网站发布的《重庆市渝中区人民政府工作报告(2022 年)》对应名词解释,访问 http://www.cqyz.gov.cn/zwgk_229/zfgzbg/gzbg/202201/t20220126_10343293.html?HIJI2M＝9K1KXR,访问日期:2022 年 3 月 9 日。

年的3.2%已经基本在2018—2019年疫情前水平(1.3%—3.5%),从长期来看,IMF预计新加坡的经济增长率到2026年将持续放缓至2.5%;马来西亚增长趋势类似。[①] 东盟国家当中的越南与柬埔寨、菲律宾等国则需要更长时间从2020年新冠肺炎的冲击中恢复过来,[②]但是长期来看仍然能有较好表现,其中IMF预计越南在2021年、2022年、2026年增速分别为3.8%、6.6%、6.9%,柬埔寨对应年份增速预计为1.9%、5.7%、6.6%,两国2021—2022年增速明显低于疫情前2018—2019年水平,到2026年的长期值则基本观察不到疫情的冲击。

此外,IMF认为俄罗斯在2026年增长率预测值为1.6%,即在较长时期内都将处于低增速。印度增速最为突出,IMF对印度短期与长期经济增速的预期都高于同期对中国预测值,如印度在短期2021—2022年的增长率位于8.5%—9.5%,[③]已经恢复至疫情前水平,而从更长期来看增速将逐步下降至2026年的6.1%。

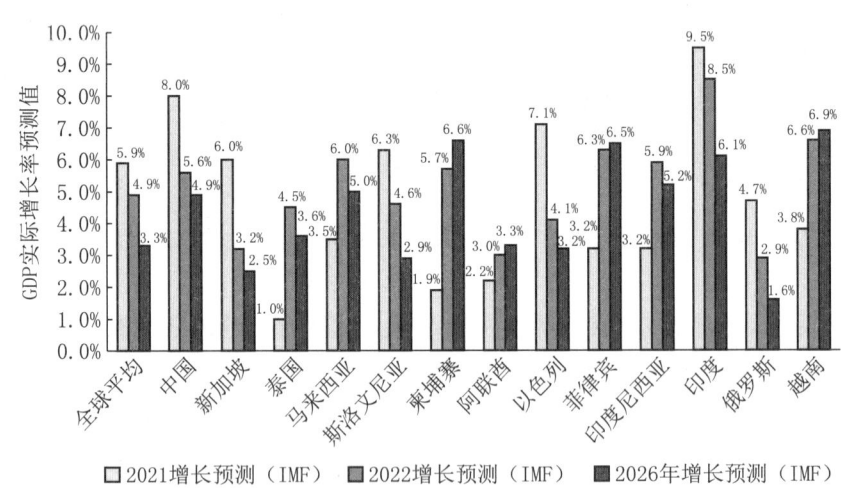

图9-2 部分"一带一路"沿线国家经济增长预测(2021—2026年)

• 数据来源:IMF《世界经济展望》("World Economic Outlook")报告(2021年10月发布),图中按照各国2020年对华投资规模排序。

---

① 马来西亚2020年增长率为-5.6%,2021年恢复至3.5%,到2022年反弹至6.0%,已经基本在2018—2019年疫情前水平(4.4%—4.8%),从长期来看,IMF预计2026年马来西亚的经济增长率将维持在5.0%。

② 其中菲律宾与柬埔寨在2020年都出现了大幅负增长(菲律宾为-9.6%、柬埔寨为-3.1%),远低于其2018—2019年增速(菲律宾6.1%—6.3%、柬埔寨7.1%—7.5%);越南则在2020年维持了小幅正增长(2.9%),但是相比2018—2019年7.2%的增速下滑较大。

③ 其中,2020年印度在新冠肺炎疫情的冲击下经历了大幅经济负增长(-7.3%)。

二、中欧班列扩张存在能力瓶颈

中欧班列是促进中国与"一带一路"沿线国家间互联互通的重要抓手，自开行以来路线与规模不断增长，尤其是在 2020 年新冠疫情以来，中欧班列由于无需人员跨境流动的特点，起到了稳定供应链的重要作用，极大地弥补了海运和空运受限后的运力不足。根据崔艳萍和廖浪(2022)的调研数据，近十年来铁路运量在中国与欧洲之间进出口货运的占比已经从不足 1.5% 增长到 6% 左右，增速较快。

需要注意的是，中欧班列的火热发展背后也面临多项挑战。由于中欧班列途经多国，各国铁路状况、技术标准、过境流程都存在较大差异，因此路线能够长期稳定运行与未来提速增量的规划都面临挑战，例如部分中亚国家以及土耳其、伊朗等国铁路老化、路况较差，难以支持中欧班列在西部通道南通路的常态化运行(崔艳萍和廖浪，2022)；由于轨距不同需要换装、疫情影响作业效率、班列数量持续增加等因素，近年来国内外的部分口岸节点(如波兰马拉舍维奇等)出现了频繁拥堵状态，这也极大影响了中欧班列的时效性(王宁等，2022)。

中欧班列的增长逐渐面临瓶颈，未来推进还需要沿线国家通力协作，持续完善相关铁路基础设施，并且实现通关、边检等流程一体化，不断提升运输效率与规模，这样未来才能够以便利的交通货运方式促进更多"一带一路"沿线国家来华投资。

三、地缘政治等非经济因素风险

近年来，非经济因素对全球投资贸易往来的影响日益加剧，2020 年在全球大流行的新冠肺炎疫情就是一次黑天鹅事件，尽管 2021 年间全球各国政府与 WHO 等国际机构积极应对，通过隔离防疫、限制流动、疫苗接种、特效药研制等多种方式使疫情得以部分控制，但是未来疫情不确定性对全球发展的影响仍然较大，如果短期内疫情持续反复暴发，部分经济外部依赖性较高、对外经贸往来频繁的"一带一路"沿线国家可能受冲击较大，影响对外投资。其次是地缘政治的影响在加剧，比较典型的是美国推动的"印太战略"，意图抹黑中国，通过拉拢印太地区盟友以实现自身战略意图，如组建技术同盟打压中国高科技发展等，加剧地区内的对抗风险、试图恶化"一带一路"倡议发展环境(阎德学和李帅武，2021)。事实上，中国始终坚持和平发展的道路,基于双赢目标与"一带一路"沿线国家展开密切合作,发展与建设的事实才是对"中国威胁论"的最好回击,中国将持续为全球经济发展与联合抗疫作出更大贡献。

第十章
中国营商环境及跨国公司
在华投资现状分析

当今世界正经历百年未有之大变局,在国际经贸领域,在大国间贸易摩擦、全球收入分配不均等以及新冠肺炎疫情等因素冲击下,政治意识形态保守化和贸易保护主义思潮抬头,全球化遭遇挫折。中国近四十年来取得的发展成就,离不开对经济全球化进程的深度融入和参与,同时,中国也为拉动世界经济的发展作出了重要贡献。经济全球化发展虽然面临冲击和调整,但全球化仍代表生产力发展的趋势,中国也将继续深化国际经贸合作,维护多边贸易体制,营造市场化、法制化、国际化的国内营商环境,持续推进贸易投资自由化便利化,以更广阔的国内市场和更自由便利的营商环境持续吸引更多跨国公司在华投资,共享发展红利。

第一节 中国营商环境及近期政策调整

优化营商环境是国家根据新形势新发展新要求审时度势作出的重要决策部署,是激发市场活力、推进政府职能转变的迫切需求,是促进高质量发展、扩大高水平开放的重要举措。我国高度重视深化"放管服"改革、优化营商环境工作,近年来部署出台了一系列有针对性的政策措施,优化营商环境工作成效显著。但同时仍存在一些短板和薄弱环节,如小微企业融资难、融资贵有待缓解,投资贸易便利化有待提升,审批难、审批慢依然存在,产权保护仍需加强,准入不公平和政策不稳定现象仍然突出。尤其是2020年以来,企业困难凸显,亟需以市场主体需求为导向,采取更多改革办法破解企业投资生产经营中的堵点、痛点,打造市场化、法制化和国际化营商环境。

一、营商环境改革的国际国内形势

(一) 国际经贸规则重构

以联合国为核心的全球治理体系和以世界贸易组织为基石的多边贸易体制是我国快速发展赖以实现的国际制度环境。我国是现行全球治理体系的参与者、建设者、贡献者和受益者。近年来,发达经济体与新兴经济体间经济增长趋势分化,发展中国家特别是新兴经济体日益崛起,世界经济中心正在发生不可逆转的变化。新一轮双边或多边贸易安排正在逐步推进,2016 年以来,《全面与进步跨太平洋伙伴关系协定》《日本与欧盟经济伙伴关系协定》《非洲大陆自由贸易区协议》《美国—墨西哥—加拿大协定》以及欧盟与南方共同市场等超大自贸协定陆续签署。在美欧日等发达经济体主导下,全球经济治理体系和国际贸易规则面临深刻调整。美欧日等发达经济体力图推动世界贸易组织变革,质疑我国等新兴经济体的发展中国家地位以及应当享有的特殊和差别待遇,动摇多边贸易体制的根基。这些行动将在很大程度上改变世界贸易规则、标准和格局。全球新一轮国际经贸规则构建过程中凸显全方位覆盖、多元化领域、高质量高标准等特点,不仅将产生贸易转移效应,还将加速我国出口型加工制造海外转移以及加大国内制度法规的调整压力,削弱我国在全球新一轮贸易规则制定中的话语权。《全面与进步跨太平洋伙伴关系协定》作为目前全球最高标准的多边自贸协定,符合现今全球价值链升级转变的要求,对我国制定和实施对外贸易战略具有极大的现实意义。当前,上海正在加快建设国际一流营商环境,需要瞄准国际最高标准和最高水平,形成法治化、国际化、便利化的营商环境和公平、统一、高效的市场环境。国际经贸规则变革给上海推进营商环境评价对标改革提出了新挑战。

(二) 我国经济发展新形势

"十四五"时期是我国由全面建成小康社会向基本实现社会主义现代化迈进的关键时期,要巩固我国经济稳中向好、长期向好的基本趋势,必须把打造市场化法制化国际化一流营商环境摆到突出位置,充分认识国内外复杂形势给优化营商环境带来的巨大压力,全面把握新机遇给优化营商环境注入的强大动力,深入挖掘和激发新时代优化营商环境所蕴藏的无穷潜力。新形势下我国优化营商环境面临以下几方面的新压力或动力:第一,全球产业链供应链价值链加速重构,亟须通过营商环境改革来激发经济发展内生动力,增强内资企业投资与发展的动力,稳定外资企业对华投资信心,以确保我国产业链供应链稳定安全。第二,全球主要经济体营商环境比拼竞争日趋激烈,要增强我国国际竞争新优势必须进一步优化营商环境,通过系列改革举措巩固和提升全球营商环境排名,创造更具吸引力的营商环境。第三,国内经济下行压力加大,稳定市场预期和信心、激发市场主体活力亟须进一步优化营商环境。"十四五"时期是我国跨越常规性和长期性关口的重要时期,只有坚持以市场需求为导向,才能提升市场主体获得感为中心,加大营商环境改革力度来充分激发市场主体创新创业活力,以市场创新动力平衡经济运行面临的困难压力。第四,要想不断增强市场主体获得感、幸福感、安全感,必须继续进一步优化营商环境。尽管世行公布的我国营商环境排名在大幅提升,营商环境国际竞争力持续增强,但在部分重要领域和关键环节仍有一些改革举措需要持续推进,与经济社会发展要求和人民群众期待相比仍有较大差距。例如,部分领域市场准入门槛较高或存在隐性门槛,地方保护主义对本土和外资企业差别对待,有些领域监管执法标准不清晰和不一致,存在多头执法、重复执法和"一刀切"执法,部分现行法规制度与国际通行规则有待进一步衔接,政务服务便利化有待提高等。因此,需要各级政府切实转变观念,以正视问题的自觉和刀刃向内的勇气,不断增强改革的系统性、整体性、协同性,不断深化"放管服"改革,使优化营商环境向纵深推进。

二、近年重要全国性优化营商环境政策措施

(一)概述

2019 年 10 月,李克强总理签署国务院令,公布《优化营商环境条例》,从制度层面为优化营商环境提供更为有力的保障和支撑,推动体制机制完善和加快现代化经济体系建设。2020 年《政府工作报告》在综合研判国内外疫情和经济形势后,对相关经济发展目标做了适当调整,更聚焦于以改革激发市场主体活力,明确提出"持续打造市场化、法治化、国际化营商环境"的目标。中美经贸摩擦叠加疫情全球蔓延给国际贸易带来严重冲击,在全球经济和贸易大幅下降背景下,2020 年 5 月,习近平总书记在中共中央政治局常委会会议上指出,要深化供给侧结构性改革,充分发挥我国超大规模市场优势和内需潜力,构建国内国际双循环相互促进的新发展格局。2020 年 7 月,国务院常务会议按照"六稳""六保"工作要求,提出用改革的办法打

造市场化法治化国际化营商环境,更大激发市场主体活力,并确定持续优化营商环境激发市场主体活力的措施。同年7月,为持续深化"放管服"改革、优化营商环境,更大激发市场活力,增强发展内生动力,《国务院办公厅关于进一步优化营商环境更好服务市场主体的实施意见》明确提出从"提升投资建设便利度、简化企业生产经营审批、优化外贸企业经营环境、降低就业创业门槛、提升涉企服务质量效率、优化营商环境长效机制等六个方面,加快打造市场化法治化国际化营商环境"。2020年9月,李克强总理在全国深化"放管服"改革、优化营商环境电视电话会议上提出,深化"放管服"改革、优化营商环境,是激发市场主体活力和发展动力的关键之举。需要调动好各方面积极性,形成推动改革的工作合力,围绕优化营商环境、增强发展活力、推动"放管服"改革取得新进展。2020年11月,习近平主席在第三届中国国际进口博览会开幕式上的主旨演讲中提出了四点主张:建设开放新高地、推动外贸创新发展、持续优化营商环境,以及深化双边、多边、区域合作。作为全球最大且最具活力的市场之一,中国优化营商环境既关系到招商引资和外贸,又影响到经济发展的活力与质量,事关做大做强国内国际双循环互促发展的市场交集。2021年1月,国家针对《优化营商环境条例》实施情况评估发现的问题,强调要进一步深化"放管服"改革,加大条例落实力度,并提出着力优化营商环境的四大举措,进一步打通落实堵点,提升营商环境法治化水平。2021年3月,全国两会提出从"全面深化改革开放、推进重点领域改革、进一步转变政府职能、降低企业生产经营成本、优化和落实减税政策"等多个方面来深入推进"放管服"改革,构建一流营商环境。2021年7月,中共中央政治局会议提出的以改善营商环境、扩大开放、减税降费等为代表的制度新基建是近年来我国倡导的"新基建"的关键。2021年8月,国务院印发《法治政府建设实施纲要(2021—2025年)》,提出紧紧围绕贯彻新发展理念、构建新发展格局,打造稳定、公平、透明、可预期的法治化营商环境。主要围绕将优化营商环境经验做法适时上升为法规制度、健全外商投资准入前国民待遇加负面清单制度、加强政企沟通、加强和改进反垄断与反不正当竞争执法、强化公平竞争审查制度刚性约束等方面提出系列改革举措。

(二)加强知识产权保护

1. 印发《知识产权强国建设纲要(2021—2035年)》

《知识产权强国建设纲要(2021—2035年)》于2021年9月22日发布,

为我国加快建设知识产权强国作出全面部署。

纲要从建设面向社会主义现代化的知识产权制度、建设支撑国际一流营商环境的知识产权保护体系、建设激励创新发展的知识产权市场运行机制、建设便民利民的知识产权公共服务体系、建设促进知识产权高质量发展的人文社会环境和深度参与全球知识产权治理等六个方面部署了知识产权强国建设的重点任务,提出了加强组织领导、加强条件保障和加强考核评估等三方面组织保障要求。

2. 加强知识产权保护

推进实施《关于强化知识产权保护的意见》,建立知识产权保护中心和快速维权中心达 46 家。2019 年,查处假冒专利违法案件 7 000 余件,商标违法案件 3.2 万件,办理专利侵权纠纷行政裁决案件 3.9 万件,查处各类不正当竞争案件 1 万余件。全国公安机关共立案各类侵犯知识产权和制售伪劣商品犯罪案件 2.4 万起,破案 1.6 万起,各级法院共新收各类知识产权案件 48 万件,审结 47.5 万件,全国检察机关批准逮捕涉及知识产权犯罪案件 4 346 件。

3. 深化知识产权国际合作

签署中欧地理标志保护与合作协定谈判的联合声明,中法地理标志合作方面的议定书等知识产权合作保护协议;稳步推进加入《工业品外观设计海牙协定》准备工作;《视听表演北京条约》批准或加入的国家已达 31 个,于 2020 年 4 月 28 日正式生效,这是首个以中国城市命名的知识产权国际条约。

4. 建立海南国际知识产权交易中心

作为《海南自由贸易港建设总体方案》强调的重点任务之一的海南国际知识产权交易所于 2020 年 8 月 28 日正式开业,交易中心作为试点,着力探索知识产权权属转让、知识产权许可、知识产权生态体系和多链联盟等职能。交易中心希望在知识产权转让、运用等方面进行定向税收优惠和人民币自由汇兑等制度创新,以此方式,助推海南服务贸易的自由化和便利化。

5.《专利法》第四次修订

2020 年 10 月 17 日,十三届全国人大常委会第二十二次会议表决通过关于修改《中华人民共和国专利法》的决定。修正案于 2021 年 6 月 1 日开始施行。这次修正案的内容包括以下方面:一是加强对专利权人合法权益的保护,包括加大对侵犯专利权的赔偿力度,对故意侵权行为规定一到五倍的惩罚性赔偿,将法定赔偿额上限提高到人民币五百万元,完善举证责任,完善专利行政保护,新增诚实信用原则,新增专利权期限补偿制度和药品专利纠纷早期解决程序有关条款等。二是促进专利实施和运用,包括完善职务发明制度,新增专利开放许可制度,加强专利转化服务等。三是完善专利授权制度,包括进一步完善外观设计保护相关制度,增加新颖性宽限期的适用情形,完善专利权评价报告制度等。

（三）加强外商投资企业权益保护程序立法

《外商投资企业投诉工作办法》于 2020 年 8 月 18 日由商务部正式通过,共 5 章,33 条,自 2020 年 10 月 1 日起施行。《投诉办法》是应 2019 年通过的《外商投资法》以及《外商投资法实施条例》中"国家建立外商投资企业投诉工作机制,及时处理外商投资企业或者其投资者反映的问题,协调完善相关政策措施"而制定的,替代了 2006 年 10 月 1 日起施行的《外商投资企业投诉工作暂行办法》。总体而言,《投资办法》对于外商投资企业投诉机制的规定更加详细合理而且更具实践性,有利于发挥投诉机制的作用。与原有的《暂行办法》相比,《投诉办法》主要有以下几点变化:

1. 投诉范围变化

《投诉办法》规定投诉人不仅可以就其合法权益受到行政行为侵害向投诉工作机构申请协调解决,还可以向投诉工作机构申请协调解决政府行为反映投资环境方面存在的问题,建议完善相关措施。考虑到《暂行办法》未对反映情况和提出建议、意见作出限制,可以说《投诉办法》对建议、意见的范围进行了限缩。

而投诉主体范围则从过去的外商投资企业和外国投资者扩大到了外商投资企业依法成立和自愿参加的商会和协会。

2. 投诉工作机构发生调整

除了根据《暂行办法》设立的全国外商投资企业投诉中心和地方各级政府指定的投诉受理部门外,新的《投诉办法》在中央层面新增了"外商投资企业投诉工作部际联席会议制度",该联席会议是由商务部会同国务院有关部门共同建立,主要协调、推动中央层面的外商投资企业投诉工作,指导和监督地方的投诉工作。

与此同时,全国外商投资企业投诉中心受理的范围缩小了,根据《暂行办法》,全国外商投资企业投诉中心负责受理外商投资企业直接投诉至该中心的事项以及跨省市外商投资企业投诉事项和影响重大的外商投资企业投诉事项。新的《投诉办法》规定全国外商投资企业投诉中心负责受理涉及国务院有关部门和省级政府的行政行为以及对国务院有关部门和省级政府的建议和全国范围内或者国际上有重大影响的涉外投诉。

3. 投诉工作规则明晰化

新的《投诉办法》详细规定投诉材料应当包括的内容,投诉材料不齐全的,应当在 7 个工作日内一次性书面通知并给予 15 个工作日的补正宽限期,以及投诉处理期限、对投诉异议的救济方法等程序性事项。《投诉办法》还规定了委托投诉。而原有的《暂行办法》仅简单规定了投诉受理的条件,详细要求的材料都是由各单位自己决定的,没有规定补正期限,也没有规定委托投诉情况。

新的《投诉办法》规定涉及部门多、情况复杂的投诉事项,可以适当延长处理期限。但是,其并未规定经投诉工作机构负责人同意处理期限可延长多少个工作日,这不利于投诉处理效率的提升,可能造成投诉处理的拖延。《投诉办法》规定投诉处理的最长期限为一年。该最长期限太长了,对于根据《行政复议法》,一般情况下,公民、法人或者其他组织认为具体行政行为侵犯其合法权益的,可以自知道该具体行政行为之日起六十日内提出行政复议申请。因此,为与行政法律法规相对应,公民、法人或者其他组织认为具体行政行为侵犯其合法权益的,投诉处理的最长期限应当为六个月。对于外商投资企业或者其投资者的建议和问题反映,最长处理期限可以限定为一年。

新的《投诉办法》与原有的《暂行办法》一样,也规定了投诉工作机构的处理方式和投诉处理终结情形。但是,《投诉办法》新增规定投诉工作机构可以推动投诉人和被投诉人达成谅解(包括达成和解协议),该和解协议对投诉人和被投诉人具有约束力。被投诉人不履行生效和解协议的,将会被依法依规追究责任。投诉工作机构对于被投诉人是没有强制力的。因此,他们不能强制执行和解,而和解协议的运用有利于解决部分被投诉人获得投诉人谅解后不按照约定履行或者拖延履行的问题。

4. 保护投诉人权益

原有的《暂行办法》仅是简单规定投诉工作机构应保守投诉人的商业秘密,新的《投诉办法》则更详细地规定投诉工作机构应当建立健全内部管理制度保护投诉人的商业秘密。而且,不同于《暂行办法》,除保护商业秘密之外,投诉工作机构还需要保护保密商务信息和个人隐私。《投诉办法》还规定了投诉工作机构及其工作人员滥用职权、玩忽职守、徇私舞弊,或者泄露商业秘密、保密商务信息和个人隐私的,依法给予处分;构成犯罪的,依法追究刑事责任。

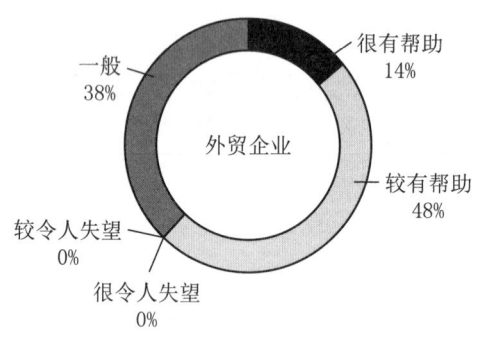

图 10-1　外商企业对商务部《外商投资企业投诉工作办法》的评价

• 数据来源:华南美国商会《2021 年中国营商环境白皮书》,https://www.amcham-southchina.com/amcham/static/publications/whitepaper.jsp,访问日期:2022 年 8 月 29 日。

三、优化营商环境的地方实践——以上海为例

2021 年 9 月 8 日,国务院常务会议决定,在实施好《优化营商环境条例》、推动在全国打造市场化法治化国际化营商环境的同时,选择北京、上海、重庆、杭州、广州、深圳 6 个市场主体数量较多的城市,聚焦市场主体和群众关切,对标国际先进水平,进一步深化"放管服"改革,开展营商环境创新试点。

一是进一步破除区域分割和地方保护,推动建设统一开放、竞争有序的市场体系。取消对企业跨区域经营不合理限制。破除政府采购等领域对外地企业的隐性壁垒。推进 7 类客货运输电子证照跨区域互认与核验。二是进一步方便市场主体准入和退出。在发放实体证照时,同步发放电子营业执照等,便利企业网上办事。精简银行开户程序,压缩开户时间。推进市场监管、社保、税务等年报"多报合一"。探索适应新业态新模式发展的准入准营标准。破产案件受理后,允许破产管理人依法查询有关机构掌握的破产企业信息,在处置被查封财产时无需办理解封手续。三是提升投资和建设便利度。在土地供应前由政府部门开展地质灾害、水土保持等一揽子评估,强化责任。企业拿地后即可开工,不搞重复论证。对水电气暖等市政接入

工程施工许可,实施告知承诺管理和在线并联办理。四是提升对外开放水平。推动与部分重要贸易伙伴口岸间相关单证联网核查。简化中国港澳投资者商事登记手续。支持开展国际航行船舶保税加油业务。五是创新和完善监管。在食品、药品、疫苗、安全等关系人民群众生命健康领域,实行惩罚性赔偿制度。健全遏制乱收费、乱罚款、乱摊派的长效机制。纠正中介机构垄断经营、强制服务等行为,清理取消企业在资质资格获取、招投标、权益保护等方面的差别化待遇,维护公平竞争。六是优化涉企服务。建立因政策变化、规划调整等造成企业合法利益受损的补偿救济机制。完善动产和权利担保统一登记制度。加快打破信息孤岛,扩大部门和地方间系统互联互通和数据共享范围,推动解决市场主体反复多处提交材料问题,促进更多事项网上办、一次办。

2021 年 3 月,上海发布了《上海市加强改革系统集成持续深化国际一流营商环境建设行动方案》,即营商环境改革 4.0 版。方案旨在于前三年改革经验的基础上,继续深化、细化、系统化各领域改革,加强地方事权系统集成并提升企业满意度。根据世界银行公布的《中国优化营商环境的成功经验——改革驱动力与未来改革机遇》专题报告,中国在某些特定指标方面已位居世界前列(如获得电力和执行合同),但是在获得信贷(排在第 80 名)、办理破产(排在第 51 名)、纳税(排在第 105 名)和跨境贸易(排在第 56 名)等领域仍落后于其他经济体。方案针对有待进一步改善的领域,提出了优化营商环境的一系列新目标和深化改革的举措,围绕优化政务环境、提升企业全生命周期管理服务、营造公平竞争市场环境、强化安商稳商企业服务、加强实施保障等 5 个方面提出 31 项任务共 207 条举措,涉及领域更广,覆盖面更大,普惠性和长效性更明显。

在持续优化便捷高效的政务环境方面,通过多项创新举措来提升审批效率。例如,针对部分高频事项实行"无人干预自动审批"、探索建立"窗口事务官"制度、发布实施市区两级企业"高效办成一件事"清单、逐步扩大电子印章在长三角跨省市应用和跨地互认等。在全面提升企业全生命周期管理服务方面,对标世行评价标准并逐步深化改革目标,围绕企业开办和注销、办理建筑许可、办理财产登记、获得用电用气用水、办理税费缴纳、办理跨境贸易、办理金融服务等 12 个方面提出 112 条改革举措。

例如提出具备条件的各类企业均可无纸全程电子化办理设立登记、符合条件的企业设立登记"即报即办"、加快推进增值税专用发票电子化试点等。

在营造公平竞争的市场环境方面,围绕市场准入、包容审慎监管、信用监管、"双随机、一公开"监管、综合执法、政府采购和招投标六个方面深化改革。在安商稳商全方位强化企业服务方面,提出以惠企政策"一窗通办"系统平台建设为抓手,加快市、区两级平台建设并实现区级平台全覆盖。最后围绕加强优化营商环境实施保障,上海将继续加强营商环境宣传和工作督查力度,以企业满意度为重点,进一步完善营商环境评价指标体系和测评工作方案。

表 10-1 上海优化营商环境 4.0 版的重点改革工作

重点方面	主要改革事项
优化政务环境	实现政务服务可网办能力达 95% 以上,政务服务中心综合窗口达 80% 以上;企业高频事项全覆盖,部分高频事项"无人干预自动审批";推进基于企业专属网页的精准化服务应用场景;推行现场检测查验事项预约服务;发布"高效办成一件事"清单;探索建立"窗口事务官"制度等
企业全生命周期管理服务	具备条件的各类企业无纸全程电子化办理设立登记;实现符合条件的企业设立登记"即报即办";加强企业开办服务与银行开户之间业务协同和信息共享;优化企业开办"一表申请"和"一窗发放"、企业注销"一窗通"平台;加快推进增值税专用发票电子化试点等
公平竞争市场环境	在浦东对首批 31 个行业开展"一业一证"改革试点,将不涉及国家事权的成熟试点在更大范围内推广实施;制定发布证明事项和涉企经营许可事项目录清单;制定针对在线新经济及新产业、新业态的包容审慎监管制度;深化公共资源"一网三平台"建设;实现公共资源交易平台与财政国库集中支付平台市级项目的对接,完善结算和支付功能等
安商稳商企业服务	市级"一窗通办"系统平台 6 月前上线运行,区级平台实现全覆盖;推行惠企政策直达服务;各区建立政务服务中心帮办机制;持续更新政务服务"一网通办"涉外服务专窗事项内容;探索以跨省(域)办成"一件事"为目标的跨省(域)通办服务
加强实施保障	加大营商环境宣传;加强营商环境督查考核,建立常评常改、以评促优的常态化评价机制

• 资料来源:根据上海市人民政府网站资料整理。

第二节 跨国公司在华投资现状分析

2020 年以来,在新冠肺炎疫情和中美贸易摩擦双重因素影响下,跨国公司在华投资前景面临更多不确定性,一方面,贸易保护主义思潮抬头,以特朗普政府为代表的美国官方希望通过惩罚性关税着力推动中美贸易、投资、科技等领域的脱钩;另一方面,疫情引发的全球供应链脆弱性问题引发关注,多国政府提出希望将医疗、高科技等重要产品的关键生产环节回流国内,同时出台税收、财政优惠措施加以推动,许多跨国企业也开始考虑通过供应链的"备份"提升供应链的韧性,由此,跨国公司在华投资现状与未来动向引发广泛关注。总体而言,在华经营的跨国公司在面临诸多挑战的同时,也享受中国开放水平不断提升、消费市场进一步扩大,产业链完备度不断加强的红利,未来仍有广阔前景。

一、跨国公司在华投资现状与特点

自布雷顿森林体系建立之后,开始形成资本在全球的流动。冷战后期,随着全球供应链的大调整时代到来,资本以跨国公司为载体,在全球流动和重新配置的步伐加速,以寻求利益的最大化。改革开放的开启与这一时代恰恰重逢,提供了跨国公司和国际资本进入中国市场的有利时机。40多年来,先后有100多万家跨国公司在中国投资经营。在快速成长的中国市场,它们抓住了历史性机遇,充分享受了中国改革开放的红利。它们利用中国的比较优势,获得了要素成本优势,获得了广阔的市场空间,赚得巨额利润。

在利润方面,据美国商务部 BEA 统计显示,自 2000 年美国企业在华投资收益率首次超过其全球投资收益率以来,两者差距不断拉大。2014 年在华投资收益率达到 16.5%,高出其全球投资收益率 5.5 个百分点。即使在全球经济下行,中美贸易摩擦升级的 2018 年,美国企业在华投资收益率仍达到 11.2%,较在全球 8.9% 的投资收益率高出 2.3 个百分点。据欧盟商会的调查,2021 年,在跨国公司整体收入增长趋势放缓之下,仍有 40% 的欧洲企业表示在华经营的盈利水平高于其全球平均线。

除了营收和利润,跨国公司还在中国市场上实现了多方面战略目标。例如,跨国公司在某些领域的市场占有率不断提高,在电子、汽车、机械等行业,跨国公司已占据中国市场 1/3 以上的份额。在汽车零部件市场,2017 年外资企业市场占有率达到 49.25%,企业数量少但市场份额大。在手机 CPU 市场,2018 年高通的市场占有率达到 53%。在打印机市场,惠普几乎占据了 50% 的市场份额。跨国公司还在中国实现了创新和研发的跃升。跨国公司通过在华设立研发机构,直接借用中国的大脑,借助中国大量的高技术人才,为其全球化战略服务。2020 年,新冠肺炎疫情全球流行,跨国公司的经营业绩普遍受到影响。但中国巨大的市场潜力,扎实的经济基本盘,持续改善的营商环境和促消费的政策,以及成效显著的疫情防控,使之成为跨国公司稳定经营业绩的重要保障。

(一)总体趋势

2001 年以来,外商在华投资总体呈增长趋势,从 2001 年的 468.78 亿美元增长到 2020 年的 1 493.4 亿美元。在全球经济增长放缓、国际环境不确定性增加、各国引进外资竞争加剧的条件下,中国市场因其广阔性、稳定性和开放性,2017 年至 2020 年,FDI 流入量连续多年稳居世界第二,这一成就来之不易,显示跨国企业对中国的高度认可。

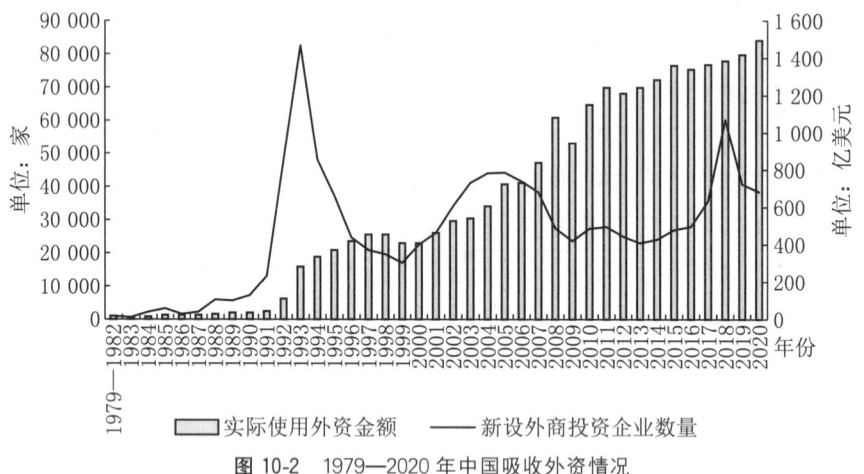

图 10-2　1979—2020 年中国吸收外资情况

• 数据来源:商务部《中国外资统计公报 2021》,https://images.mofcom.gov.cn/wzs/202111/20211125164038921.pdf,访问日期:2022 年 8 月 29 日。

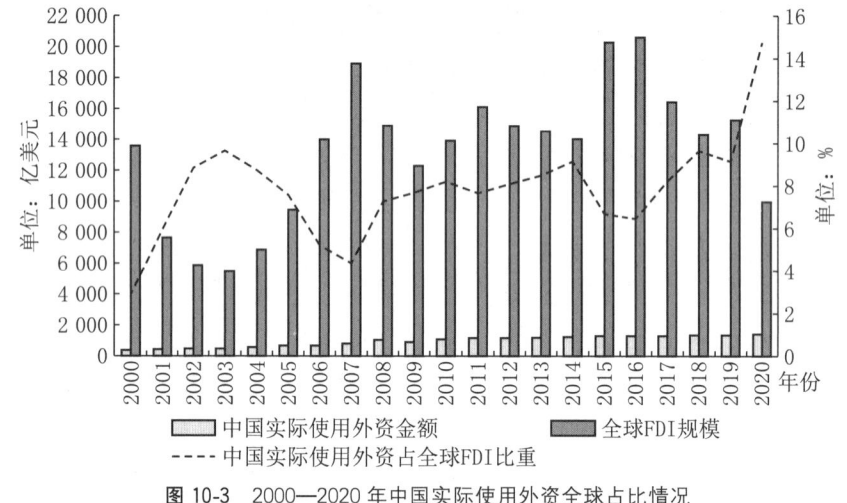

图 10-3　2000—2020 年中国实际使用外资全球占比情况

• 数据来源:商务部《中国外资统计公报 2021》,https://images.mofcom.gov.cn/wzs/202111/20211125164038921.pdf,访问日期:2022 年 8 月 29 日;联合国贸发会议《世界投资报告 2021》("World Investment Report 2021"),https://unctad.org/webflyer/world-investment-report-2021#tab-2,访问日期:2022 年 8 月 29 日。

(二)营收与利润

中国美国商会在 2021 年 6 月至 7 月间对 338 家在华美国企业围绕经营绩效、投资、国内市场竞争、生产的转移等进行了调研,发现在新冠疫情的持续影响下,多数在华美企仍取得了理想的经营绩效,并且对未来前景保持乐观。

77.1%的参与调研在华美企2020年度实现了盈利,得益于中国政府的大规模供给侧刺激举措,中国国内市场从疫情的打击中实现了快速恢复。调查显示,制造工厂的快速复工复产极大程度上帮助了在华的美国制造业企业,84.7%的受访制造业企业实现了盈利;在华美国零售业企业受疫情影响稍大,70%的受访企业2020年实现盈利,较上一年度85.4%的水平有所滑落;在华美国服务业企业表现稳健,68%的受访企业2020年实现盈利,较上一年度65.4%的水平略有增长。

展望2021年,82.2%的受访美企预期盈利水平将继续提升,恢复到美中贸易摩擦之前的水准。其中,医药与生命科学产业(91.3%)、汽车制造业(91.3%)与非消费类电子元器件制造业(90%)和装备制造业(88.6%)是信心程度最高的行业。

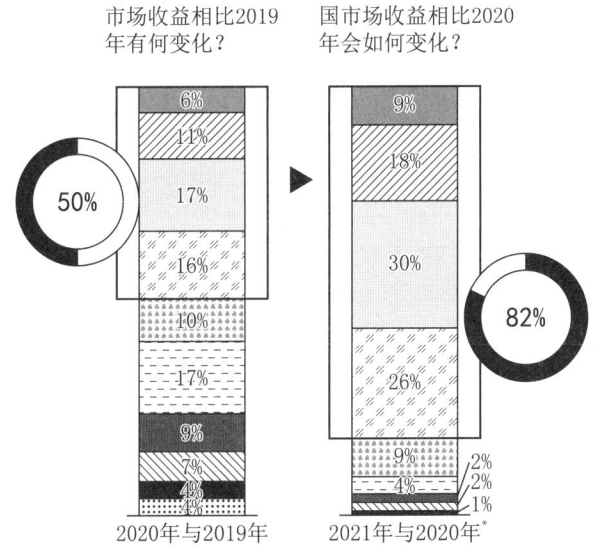

更多公司预期其中国市场收益在2021年取得增长

图 10-4 在华美企 2020 年盈利水平与 2021 年盈利预期

• 数据来源:中国美国商会《美国企业在中国白皮书 2021》,https://www.awchamchina.org/white_paper/2021-american-business-in-china-white-paper/,访问日期:2022 年 8 月 29 日。

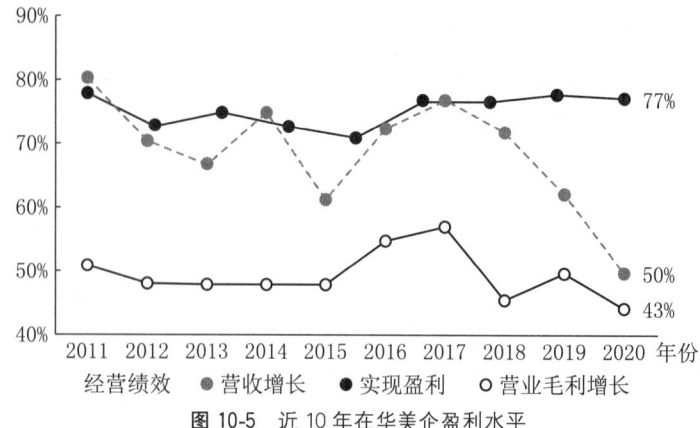

图 10-5 近 10 年在华美企盈利水平

• 数据来源：中国美国商会《美国企业在中国白皮书 2021》，https://www.awchamchina.org/white_paper/2021-american-business-in-china-white-paper/，访问日期：2022 年 8 月 29 日。

（三）信心与再投资

2021 年，77.9％的受访企业对在华经营前景持乐观或谨慎乐观态度，较前两年美中贸易摩擦 60％左右的水平大幅回升，恢复至接近 2015 年至 2018 年期间 80％的水准。其中，零售业的受访美企信心水平最高，85％的企业持乐观或谨慎乐观态度，制造业受访企业为 79.4％，服务业受访企业为 73.4％。

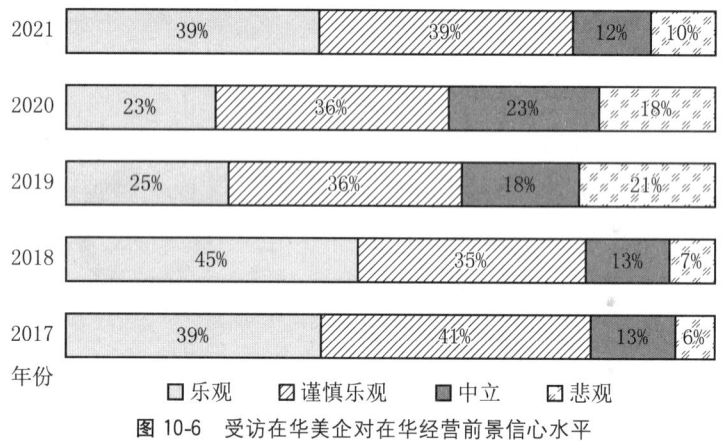

图 10-6 受访在华美企对在华经营前景信心水平

• 数据来源：中国美国商会《美国企业在中国白皮书 2021》，https://www.awchamchina.org/white_paper/2021-american-business-in-china-white-paper/，访问日期：2022 年 8 月 29 日。

经历过去两年低投资水平后，2021 年受访美企对中国市场信心反弹，59.5％的受访企业认为 2021 年投资将超过上一年度，这一数据比上年增加了 30.9％。

在降低在华投资额度的受访美企中，47.1％的受访企业将原因归结于美中贸易政策的不确定，33.7％的企业将原因归结为新冠肺炎疫情的影响，此外,劳动力成本的增加以及中国国内市场日益激烈的竞争也是导致投资减少的两大原因。装备制造业、科技硬件软件和服务提供商受美中贸易摩擦引发的政策不确定性影响程度最为严重,许多企业的产品直接成为美国贸易限制政策的打击对象。

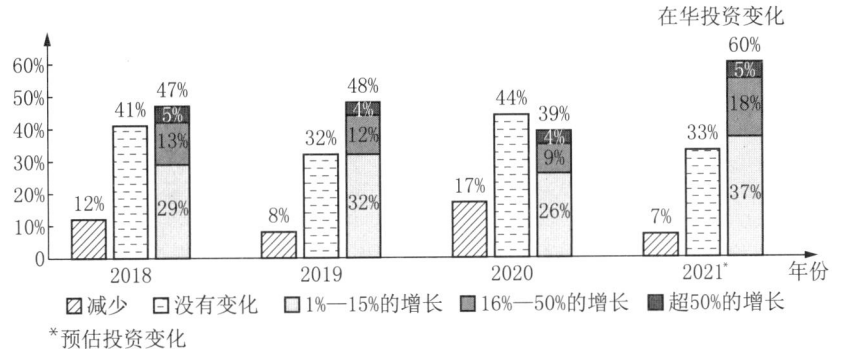

图 10-7　2021 年受访在华美企投资变化

• 数据来源:中国美国商会《美国企业在中国白皮书 2021》,https://www.awchamchina.org/white_paper/2021-american-business-in-china-white-paper/,访问日期:2022 年 8 月 29 日。

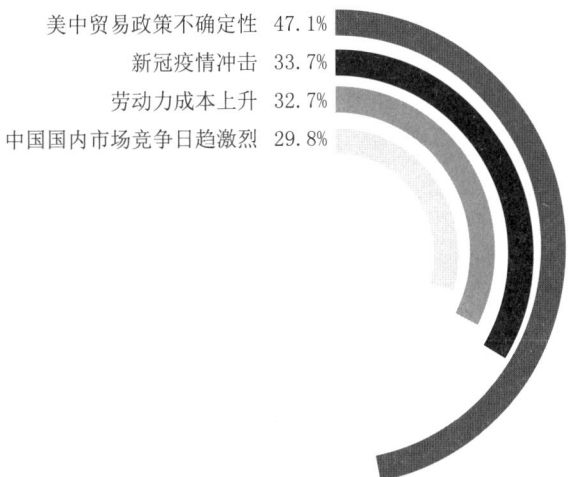

图 10-8　在华美企 2021 年比 2020 年减少投资四大主要原因

• 数据来源:中国美国商会《美国企业在中国白皮书 2021》,https://www.awchamchina.org/white_paper/2021-american-business-in-china-white-paper/,访问日期:2022 年 8 月 29 日。

在中国拥有生产设施的受访企业中,10.3％的企业表示有计划将生产转移到中国以外,约三分之二的企业表示没有变动的计划。在 110 家以"立足中国、服务中国"为战略的企业中,9.1％的企业表示有计划将制造环节在中国范围内进行迁移。

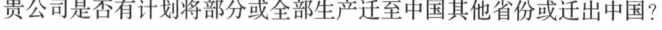

贵公司是否有计划将部分或全部生产迁至中国其他省份或迁出中国？

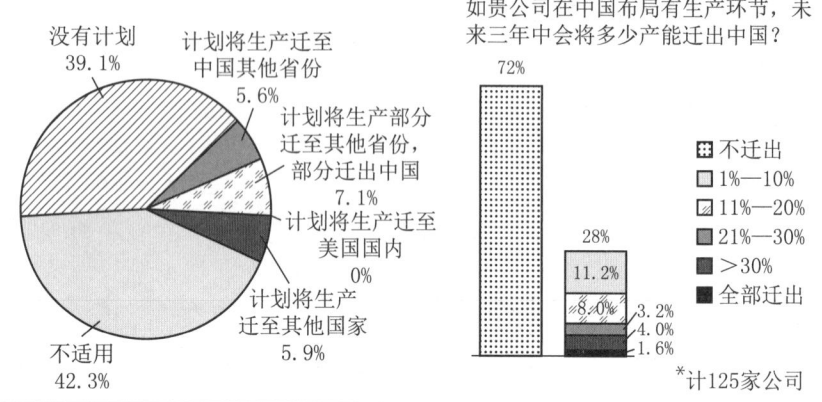

图 10-9　在华美企制造环节迁移意愿

· 数据来源：中国美国商会《美国企业在中国白皮书 2021》，https://www.awchamchina.org/white_paper/2021-american-business-in-china-white-paper/，访问日期：2022 年 8 月 29 日。

　　展望未来三到五年，65.7％的受访企业表示中国国内市场日益激烈的竞争是巨大挑战因素，60.1％的企业认为美中之间紧张的经贸关系构成挑战，

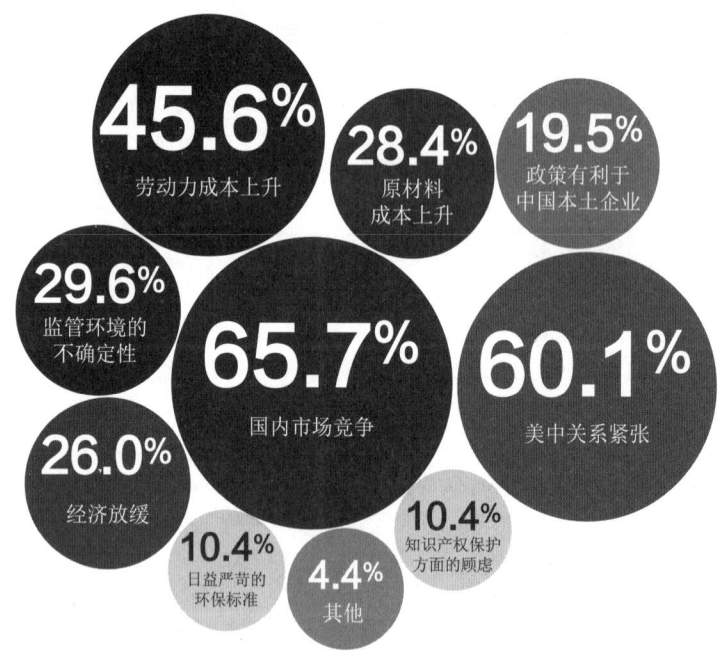

图 10-10　受访美企认为未来三到五年主要挑战因素

· 数据来源：中国美国商会《美国企业在中国白皮书 2021》，https://www.awchamchina.org/white_paper/2021-american-business-in-china-white-paper/，访问日期：2022 年 8 月 29 日。

45.6%认为劳动力成本的上升构成挑战。此外,监管政策的不确定性、原材料成本上升、经济增速放缓、本国企业受到的政策优待也是受访美企关注的因素。

二、跨国公司在华投资面临的挑战与机遇

(一)跨国公司在华投资面临的挑战

1. 新冠疫情严重冲击全球投资

新冠肺炎疫情的蔓延导致各国普遍推出各类管控措施,使得跨境投资活动受到明显抑制或延迟,投资效率大幅降低。疫情使得许多地区现有投资预期收益大幅下降,减缓跨国公司资本支出,对再投资产生明显影响,进而导致全球跨境投资规模进一步收缩。据联合国贸发会《2020年世界投资报告》预测,2021年全球FDI将在2020年骤降30%—40%的基础上进一步减少5%—10%。

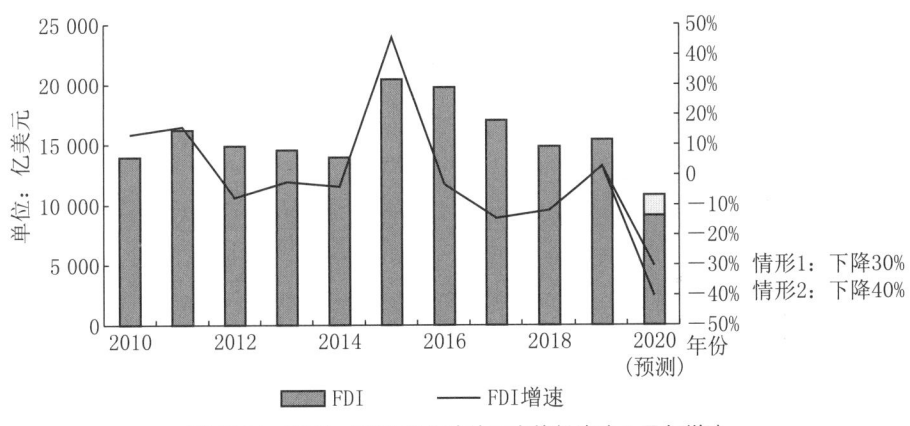

图 10-11 2010—2020 年全球外国直接投资流入量与增速

• 资料来源:联合国贸发会议(UNCTAD)官网,https://unctadstat.unctad.org/wds/ReportFolders/reportFolders.aspx,访问日期:2022年8月29日。

为应对FDI的大幅下降,2019年以来各国出台大量政策吸引外商投资,亚洲发展中国家政策力度最大,推出大量自由化与便利化政策,为吸引外资提供了良好政策背景。与此形成鲜明对比的是,欧美国家出于国家安全的考虑,对外资持谨慎态度,采取了更多的限制性措施。

2. 美中竞争加剧

在经历了贸易保护主义之后,全球疫情成为影响中美关系的又一重要因素。疫情重击美国经济,实体经济停摆,金融市场暴跌。为应对疫情引发

的经济衰退,美国政府启动了包括对外经济政策在内的多项政策。美国的对外经济政策更趋保守,尤其是对华经济政策更加强硬。中美经济关系恶化,使得企业全球化面临更加艰难的挑战。继 2017 年的《美国国家安全战略》报告和 2018 年的《国防战略》报告之后,2020 年 5 月,美国发布《美国对中华人民共和国的战略方针》,更加大肆渲染所谓"中国威胁",对中国采取全方位施压的强硬政策。

美国加紧打压中国企业,不仅影响中国企业在美发展,同时也对美国企业造成损害,而且严重威胁全球产业链安全。近期,以威胁美国国家安全为由,特朗普政府逼迫抖音海外版 TikTok 将其在美国的业务出售给美国公司,随后又签署行政命令,威胁在 9 月 20 日后禁止美国个人和实体与 TikTok 母公司字节跳动和微信母公司腾讯进行任何交易。此举已经对包括美国在内的各国消费者和企业权益造成了损害,遭到包括众多美国企业在内的多方反对。根据上海美国商会公布的一项针对在沪美国公司的调查显示,近 90% 的受访企业认为美国政府对微信实施禁令将对其业务产生负面影响,超过 1/3 的受访企业认为,该禁令可能给其全球收入造成损失。企业全球化发展受到美国以损害美国国家安全为名的制约。

3. 全球供应链面临重构

受疫情冲击,全球供应链面临重构,韧性和避险将成为企业投资布局的新考量。疫情暴露了全球供应链缺乏韧性的问题。疫情暴发导致部分企业供应链断裂,企业纷纷采取应急措施或寻求临时替代方案以确保供应,并为此付出了巨大的代价。出于效率与利润最大化的考量,企业倾向于低库存、即时生产的方式,然而这一系统使得供应链缺乏韧性,面临大环境的突然变化时,调节能力弱,容易出现"一冲即断,断后难复"的现象。后疫情时代,企业将被迫改变其实时生产模式,对全球分散生产采取保守态度,并将从原本的单一供应链转化为多元供应链,以对冲某个生产商或地理区域供应中断或贸易政策变化的风险成本。

全球供应链本地化、分散化趋势愈发明显。疫情促使美欧真正开始在战略层面对供应链安全因素给予高度关注,从而强化了美欧改变"以中国为中心的全球供应链体系"的紧迫感,并与中美贸易摩擦等因素交互作用,推动全球供应链体系朝着本地化和分散化的方向发展。特别地,美国推动制造业向墨西哥、巴西等拉美国家转移,德、法、英等欧洲国家推动制造业向东欧和土耳其等国家转移的"周边化生产",将成为未来美欧推动全球供应链调整的战略重点。新冠疫情之后的全球供应链调整,很可能由以下两个事件触发,一是制药、医疗器械和防护用品行业的本地化生产;二是美国对中国高技术行业和企业的打压升级。两个因素都会进一步加剧贸易保护主义,并通过示范效应和反制效应,引发全球供应链的加速调整。

（二）跨国公司在华投资面临的机遇

1. 中国政府坚定推进更高水平开放

（1）《外商投资法》正式实施。

2019 年 3 月 15 日,十三届全国人大二次会议表决通过《中华人民共和国外商投资法》(以下简称《外商投资法》)。2019 年 12 月 12 日,国务院第 74 次常务会议通过《中华人民共和国外商投资法实施条例》。法律于 2020 年 1 月 1 日起正式施行,"外资三法"同时废止,实现了国内关于外资企业法规政策的统一。作为外商投资领域的基础性规范性法律,《外商投资法》是中国历史上第一个全面系统的外商投资立法,有利于进一步扩大对外开放,促进外商投资,保护外商投资合法权益,规范外商投资管理,推动形成全面开放新格局。《外商投资法》让外商在华投资能得到相关的政府支持,受到法律的保护,成为外商在华投资的一颗定心丸。

《外商投资法》的出台解决了许多外商进入中国市场面临的不确定性,许多外商认为该法的出台释放了中国坚持扩大对外开放的积极信号,彰显了中国扩大开放的决心,让他们更坚定了在华发展的决心。

（2）《优化营商环境条例》出台。

近年来,中国营商环境的改善尤其是营商便利性方面已得到了国际认可。根据世界银行《2020 年营商环境报告》,在营商便利性方面,中国名列第 31 位,比上一年大幅提升 15 位,已连续两年被世界银行评为全球营商环境改善幅度最大的 10 个经济体之一。

我国营商环境的改善不但体现在便利化上,法治化层面也有新突破。2020 年 1 月 1 日,我国正式开始实施《优化营商环境条例》,这是我国为优化营商环境颁行的第一部专门行政法规,以政府立法形式为各类市场主体投资兴业提供制度保障。

《优化营商环境条例》总结了近年来政府"放管服"改革中行之有效的经验做法,以法规制度固定下来,重点针对我国营商环境的突出短板和市场主体反映强烈的痛点问题,对标国际先进水平,确立对内外资企业等各类市场主体一视同仁的营商环境基本制度规范。条例的实施将通过法治化手段持续优化营商环境,最大限度激发微观主体活力,也有利于持续深化改革,进一步推进"放管服",解决我国营商环境中的突出问题和短板,提升外商在华投资的便利程度,增强外企在华发展的信心。

(3)市场准入进一步放宽。

根据2020年6月最新版的《外商投资准入特别管理措施(负面清单)(2020年版)》和《自由贸易试验区外商投资准入特别管理措施(负面清单)(2020年版)》,负面清单条目进一步缩减,全面放宽了第一、第二、第三产业的外资准入限制。在服务业方面,加快了金融、基础设施、交通运输等重点领域的开放进程,取消证券公司、证券投资基金管理公司、期货公司、寿险公司外资股比限制,实现了负面清单金融条目的清零。制造业、农业领域的准入也进一步放宽。放开了商用车制造外资股比限制,取消了禁止外商投资放射性矿产冶炼等生产的规定。2020年外商投资负面清单不断做减法,金融行业限制放宽、汽车行业进一步开放,外商投资空间进一步扩大,发展前景广阔。

(4)自贸区制度不断创新。

商务部数据显示,自贸试验区设立至今,已有数百项制度创新成果得以推广。这些试点经验中,既有外商投资准入负面清单、国际贸易"单一窗口"等基础性的制度变革,也有"海关通关一体化"监管模式等系统性的制度创新,还有投资管理体制改革"四个一"等全流程的制度优化。自贸试验区边试点、边总结、边推广,推动了贸易、投资、金融等领域管理制度的进一步优化和开放水平的不断提升,为中国建设市场化、国际化、法治化的营商环境奠定了坚实的基础。

2.中国市场展现巨大规模效应

(1)巨大消费市场为跨国企业提供广阔平台。

根据国家统计局数据,2019年,我国社会消费品零售总额41.2万亿元,首次超过40万亿元,比上年实际增长6%。随着互联网覆盖面的提升以及消费者年龄结构的变化,我国网上消费零售额增长迅速,2019年,全国网上零售已突破十万亿元,同比增长16.5%,占社会消费品零售总额的25.8%。

从未来发展看,中国消费前景广阔,将为企业创造出一个"世界市场"。中国有近14亿人口,有4亿左右的中等收入群体,市场规模巨大。同时,中国居民收入在逐步增长。2019年,我国人均国民总收入进一步上升至10 410美元,首次突破1万美元大关,高于中等偏上收入国家9 074美元的平均水平。收入的增长意味着居民消费能力在增强。

2019年我国最终消费支出对国内生产总值增长的贡献率为57.8%,消费已连续六年成为经济增长的第一驱动力。伴随中国经济从投资驱动转向创新和消费驱动,消费对国民经济的重要性未来将更加凸显。可以说,我国庞大的市场和需求空间将为企业发展提供广阔的平台。

(2)完备的产业链优势难以取代。

作为全球重要的"世界工厂",中国形成了较为完整的工业体系,在世界500多种主要工业产品中,中国约有220多种产品的产量居世界第一。中国形成了全球最丰富最复杂的产业链条,轻工、纺织、石油化工、煤炭、物流、电子商务等重点产业的产业链条比较健全。根据世界银行《2019年全球产业链发展报告》,从2000年到2017年,中国在全球供应链上,已经取代了日本成为亚太区域的核心。近年来,在供给侧结构性改革、创新驱动战略等政策的推动下,中国产业链不断跃迁。当前中国正在加速发展以5G、数据中心等为代表的新基建,在拉动投资的同时,更将有助于产业链价值攀升。中国较为完备的产业链以及产业集群优势是吸引外资企业对华投资的重要因素。

主要参考文献

1. Andreoni, A., and H. Chang(2021), "Bringing Production Back into Development: An Introduction", *The European Journal of Development Research*, 33:165-178.

2. Baltabaev, B. (2014), "Foreign Direct Investment and Total Factor Productivity Growth: New Macro-Evidence", *The World Economy*, 37(2): 311-334.

3. Bunkovsky, Vladimir Josiofovich & Zhou Lina(2021), "Impact of the Pandemic on China's Investment Attractiveness", *Russian Foreign Economic Journal*, *Russian Foreign Trade Academy Ministry of Economic Development of the Russian Federation*, Issue 4:53-66.

4. Castignino, S., S. Subudhi, J. Sogorb and P. Colomar(2020). "The role of infrastructure stimulus in the COVID-19 recovery and beyond". Boston Consulting Group. https://www.bcg.com/publications/2020/infrastructurestimulus-in-covid-pandemic-recovery-and-beyond.

5. CRS, U.S.-China Investment Ties: Overview, *Congressional Research Service*, 2021-5. https://crsreports.congress.gov/product/pdf/IF/IF11283.

6. Djankov, Simeon, Rafael La Porta, Florencio Lopez-de-Silanes, Andrei Shleifer(2002), "The Regulation of entry", *The Quarterly Journal of Economics*, February.

7. Enderwick, P., and P. Buckley(2020), "Rising Regionalization: Will the Post-COVID-19 World See a Retreat from Globalization?", *Transnational Corporations*, 27(2):99-112.

8. Gabor, E., and K.P. Sauvant(2019), "Incentivizing Sustainable FDI: The Authorized Sustainable Investor", *Columbia FDI Perspectives*, *Perspectives on Topical Foreign Direct Investment Issues*, 256.

9. Gopalan, S., Rajan R.S., Duong L.N.T.(2019), "Roads to Prosperity? Determinants of FDI in China and ASEAN", *The Chinese Economy*, 52 (4):318-341.

10. Griffin, Patrick(2017), "CFIUS in the Age of Chinese Investment", *Fordham Law Review*, 85(4):1757-1792.

11. Hanemann, Thilo, Anna Ashton and Timothy Stratford (2021), "Two-Way Street: 2021 Update S-China Investment Trends", https://rhg.com/wp-content/uploads/2021/05/RHG_TWS-2021_Full-Report_Final.pdf.

12. Harding, T., and Javorcik, B.S.(2012), "Foreign Direct Investment and Export Upgrading", *Review of Economics and Statistics*, 94(4):964-980.

13. Hou, L., Li K, Li Q, et al.(2021), "Revisiting the Location of FDI in China: A Panel Data Approach with Heterogeneous Shocks", *Journal of Econometrics*, 221(2):483-509.

14. International Monetary Fund(2021), *World Economic Outlook: Recovery during a Pandemic—Health Concerns, Supply Disruptions, Price Pressures*, October Washington, DC.

15. Javorcik, B.S.(2004), "Does Foreign Direct Investment Increase the Productivity of Domestic Firms? In Search of Spillovers through Backward Linkages", *American Economic Review*, 94(3):605-627.

16. Kayani, Farrukh Nawaz and Mehmed Ganic(2021), "The Impact of Governance on Chinese Inward FDI: The Generalized Method of Moments Technique", *Humanities and Social Sciences Letters, Conscientia Beam*, Vol. 9(2), pages 175-184.

17. Keller, W., and Yeaple, S.R. (2009), "Multinational Enterprises, International Trade, and Productivity Growth: Firm-Level Evidence from the United States", *The Review of Economics and Statistics*, 91(4):821-831.

18. OECD(2021), *FDI in Figures, October 2021*, OECD Publishing, Paris.

19. OECD(2021), *OECD Economic Outlook, Volume 2021 Issue 2: Preliminary Version*, No.110, OECD Publishing, Paris. December.

20. Schwab, Klaus and Saadia Zahidi(2020), "World Economic Forum", *Global Competitiveness Report Special Edition 2020: How Countries are Performing* on the Road to Recovery[R/OL]. https://www3.weforum.org/docs/WEF_TheGlobalCompetitivenessReport2020.pdf. December.

21. U.S. Department of State(2021), "2021 Investment Climate Statements: China", https://www.state.gov/reports/2021-investment-climate-statements/china/.

22. UNCTAD(2013), *Global Value Chains and Development: Investment and Value Added Trade in the Global Economy*, United Nations Publication, Jan.

23. UNCTAD(2021), *Investment Trends Monitor*, United Nations.

24. UNCTAD(2021), World Investment Report 2021: Investment in Sustainable Recovery, UNCTAD, June.

25. UNCTAD(2021), *World Trade Report 2021—Economic Resilience and Trade*, United Nations.

26. United Nations Department of Economic and Social Affairs[UNDESA](2021), *World Economic Situation and Prospects as of mid-2021*, United Nations Publication, May.

27. Wakely, Jonathan and Andrew Indorf(2018), "Managing National Security Risk in an Open Economy: Reforming the Committee in Foreign Investment in the United States", *Harvard National Security Journal*, (9):1-50.

28. Wang, C.N.(2021), China Belt and Road Initiative(BRI) Investment Report 2020, *Beijing: Green BRI Center, International Institute of Green Finance(IIGF)*. https://green-bri.org/wp-content/uploads/2021/01/China-BRI-Investment-Report-2020.pdf.

29. World Bank Group(2020), "Doing Business 2020", https://openknowledge.worldbank.org/bitstream/handle/10986/32436/9781464814402.pdf.

30. World Bank (2021), "Global Economic Prospects", June 2021, Washington, DC: World Bank.

31. WTO(2021), "World Trade Primed for Strong but Uneven Recovery after COVID-19 Pandemic Shock", March 31, https://www.wto.org/english/news_e/pres21_e/pr876_e.htm.

32. Xu, Yuan, Yanrui Wu, Yongli Shi(2021), Emission Reduction and Foreign Direct Investment Nexus in China, *Economics Discussion/Working*

Papers 21-07, The University of Western Australia, Department of Economics.

33. 安娜.制造业外资回流的趋向与对策[J].理论探讨,2021(05).

34. 白雪洁,刘莹莹.生产性服务业外商直接投资对中国制造业生产率的影响检验——基于体现型技术进步视角[J].软科学,2021,35(12).

35. 曹祯庭.地区异质性对我国省际 FDI 空间竞争的非对称效应研究[J].经济问题,2022(07).

36. 陈景华,王素素,陈敏敏.中国服务业 FDI 分布的区域差异与动态演进:2005~2016[J].数量经济技术经济研究,2019,36(05).

37. 陈晓琴.外商直接投资对商贸流通业发展质量的影响——基于细分行业的比较[J].商业经济研究,2021(22).

38. 崔新健,欧阳慧敏.中国利用外资产业政策文献研究——基于量化—质化—演化三维框架[J].中央财经大学学报,2021(01).

39. 崔艳萍,廖浪.中欧班列运输通道能力提升与多元化对策研究[J].东北亚经济研究,2022,6(01).

40. 代康贵.外国对华直接投资的税收贡献及区域差异研究[D].云南大学,2019.

41. 丁璐莎,龙真真.外资流入我国资本市场趋势[J].中国金融,2020(09).

42. 杜国臣,徐哲潇,尹政平.我国自贸试验区建设的总体态势及未来重点发展方向[J].经济纵横,2020(02).

43. 冯兵兵.对外直接投资对我国高新区技术创新溢出效应的研究——以武汉东湖高新技术开发区为例[J].科技和产业,2016,16(08).

44. 付晓.一季度我国吸收外资同比增长 39.9%[J].中国会展(中国会议),2021(08).

45. 傅远佳.中国西部陆海新通道高水平建设研究[J].区域经济评论,2019(04).

46. 高柏,甄志宏.中欧班列——国家建设与市场建设[M].北京:社会科学文献出版社,2017.

47. 高波.新形势下我国稳外资面临的挑战及应对探讨[J].财富时代,2021(06).

48. 葛顺奇,李川川,林乐.外资退出与中国价值链关联:基于外资来源地的研究[J].世界经济,2021,44(08).

198 | 制度型开放与中国吸收外资的发展

49. 国家发展和改革委员会.中国营商环境报告 2021[M].北京:中国地图出版社,2021.

50. 国家统计局贸易外经统计司编.中国贸易外经统计年鉴 2021[M].北京:中国统计出版社,2021.

51. 国家外汇管理局国际收支分析小组.2020 年中国国际收支报告.2021 年 3 月.http://www.gov.cn/xinwen/2021-03/26/content_5596086.htm.

52. 韩燕,钱春海.FDI 对我国工业部门经济增长影响的差异性——基于要素密集度的行业分类研究[J].南开经济研究,2008(05).

53. 郝身永.全球价值链收缩背景下中国吸引外资逆势增长之谜——一个基于异质性投资动机的解释[J].上海市经济管理干部学院学报,2021,19(01).

54. 郝身永.新冠肺炎疫情冲击与跨国公司全球投资布局调整——基于政治动因与经济动因叠加的分析[J].当代经济管理,2021,43(02).

55. 郝晓,王林彬,孙慧,赵景瑞.基础设施如何影响全球价值链分工地位——以"一带一路"沿线国家为例[J].国际经贸探索,2021,37(04).

56. 洪俊杰,杨志浩,芈斐斐.外资流动趋向及其对中国产业链外移的影响[J].亚太经济,2020(06).

57. 侯凯.我国外商直接投资的区域分布及其影响因素研究[D].重庆大学,2009.

58. 侯欣裕,孙浦阳,杨光.服务业外资管制、定价策略与下游生产率[J].世界经济,2018,41(09).

59. 胡加祥,王兴鲁等.上海自贸区成立三周年回眸:数据篇[M].上海:上海交通大学出版社,2016.

60. 胡加祥等.上海自贸区成立三周年回眸:制度篇[M].上海:上海交通大学出版社,2016.

61. 胡令远,殷长晖.印太战略议程设置与推进:日本外交的新态势——以反恐问题的阑入为中心[J].复旦学报(社会科学版),2021,63(06).

62. 胡渊,杨勇.财政支出、投资环境与 FDI 地区分布[J].宏观经济研究,2021(09).

63. 黄先海,陈航宇."一带一路"的实施效应研究——基于 GTAP 的模拟分析[J].社会科学战线,2016(5).

64. 贾海成.外商直接投资与开发区经济增长关系研究——以苏州开发区为例[J].苏州科技学院学报(社会科学版),2012,29(05).

65. 贾立敏,张粤,黄小康,安敏.长江经济带区域一体化政策对外商直接投资的影响研究[J].新金融,2022(02).

66. 江小涓,孟丽君.内循环为主、外循环赋能与更高水平双循环——国际经验与中国实践[J].管理世界,2021,37(01).

67. 江小涓.新中国对外开放70年:赋能增长与改革[J].管理世界,2019,35(12).

68. 姜跃春.疫情对世界经济及产业链的影响[J].日本学刊,2021(01).

69. 金宏平,周晓博,张倩肖.合资型FDI、独资型FDI与中国经济增长——基于省级面板数据的实证分析[J].当代经济科学,2016,38(03).

70. 金相郁,朴英姬.中国外商直接投资的区位决定因素分析:城市数据[J].南开经济研究,2006(02).

71. 金雪军,金建培,卢佳.中国FDI发展地区差异的收敛性分析[J].财贸经济,2009(01).

72. 蓝庆新,赵永超.从"引资"、"择资"到"导资"——我国吸引外资高质量发展回顾与思考[J].理论学刊,2019(05).

73. 李大伟,季剑军.加快高质量引资步伐[J].中国投资(中英文),2020(Z7).

74. 李汉君.我国FDI流入的地区差异与影响因素分析——基于1992—2007年省级面板数据[J].国际贸易问题,2011(03).

75. 李侨敏,王晓岭.中美贸易摩擦背景下我国稳外资政策有效性评估:基于异质性CGE模型的分析[J].国际经贸探索,2021,37(09).

76. 李青原,章尹赛楠.金融开放与资源配置效率——来自外资银行进入中国的证据[J].中国工业经济,2021(05).

77. 李晓钟,张小蒂.外商直接投资对我国技术创新能力影响及地区差异分析[J].中国工业经济,2008(09).

78. 李耀尧,杨国泰.我国开发区对宏观经济增长的贡献研究[J].广东社会科学,2010(06).

79. 李颖婷,崔晓敏.亚洲产业链:现状、演变与发展趋势[J].国际经济评论,2021(02).

80. 李永华.全球最大外资流入国:中国是怎么做到的? 全球FDI总额

大幅下滑,中国 FDI 逆势增长 4%[J].中国经济周刊,2021(Z1).

81. 李玉琴,陈颖,戴一鑫.环境规制对技术创新的影响研究——基于中国工业行业异质性分析[J].南京财经大学学报,2017(04).

82. 李志远,刘丹,方枕宇.外资准入政策和外商直接投资的流入——一个准自然实验的证据[J].中国经济问题,2022(01).

83. 李子豪.地区差异、外资来源与 FDI 环境规制效应研究[J].中国软科学,2016(08):89—101.

84. 联合国贸易和发展组织.冼国明,葛顺奇,詹晓宁总校译,2021 世界投资报告:投资于可持续复苏[M]. New York：United Nations Publications. 2021.

85. 梁威.流通业利用外资态势与优化建议[J].中国外资,2022(01).

86. 廖果平,秦剑美.财政分权与外商直接投资的环境倾向研究——基于长三角城市群的经验证据[J].经营与管理,2022(07).

87. 刘彬,陈伟光.制度型开放:中国参与全球经济治理的制度路径[J].国际论坛,2022, 24(01).

88. 刘春艳,赵军.营商环境优化对 FDI 区位选择的影响研究——基于外资准入负面清单的准自然实验[J].经济体制改革,2022(03).

89. 刘建江,姜竹青.外商直接投资对我国生产性服务业的技术扩散效应[J].湖南师范大学社会科学学报,2021, 50(04).

90. 刘建丽.大变局下中国工业利用外资的态势、风险与"十四五"政策着力点[J].改革,2020(10).

91. 刘楷.西部大开发以来我国西部外商投资的区位分布及绩效分析[J].经济纵横,2004(11).

92. 刘卫东.新冠肺炎疫情对经济全球化的影响分析[J].地理研究,2020, 39(07).

93. 刘湘丽.增强供应链韧性:日本政策的出台与走向[J].现代日本经济,2021(06).

94. 刘钊,孟樊元,满小欧.营商环境评估:理论与实践[M].北京:经济管理出版社,2020.

95. 刘钊,张国勇,王晶.营商环境评估:探索与改革[M].北京:经济管理出版社,2020.

96. 路红艳,林梦,李睿哲."双循环"新发展格局下我国利用外资的新方向及政策建议[J].国际贸易,2022(04).

97. 罗军.金融发展门槛、FDI 与区域经济增长方式[J].世界经济研究,2016(04).

98. 罗培新.世界银行营商环境评估:方法、规则、案例[M].南京:译林出版社,2020.

99. 马斌.中欧班列的发展现状、问题与应对[J].国际问题研究,2018(06).

100. 马洪亮.西部大开发对 FDI 区位选择影响实证分析[J].合作经济与科技,2010(19).

101. 马玲.我国对外投资与吸收外资双优化[J].中国外资,2018(15).

102. 马彤晖.我国开发区吸引及扩大外商投资的情况及措施分析[J].产业创新研究,2021(16).

103. 马晓鸥,龚勋,周文渊.负面清单视域下的安全审查:现实挑战与因应策略[J].宏观经济研究,2021(12).

104. 聂飞,刘海云.FDI、环境污染与经济增长的相关性研究——基于动态联立方程模型的实证检验[J].国际贸易问题,2015(02).

105. 牛东芳,沈昭利,黄梅波.东南亚数字经济发展:评估与展望[J].东南亚研究,2022(02).

106. 潘素昆,李昀灿.加入 WTO 后中国吸引外商直接投资质量评价研究[J].开发研究,2022(01).

107. 裴长洪.中国开放型经济建立的经验分析——对外开放 30 年的总结[J].财经问题研究,2009(2).

108. 彭波,林志刚.当前形势下中国利用外资的意义、问题及前景[J].国际经济合作,2019(05).

109. 彭红枫,鲁维洁.外商直接投资的动态挤入挤出效应——基于全国及地区差异的分析和检验[J].世界经济研究,2011(02).

110. 秦文晋,刘鑫鹏.网络基础设施建设对数字经济发展的影响研究——基于"宽带中国"试点政策的准自然实验[J].经济问题探索,2022(03).

111. 权衡.对外开放四十年实践创新与新时代开放型经济新发展[J].世界经济研究,2018(9).

112. 茹仙古丽·吾甫尔,阿布来提·依明.外商直接投资对经济增长的影响分析[J].对外经贸,2021(01).

113. 桑百川.积极有效利用外资推动构建新发展格局[N].经济参考报,2021-11-05(001).[19]金瑞庭,张一婷.推动全球经济治理体系改革的基本思路和战略举措[J].宏观经济研究,2022(04).

114. 商务部."十四五"利用外资发展规划.2011-10. http://www.gov.cn/zhengce/zhengceku/2021-10/22/content_5644286.htm.

115. 商务部:我国吸收外资的综合竞争优势没有改变[J].经济导刊,2020(04).

116. 商务部:中国成全球最大外资流入国[J].中国外资,2021(04).

117. 商务部国际贸易经济合作研究院.区域全面经济伙伴关系协定(RCEP)对区域经济影响评估报告[R]. 2021-11. https://www.caitec.org.cn/upfiles/file/2021/11/20211230093751639.pdf.

118. 上海市人民政府发展研究中心,上海市发展战略研究所.上海优化全球城市营商环境研究[M].上海:格致出版社,2021.

119. 上海市统计局.2020年上海市国民经济和社会发展统计公报[R].2021.

120. 沈玉良.建设开放度最高的自由贸易试验区[M].上海:上海人民出版社,2015.

121. 盛明泉,刘悦.外商直接投资如何影响企业全要素生产率[J].现代经济探讨,2021(06).

122. 史宇鹏,何兴强,顾全林,邹光.法律起源与外资进入模式:来自中国的经验[J].经济研究,2011,46(12).

123. 世界银行.《一带一路经济学:交通走廊的机遇与风险》[M].世界银行,华盛顿特区,2019.

124. 司春晓,罗长远.撤离中国?——基于美国对华投资的研究[J].当代美国评论,2021,5(01).

125. 宋丽杰,张莉,张宛灵枫.FDI对郑州高新技术开发区产业结构升级的影响研究[J].洛阳师范学院学报,2018,37(09).

126. 宋林霖.世界银行营商环境评价指标体系详析[M].天津:天津人民出版社,2018.

127. 苏二豆,薛军.服务业开放、外资管制与企业对外直接投资模式[J].世界经济研究,2022(03).

128. 苏杭,刘佳雯.日本供应链改革的新动向及其影响[J].现代日本经济,2021(06).

129. 孙楚仁,张楠,刘雅莹."一带一路"倡议与中国对沿线国家的贸易增长[J].国际贸易问题,2017(02).

130. 孙浦阳,蒋为,陈惟.外资自由化、技术距离与中国企业出口——基于上下游产业关联视角[J].管理世界,2015(11).

131. 孙群力,陈海林.我国地区营商环境的决定因素、影响效应和评价指数——基于 MIMIC 模型的研究[J].财政研究,2020(06).

132. 孙早,韩颖.外商直接投资、地区差异与自主创新能力提升[J].经济与管理研究,2018,39(11).

133. 孙早,李春临,宋炜,吴佐.不同来源地 FDI 对中国高技术产业的溢出效应[J].国际贸易,2014(08).

134. 田素华,李筱妍.新冠疫情全球扩散对中国开放经济和世界经济的影响[J].上海经济研究,2020(04).

135. 佟家栋,盛斌,蒋殿春,严兵,戴金平,刘程.新冠肺炎疫情冲击下的全球经济与对中国的挑战[J].国际经济评论,2020(03).

136. 汪金国,张立辉.欧盟加速推动"印太战略"及其影响[J/OL].国际论坛:1-19[2022-01-11].

137. 王成岐,张建华,安辉.外商直接投资、地区差异与中国经济增长[J].世界经济,2002(04).

138. 王传剑,张佳."印太"战略与"一带一路":挑战及其应对[J].武汉科技大学学报(社会科学版),2021,23(05).

139. 王灏晨.2020 年欧洲经济分析及 2021 年展望[J].中国经贸导刊(中),2021(03).

140. 王会奇,尹向明,李建伟,魏鹏飞,赵明晓.近代外资银行在华发展及对中国银行体系的影响研究[J].华北金融,2020(06).

141. 王丽娟.持续优化营商环境进一步吸引外资[N].中国经济时报,2021-11-03(002).

142. 王宁,单大超,谢玟.中欧班列东部通道发展现状及对策研究[J].对外经贸实务,2022(02).

143. 王欣,陈铄."一带一路"倡议与中国企业投资效率[J].金融经济学研究,2020,035(001).

144. 王云鹤,韩云,许愿,刘晨昊.外资银行融入"上海服务"品牌战略的现状分析及路径研究[J]上海立信会计金融学院学报,2020, 32(06).

145. 韦朕韬,孙晋云.高铁开通能否促进我国中西部地区吸引 FDI?[J].南方经济,2020(01).

146. 吴建杭.关于疫情背景下应急经济政策退出的几点思考[J].清华金融评论,2021(02).

147. 许和连,魏颖绮,赖明勇,王晨刚.外商直接投资的后向链接溢出效应研究[J].管理世界,2007(04).

148. 许和连,吴钢.人文差异与外商直接投资的区位选择偏好[J].财经研究,2013, 39(01).

149. 许建伟,郭其友.外商直接投资的经济增长、就业与工资的交互效应——基于省级面板数据的实证研究[J].经济学家,2016(06).

150. 许静,杨永春."一带一路"背景下中国西部城市经济全球化水平的空间演化[J].经济地理,2021, 41(07).

151. 许统生,罗雪.挤压还是带动:开发区 FDI 外溢对无开发区城市经济的影响[J].江西社会科学,2018, 38(08).

152. 薛伟贤,顾菁.西部高新区产业选择研究——基于一带一路建设背景[J].中国软科学,2016(09).

153. 阎德学,李帅武."印太战略"升级版及其对中国的威胁[J].社会科学,2021(11).

154. 杨红丽,陈钊.外商直接投资水平溢出的间接机制:基于上游供应商的研究[J].世界经济,2015, 38(03).

155. 杨艳.我国实际利用外资问题及对策研究[J].商场现代化,2020(10).

156. 杨振,杜昕然.我国利用外资的趋势性变化[J].国际经济合作,2020(05).

157. 杨枝煌.我国"十四五"时期外资工作规划研究[J].理论与评论,2020(06).

158. 余思含,李佳.外商直接投资(IFDI)、区域创新与财政补贴——基于门槛模型的实证研究[J].生产力研究,2022(04).

159. 俞华,徐娜,王静岩.中国外资餐饮发展报告之三中国外资酒店发展存在问题与对策建议[J].中国外资,2022(09).

160. 翟艳."一带一路"背景下对外开放对内陆地区创新效率的影响研究[J].经济论坛,2020(05).

161. 张键.外商在华直接投资区位选择影响因素研究[J].长江大学学报(社会科学版),2013,36(09).

162. 张梁梁.政府治理与FDI进入模式:以社会资本为调节变量[J].世界经济研究,2018(07).

163. 张睿,张勋,戴若尘.基础设施与企业生产率:市场扩张与外资竞争的视角[J].管理世界,2018,34(01).

164. 张幼文.自贸区试验与开放型经济体制建设[J].学术月刊,2014(1).

165. 张振举.高水平开放背景下中国利用外资对策研究[J].时代经贸,2021,18(05).

166. 赵蓓文,李丹.从举借外债、吸收外资到双向投资:新中国70年"引进来"与"走出去"的政策与经验回顾[J].世界经济研究,2019(08).

167. 赵蓓文.以对外投资促进国内发展[M].上海:上海社会科学院出版社,2020.

168. 赵蓓文.制度型开放与中国参与全球经济治理的政策实践[J].世界经济研究,2021(05).

169. 赵红军,高恒宇,黄丹煌."走出去"与"引进来"——"一带一路"倡议与外商直接投资的区位调整[J].财经研究,2022,48(03).

170. 中国贸促会贸易投资促进部,中国贸促会研究院.2020年度中国营商环境研究报告[R/OL]. 2021-04. http://www.ccpit-academy.org/up-load/20220511/6378788036126694652614749.pdf.

171. 中国营商环境大数据研究院.中国营商环境蓝皮书[M].北京:中国经济出版社,2021.

172. 中华人民共和国商务部.中国外商投资指引(2021版)[M].北京:中国商务出版社,2021.

173. 中华人民共和国商务部.中国外商投资指引[M].北京:中国商务出版社,2021.

174. 中华人民共和国商务部.中国外资统计公报2021[R/OL]. 2021. http://images.mofcom.gov.cn/wzs/202111/20211125164038921.pdf.

175. 钟业昌,沈玉良.中国(海南)自由贸易试验区发展报告(2019)[M].北京:社会科学文献出版社,2019.

176. 钟业昌,沈玉良.中国(海南)自由贸易试验区发展报告(2020)[M].北京:社会科学文献出版社,2020.

177. 仲伟周,陈晨.制度变迁、外商直接投资与服务业增长方式[J].财贸研究,2018,29(01).

178. 周宏春,史作廷,江晓军.中国可持续发展30年:回顾、阶段热点及其展望[J].中国人口·资源与环境,2021,31(09).

179. 周游,谭光荣.知识产权保护、外商直接投资与生产性服务业出口结构优化的协同效应分析[J].首都经济贸易大学学报,2020,22(04).

180. 朱启贵.新冠肺炎疫情对世界主要经济体的影响与中国对策[J].上海交通大学学报(哲学社会科学版),2020,28(05).

181. 诸竹君,陈航宇,王芳.银行业外资开放与中国企业创新陷阱破解[J].中国工业经济,2020(10).

后　记

2018 年底,党中央提出了"要推动由商品和要素流动型开放向规则等制度型开放转变"。2020 年,党中央提出构建"双循环"新发展格局。"双循环"新发展格局的提出,从制度型开放的视角对中国建设更高水平开放型经济新体制提出了新要求。

上海社会科学院世界经济研究所成立于 1978 年,是全国世界经济领域最重要的研究机构之一。世界经济研究所以世界经济与国际关系两大学科为主轴,将世界经济研究与国际关系研究、世界经济研究与中国对外开放研究相结合,注重研究的综合性、整体性,提高研究成果的理论性、战略性与对策性。在学科建设的基础理论方面和对外开放的战略研究方面形成了一批被同行广泛认可的较有影响的成果。"双循环"新发展格局提出以后,上海社会科学院世界经济研究所专门组织各研究室为团队进行集体攻关,经过多次讨论,确定本套丛书每一本书的书名、主题与内容,并组织全所科研人员撰写。整套丛书定名为"制度型开放理论与实践研究"丛书,从吸收外资、对外投资、全球化视野下的新零售发展、区域合作、外循环促进内循环等五个方面对制度型开放以及"双循环"新发展格局的不同方面进行阐述。具体包括:《制度型开放与中国吸收外资的发展》《制度型开放与中国对外投资的发展》《全球化视野下中国新零售发展报告》《国际区域合作理论与实践前沿研究》《外循环促进内循环的理论与政策研究》。

就本书而言,上海社会科学院世界经济研究所长期跟踪研究国内外国际投资领域的理论与实践,尤其是与中国"引进来"与"走出去"相关的双向投资的发展。《制度型开放与中国吸收外资的发展》是全所多名科研人员在长期积累基础上共同撰写的一本专著,其中部分内容由本所的博士研究生张雪梅撰写,也是上海社会科学院第二轮创新工程"世界经济"团队的系列成果之一。本书的具体分工如下:第一章(赵蓓文、张雪梅),第二章(刘芳),第三章(陈靓),第四章(郭娟娟),第五章(徐徕),第六章(郭娟娟),第七章(吕文洁),第八章(徐徕),第九章(刘芳),第十章(胡德勤)。全书由赵蓓文研究员拟定总体框架和写作思路,并负责统稿、删减、补充、调整和最终定稿。张雪梅承担全书的格式整理工作。

本书在撰写过程中得到诸多学术界前辈、同行的支持和帮助,在此一并予以感谢!

赵蓓文

2022 年 3 月于上海社会科学院

图书在版编目(CIP)数据

制度型开放与中国吸收外资的发展 / 赵蓓文等著.—
上海 : 上海社会科学院出版社,2022
ISBN 978 - 7 - 5520 - 3908 - 5

Ⅰ. ①制… Ⅱ. ①赵… Ⅲ. ①对外开放—研究—中国
②外资利用—研究—中国 Ⅳ. ①F125 ②F832.6

中国版本图书馆 CIP 数据核字(2022)第 126786 号

制度型开放与中国吸收外资的发展

著　　者:赵蓓文 等
责任编辑:王　勤
封面设计:朱忠诚
出版发行:上海社会科学院出版社
　　　　　上海顺昌路 622 号　邮编 200025
　　　　　电话总机 021 - 63315947　销售热线 021 - 53063735
　　　　　http://www.sassp.cn　E-mail:sassp@sassp.cn
照　　排:南京理工出版信息技术有限公司
印　　刷:上海景条印刷有限公司
开　　本:710 毫米×1010 毫米　1/16
印　　张:13.75
字　　数:233 千
版　　次:2022 年 9 月第 1 版　2022 年 9 月第 1 次印刷

ISBN 978 - 7 - 5520 - 3908 - 5/F·703　　　　　　　　定价:78.00 元